TOEIC® テスト
全パート単語対策

(NEW EDITION)

塚田幸光

TOEIC is a registered trademark of Educational Testing Service (ETS).
This publication is not endorsed or approved by ETS.

ask
PUBLISHING

無料ダウンロード音声について

本書では次のA、B、2種類の音声を無料で提供しています。この音声はパソコン、スマートフォン(iPhone, Androidなど)のどちらでも聞くことができます。

収録内容
A：①見出し語→②見出し語訳→③関連表現→④関連表現訳→⑤フレーズ→⑥例文
B：①見出し語(英語のみ)→②例文

■ パソコンで聞く場合

弊社のWebサイトからダウンロードできます。

https://www.ask-books.com/978-4-86639-001-7/

■ スマートフォンで聞く場合

以下の2つのアプリからダウンロードできます。お好きな方をご利用ください。

❶ abceed analytics

株式会社Globeeが提供するサービスです。音声読み上げのほかに、自動採点・分析マークシート機能により、学習分析・管理を一括で行えます。

https://www.globeejapan.com/

❷ audiobook.jp

株式会社オトバンクが提供するサービスです。

https://audiobook.jp/exchange/ask-books

※シリアルコードは「90017」になります。

ご不明な点がございましたら、弊社カスタマーサービス(電話：03-3267-6500 受付時間：土日祝祭日を除く平日10:00〜12:00／13:00〜17:00)までご相談ください。

はじめに

　本書は、『はじめての新TOEIC® テスト　全パート単語対策』の改訂版です。TOEIC®テストの問題形式が一部変更されたのにともない、フレーズやコメントなどを一から見直しました。私の受験体験に加え、日本や韓国で発売されている公式問題などを徹底的に分析し、より現行のテストでスコアアップができるように、内容をブラッシュアップしています。

　また、本書は2011年の発売以来、大ヒットを記録中の『はじめてのTOEIC® L&Rテスト　全パート総合対策』の姉妹編でもあります。ここで得たノウハウがいかされています。はじめて受験する人や600〜730点を目指す人にとって、「これ以上に役立つ単語集はない！」と自信を持って言える1冊に仕上がりました。

　本書では「覚えやすさ」と「わかりやすさ」に重点を置いています。読者のみなさんは、総じて多忙のはず。ならば、できるだけ効率よくポイントをつかむのがベストです。具体的には、以下のような特長があります。

【パート別&トピック別の構成】
　実際のテストに出る順番で、単語をグループ化してまとめて覚えられます！

【単語&フレーズ&例文を掲載】
　単語だけ、フレーズだけの単語集ではわかりづらい。この単語集では例文も載せているので、用法までよくわかります！

【すべての単語にコメントつき】
　語句解説だけでなく、テストの傾向やテクニックも紹介。ここを読むだけでもスコアアップに直結します！

　このように本書には、単語やフレーズを覚えるための工夫がたくさん詰まっています。時間がない方や単語を覚えるのが苦手な方でも、結果につながる語彙力が身につきます。さあ、単語攻略の第一歩！　楽しみながら、学習を始めてみましょう。

2016年8月　塚田　幸光

もくじ

はじめに………………………………………………………………… 003
TOEIC® テストを知ろう！……………………………………………… 006
本書の特徴……………………………………………………………… 008
オススメの学習法……………………………………………………… 010
構成と使い方…………………………………………………………… 012

リスニングセクション

パート1（写真描写問題）で出る単語
Day 1　オフィスでの動作/位置関係/乗り物 ……………………… 018
Day 2　通り・路上/レストラン/店頭・店内 ……………………… 024
Day 3　ホテル/公園/水辺/工事現場/荷物 ………………………… 034

パート2（応答問題）で出る単語
Day 4　オフィス/電話・連絡/会議/セミナー …………………… 048
Day 5　人事/営業・販売/戦略・計画/ビジネス一般 …………… 056
Day 6　報告/買い物/交通・郵便/出張/予約 …………………… 066

パート3（会話問題）で出る単語
Day 7　電話/受付/備品・発注/在庫 ……………………………… 078
Day 8　トラブル・修理/採用/組織/会計/会議・交渉 ………… 086
Day 9　旅行/空港/ホテル/チケット売り場/ショップ/銀行/薬局 … 096
　　　　❖ 新形式で出るフレーズ「パート3 & 4編❶」……………… 106

パート4（説明文問題）で出る単語
Day 10　スピーチ（人物紹介、受賞、会議・セミナー、セール案内）……… 112
Day 11　アナウンス（駅、空港、機内、劇場、社内）/ツアーガイド……… 122
Day 12　ニュース（ビジネス、交通情報、天気予報）/
　　　　電話（留守録メッセージ、自動音声ガイド）………………… 132
　　　　❖ 新形式で出るフレーズ「パート3 & 4編❷」……………… 144

リーディングセクション

パート5＆6（短文＆長文穴埋め問題）で出る単語

Day 13	販売/広告	150
Day 14	顧客サービス/マーケティング	160
Day 15	生産・製品/施設/配送/仕入れ・在庫	170
Day 16	交渉・契約/計画	180
Day 17	連絡・立場・役割/評価	186
Day 18	求人/資格・条件/制度/職場環境	194
Day 19	ルール/禁止・罰金	204
Day 20	経済/市場	214
Day 21	経営/社会・行政/環境/ホテル/レストラン	224
	❖ 新形式で出るフレーズ「パート6編」	238

パート7（読解問題）で出る単語

Day 22	メール（問い合わせ、返信、注文・交渉）	244
Day 23	メール（クレームへの謝罪、業務連絡）/ウェブサイト	254
Day 24	広告（求人、サービス案内）	262
Day 25	広告（製品紹介、お知らせ）	274
Day 26	通知（社内通知）	284
Day 27	通知（公共のお知らせ、工事の案内）/報告書	290
Day 28	記事（経済・市場）	300
Day 29	記事（合併、再編、環境）	312
Day 30	プレスリリース/記入用紙/設問で出る単語	324
	❖ 新形式で出るフレーズ「パート7編」	334

索引・確認テスト ……………………………………………………… 338

別冊付録
TOEIC®厳選フレーズ「1分間」タイムトライアル！

TOEIC®テストを知ろう！

TOEIC®テストとは？

TOEIC（トーイック）は、Test of English for International Communicationの略称で、英語を母語としない人を対象にした、英語によるコミュニケーション能力を評価するためのテストです。

テストの問題は、アメリカにあるテスト開発機関ETS（Educational Testing Service）が制作し、世界150カ国で実施されています。日本では年間約250万人が受験する、英検と並ぶ国内最大級の英語力を測るテストです。

テストの特徴

- テスト結果は合否でなく、10〜990点の間で5点刻みのスコアで算出されます。
- 受験者の英語能力に変化がない限り、何度受験してもスコアは一定に保たれます。
- テストはリスニングとリーディングの2つのセクションに分かれ、これらの結果を客観的に測定することで、総合的な英語コミュニケーション能力が判定されます。
- テストは英語のみで行われ、日本語は一切使われません。
- 企業では昇進・昇格の要件に、大学や短大では単位認定・推薦入試基準に使われています。

受験について

- 公開テストは、年10回（1月、3〜7月、9〜12月）実施され、テスト自体は通常、日曜日の午後（1時〜3時）に行われます。
- インターネットを利用してTOEIC® 公式サイト（http://www.iibc-global.org/toeic.html）から、または、コンビニ店頭の情報端末から受験の申し込みは行えます。
- 受験料は6,490円（税込み）です。

本書でTOEIC®テストと言うときには、TOEIC® Listening & Reading Testのことを指しています。

テストの形式

リスニングセクション（約45分・計100問）

パート	名称	問題数（問題番号）
パート1	写真描写問題	6問（No. 1～No. 6）
パート2	応答問題	25問（No. 7～No. 31）
パート3	会話問題	39問（No. 32～No. 70）
パート4	説明文問題	30問（No. 71～No. 100）

リーディングセクション（75分・計100問）

パート	名称	問題数（問題番号）
パート5	短文穴埋め問題	30問（No. 101～No 130）
パート6	長文穴埋め問題	16問（No. 131～No. 146）
パート7	読解問題	54問（No. 147～No. 200）

注意しよう！

- リスニング100問、リーディング100問の合計200問を約2時間で答えます。解答はすべてマークシートで行い、記述式の問題はありません。
- リスニングの問題は、アメリカ人のほか、イギリス、カナダ、オーストラリア人の4カ国のナレーターが担当します。
- リスニングセクションとリーディングセクションの間に休憩時間はありません。パート4の最後の問題（No. 100）を解き終えたら、すぐにパート5の問題を始めてください。

問い合わせ先

（一財）国際ビジネスコミュニケーション協会

■ **IIBC 試験運営センター**

〒100-0014　東京都千代田区永田町2-14-2　山王グランドビル
TEL: 03-5521-6033　FAX: 03-3581-4783
（土・日・祝日・年末年始を除く10:00～17:00）

■ **TOEIC®公式サイト**

http://www.iibc-global.org/toeic.html

本書の特徴

パート別&トピック別の構成!

　本書の構成は、パート別&トピック別です。この本で取り上げる見出し語は、全777語。これらの単語やフレーズは、「実際のテストではどのパートで出るのか」といった基準で分類しています。したがって、本番のテストでパート1から問題を解いていく感覚を、シミュレートしながら学習していくことになります。「覚えた順番通りに、単語が登場してくる」。これがパート別構成のメリットです。

　続いて、トピック別のメリットをお話しします。いろいろなファイルが散らかっている、デスクトップをイメージしてください。必要なファイルにアクセスしたいときに、これではなかなかお目当てのものまでたどり着けません。そこで、フォルダごとに「会議資料」や「売上報告」などと分けて管理しておけば、必要なときにすぐにアクセスできますよね。単語の暗記もこれと同じです。

　例えば、adjust(調節する)やinstall(設置する)といった単語を、パート1の《オフィスでの動作》といった「フォルダ」で管理します。すると、テスト本番でオフィスの写真が出たときに、覚えた単語が頭の中で整理されているので、スムーズに意味を思い出すことができるようになるのです。

　トピック別で覚えるメリットは、まだあります。単語集の中には、スコア別や品詞別でグルーピングしているものをよく見かけます。一見わかりやすく整理されているようですが、このタイプは「覚える」ときに苦労します。というのも、難易度や品詞の関連性を優先しているために、単語の並びに意味の面での関連性がないからです。しかし本書では、《オフィスでの動作》のようなトピックでグルーピングしているので、前後の単語に意味の面で関連性があり、複数の単語をまとめて覚えることができるのです。

品詞別の単語集	
【名詞】	
001 vehicle	ひとつひとつ覚
002 statement	えていかなけれ
003 revenue	ばならない。

本書	
【オフィスでの動作】	
001 adjust	トピックごとに、
002 install	まとめて覚えら
003 examine	れる!

①単語、②フレーズ、③例文でワンセット！

　単語と意味だけを覚えても、TOEIC®テストではあまり役に立ちません。というのも、単語の和訳を答える問題がないからです。TOEIC®で求められる語彙力とは、聞いたり読んだりした「文」の意味が取れる力です。したがって、単語ベースではなく、もう少し広い範囲で意味をとらえる力が必要となります。

　そこで本書では、単語に加え、フレーズも特集しています。これらをチェックして、実戦的な語彙力を身につけてください。また、「フレーズだけではよくわからないので、例文も欲しい」、「文の中での働きも知りたい」といった声に応えるため、例文も掲載しています。単語・フレーズ・例文、すべてを覚えなくてもOKです。最初は「単語とフレーズ」、余裕があれば「例文」というように、自分に合った学習スタイルを探してみましょう。

コメントも充実！

　本書は、すべての見出し語にコメント（奇数ページ右端の列）がついています。

　ここでは、語句の使われ方や関連表現を紹介する解説、テストでどのように出るのかを説明した出題傾向、そしてスコアに直結するテクニックなどを紹介しています。「列を見たらin a row を待て！」(23ページ)や「選択肢に(receptionistが)あれば、即マーク！」(79ページ)など、テストの勘どころがキャッチフレーズで覚えられるようになっています。こうしたコメントはさながら「裏技集」。ここを読むだけでも、50点アップは可能です。

　また、**Q**マークがついている回は、ミニクイズの出題です。答えの部分を赤シートで隠して答えてみましょう。今まで学んだことの整理や、さらなる語彙力アップにつながります。

テストが豊富！

　各Dayの最後には、ミニテストがついています。別冊は、本書のフレーズを日本語訳から英語にしてみるテストです。〈英→日〉〈日→英〉双方からアプローチすることで、みなさんの記憶の回路がビシビシ刺激されるはず。

　さらに、「赤シート」もついています。見出し語の「日本語訳」だけでなく、類義語や反義語も消せるようにしています。赤シートをかぶせると、最初の数文字だけしか見えないので、これらの表現を答えてみましょう。

オススメの学習法

シチュエーションによって勉強法を変えよう！

◆ 移動中 ➡ スキマ時間を使って効率よく！
◆ 自 宅 ➡ 音読・筆写などを取り入れ丁寧に！

　TOEIC®の勉強に使える時間は、いつでも確保できるとは限りません。大学生は授業やバイトで忙しいし、社会人はこのご時世、寸暇を惜しんで働いています。当然、毎日の勉強時間を確保するのが大変なのは言うまでもありません。ということで、少し頭を切り換えてみましょう。私がオススメするのは、シチュエーションによって、勉強方法を変えてみることです。

移動中は速トレ&耳トレ

　まず、移動中は何をすべきでしょうか？　移動中は、スピード感のある勉強が向いています(スピードトレーニング→「速トレ」)。

　例えば、電車の中では、次の駅までの3分間を使って、緊張感のある暗記が可能です。3分間あれば、1Day分の「見出し語」と「訳」を赤シートでチェックできます。「フレーズ」や「例文」まで見ても、1Dayのいち見開き(2ページ)程度はできますね。3分間という限られた時間の中で、スピード感と緊迫感のあるトレーニングをしていきましょう。

〈速トレ〉の練習方法

ステップ①	ステップ②	ステップ③
赤シートを準備！	単語を見て意味をチェック！	3分程度で1DAYを終える！
「速トレには赤シートが不可欠」	「スピードを意識すること」	「緊張感を持って取り組もう」

　また、移動中は「耳トレーニング」(→「耳トレ」)も向いています。ダウンロードファイルの音声を聞いてください。実は、移動中に歩いている時間って、結構長いんです。自宅から駅、駅から会社など、これも限られた時間ですが、「耳トレ」にはピタリ！　移動中こそ、トレーニングの盲点です。

自宅では、音読＆筆写

　自宅では、少しはじっくりと勉強ができるはず。朝の30分を勉強時間にあてるだけで、音読や筆写ができるのです。

　自宅学習では、移動中とは異なるスタイルがベターです。あせって模試の勉強から始めるのはオススメしません。30分学習では、語彙の学習がベストです。英文をチェックし、音声を聞いて音読、例文（英文）を声に出しながら書き写す。このシンプルな流れを、1Day分続けてみましょう。時間に余裕があれば、コメントを読んで、単語の理解を深めておきましょう。

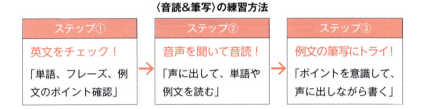

毎日続けることが大事！

　移動中の「速トレ&耳トレ」、自宅での「音読&筆写」の30分は、それほどハードではないですよね。毎日続けるには、これくらいの「ゆるさ」がちょうどいいんです。大事なことは、毎日続けること。それには、「習慣化」することが重要です。

　30分早起きして音読&筆写をし、通勤電車で本書を見て、歩きながら音声を聞く。ぜひ、このようなスタイルを習慣化してください。ハードではなく、ソフト路線で。1回に20kmを走るような勉強法は、語学学習には向いていません。気づくと毎日2km走っていたというような、ゆるやかな勉強スタイルが語学学習には向いています。

構成と使い方

本書の構成

本書は、TOEIC®テストに出る重要語句をパート別に30日間で学習できるように構成されています。さらに、トピック別に分類しているので、関連した語句をまとめて覚えることができ、記憶の定着に効果的です。

本書の使い方

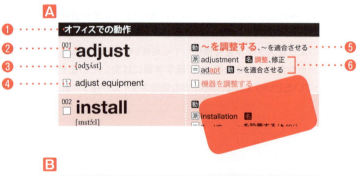

❶ **テーマ** ……頻出トピックで語句をグループ分けしています。
❷ **見出し語**…600点突破に必要な770語を掲載しています。
❸ **発音記号**…❶がついているものは、特に注意しましょう。
❹ **フレーズ**…見出し語を使った重要フレーズ。単語単体で覚えるよりも、フレーズで覚えると、より早く・正確に意味が取れるようになります。
❺ **意味** ………赤シートを使って、見出し語の日本語訳を覚えていきます。
❻ **関連表現**…テストに出る、派生語や類義語などを厳選して紹介しています。
❼ **例文** ………見出し語やフレーズを使った例文。カッコ内は、日本語訳です。
❽ **コメント**…「テクニック」や「出題傾向」、「覚え方」などを解説しています。**Q**のマークがついている回は、クイズに挑戦します。赤シートで正解を隠して、答えてみましょう。

❾ **達成ゲージ**…どこまで学習したかが一目でわかります。
❿ **ミニテスト**…各Dayの最後に、復習テストを行います。右ページを赤シートで隠して、語句の意味を言ってみましょう。

索引と別冊について

索引には、本書で紹介した単語とその意味をアルファベット順に掲載しています。語句の検索だけでなく、最終確認テストとしてもお使いいただけます。

また、別冊では、本書のフレーズをまとめています。これまでは、英語を見て日本語を答える練習をしてきましたが、ここでは、日本語から英語のフレーズを答えます。

本書で使われているマーク

品詞
動:動詞　　**名**:名詞　　**形**:形容詞　　**副**:副詞
前:前置詞　　**会**:会話表現

記号
派:派生語　　**参**:参考表現など　　**≡**:類義語・類似表現
⇔:反義語　　**❶発音**:注意したい発音　　（▶○○○）:見出し語番号○○○を参照
Q:クイズ　　**A**:クイズの答え

そのほか
（　　）:省略可能　　　　　　[　　]:入れ替え可能
〈　　〉:公式的な表現、またはカタカナを用いた発音表記

リスニングセクション
パート1（写真描写問題）で出る単語

001 adjust ▶▶▶ 072 warehouse

ターゲットは**72**語

パート1の単語対策

- 問題数は6問。
- 1枚の写真について4つの短い英文が読まれる。
- これらのうち、写真の内容を最も適切に描写しているものを選ぶ。

■ 攻略のポイント

写真のパターンはたった2つ!

　出題される写真は、「人物写真」と「風景写真」の2種類です。「人物写真」では、写真の人物が何らかの動作を行っています。一方、「風景写真」には、一般的な風景が写されています。例えば、飛行場で離陸を待つ飛行機や店内に置かれたテーブルなどです。パート1ではこのパターンを利用して、単語対策を効果的に行います。

　「人物写真」では、人物の《動作》や《位置関係》がポイントになります。まず、これらをDay 1で特集しています。Day 2以降では、「人物」、「風景」両方の写真でポイントとなる「モノ」や「動作・状態」を見ていきましょう。ここでは、写真の【場所】で分類し、単語・フレーズをグループでチェックします。

パート1の写真に登場する場所

オフィス	Day 1
通り・路上	Day 2
レストラン	Day 2
店頭・店内	Day 2

ホテル・部屋	Day 3
公園・歩道・庭	Day 3
工事現場	Day 3
水辺	Day 3

■ 単語の覚え方

　まず、写真の【場所】をチェックして、そのシーンを頭の中でイメージしましょう。例えば、Day 2はどうでしょうか？ 《通り・路上》で始まりますね。

　「人物写真」では、《通り・路上》にいる人々に注目します。「横断歩道」(crosswalk)を「横切っている」(crossing)人々の写真は、パート1の定番です。彼らをpeopleで表すこともあれば、pedestrians(歩行者)が使われる場合もあります。

　次に「風景写真」の《通り・路上》を見ていきましょう。ここでは、モノの状態が大事です。道の脇のポールに自転車が「立てかけてある」(be propped up against)写真などが鉄板です。「道」自体の写真では、道が建物の「入口に通じて」(lead to an entrance)いたり、「森の中を通って」(run through the wood)いたりします。

　単語はやみくもに覚えてもダメ。すぐに忘れてしまいます。テーマごとに、関連す

る単語・フレーズをグループで覚えると記憶に定着します。写真に登場する【場所】は毎回同じなので、グループ記憶で本番に備えてくださいね。

■ 各Dayの特徴を解説

Day 1 《オフィスでの動作》《位置関係》など

《オフィスでの動作》なので、仕事中の人たちをイメージしましょう。例えば、男性が顕微鏡などを「調整している」(adjusting)、女性が書類を「検討している」(examining)といった動作がポイントになります。また、プレゼン中であれば、画面を「指さして」(pointing)いたり、聞き手はホワイトボードの方を「向いて」(facing)いたりします。最後に、《乗り物》もチェックしておきましょう。Day 2の《通り・路上》での必須ワードとして、先取りして取り上げています。

Day 2 《通り・路上》《レストラン》など

《レストラン》の「風景写真」では、テーブルのある風景をイメージ。テーブルが規則正しく「一列に並べられている」(be arranged in a row)写真が定番です。テーブルの周りに人が「集まって」(gathered around)いたり、「座って」(seated)いたり、「席がうまって」(occupied)いたりと、バリエーションが豊富です。【場所】パターンごとに、頻出フレーズをチェックしましょう。

Day 3 《ホテル・部屋》《公園・歩道・庭》《工事現場》など

仕事写真のバリエーションとして、《工事現場》の写真も大事です。ここでも人物の動作に注目しましょう。「機械を操作して」(operate machinery)いたり、「カートを押して」(push a cart)いたりと、具体的な動作が出題されます。《工事現場》に人がいなければ、《風景写真》です。はしごが「壁に立てかけて」(lean against a wall)あったり、「箱が積み重ねられて」(The containers are stacked ...)いたりと、モノとその状態がポイントになります。

Day 1 オフィスでの動作／位置関係ほか

オフィスでの動作

001 adjust
[ədʒʌ́st]

動 ~を調整する、~を適合させる
派 adjustment 名 調整、修正
≒ adapt 動 ~を適合させる

① adjust equipment
① 機器を調整する

002 install
[ɪnstɔ́ːl]

動 ~を設置する
派 installation 名 設置
≒ set up ... …を設置する（▶034）

① install a filing cabinet
② install software
① 書類棚を設置する
② ソフトウェアをインストールする

003 examine
[ɪgzǽmən]

動 ~を検討する、~を診察する
派 examination 名 試験、検査
≒ check 動 ~を調べる
　 inspect 動 ~を検査する（▶369）

① examine a document
② examine a patient
① 書類を検討する
② 患者を診察する

004 point
[pɔ́ɪnt]

動 指さす
名 点、要点

① point at a screen
② point to a whiteboard
① 画面を指さす
② ホワイトボードを指さす

005 face
[féɪs]

動 ~のほうを向く、~に(直)面する

① face a board
① ボードのほうを向く

006 hand
[hǽnd]

動 ~を手渡す

① hand out papers
② hand in a report
① 書類を配る
② レポートを提出する

写真のパターンをつかもう！ 人物写真は「動作」、風景写真は「位置・状態」をチェック！

He's **adjusting the equipment.** (彼は機器を調整している)	「コピー機」写真では、adjustかuseが出る！ 写真の場所が実験室なら、adjust a microscope（顕微鏡を調整する）が定番！
They're **installing a filing cabinet.** (彼らは書類棚を設置しているところだ)	「棚」「機器」写真では、installに注意！ 「インストールする」の意味はおなじみだけど、パート1では「設置する」が大事。
She's **examining a document.** (彼女は書類を検討している)	「書類」「PC画面」「患者」写真では、変化球examineを待て！ 写真の人物が書類を見ていても、look atが聞こえてくるとは限らない。
A woman is **pointing at a screen.** (女性は画面を指さしている)	「PC画面」「ホワイトボード」写真では、pointが来る！ 人物が何かを指さしていたら、pointを持て！
They're **facing a board.** (彼らはボードのほうを向いている)	フェイス＝「顔」だけではアウト！ パート1では動詞のfaceが出る。point（▶004）や次のhandも動詞が盲点。
The woman is **handing out** some **papers.** (女性は書類を配っている)	「書類」写真で待ち伏せろ！ ①examine（▶003）、②hand、③hold（▶121）が「書類写真」で頻出の動詞3トップ。

007 **remove** [rimú:v]	動 ～を取り出す、～を取り除く 派 removal 名 除去 removable 形 取り外し可能な
① remove a file	① ファイルを取り出す

008 **wear** [wéər]	動 ～を身につけている 参 wear-wore-worn put on ... …を身につける
① wear a short-sleeved shirt	① 半袖シャツを着ている

位置関係

009 **next to ...**	…の隣に
① stand next to a woman	① 女性の隣に立つ

010 **side by side**	並んで
① sit side by side	① 並んで座る

011 **each other**	お互いに
① face each other	① (お互いに)向かい合う
② sit across from each other	② 向かい合って座る
③ sit opposite each other	③ 向かい合って座る

012 **in front of ...**	…の前に ⇔ behind 前 ～の後ろに
① in front of a computer	① コンピューターの前に

乗り物

013 **vehicle** [ví:əkl] ❗発音	名 乗り物

He's **removing a file** from the cabinet. (彼は棚から**ファイルを取り出している**)	「書類」写真の変化球。 棚や引き出しから、ファイルなどを取り出していたらコレが来る！
The man is **wearing a short-sleeved shirt**. (男性は**半袖シャツを着ている**)	「身につけている」以外の意味。 ①wear gloves（手袋をしている）、②wear a hat（帽子をかぶっている）、③wear glasses（眼鏡をかけている）も要チェック！
The man is **standing next to the woman**. (男性は**女性の隣に立っている**)	人やモノの《位置関係》が大事！ ①near（〜の近くに）、②by（〜のそばに）、③beside（〜のそばに）などの《位置関係》に注目。
They're sitting **side by side**. (彼らは**並んで座っている**)	並んでいればside by side！ side by sideと一緒に使われる動詞は、①sit、②read、③walkが3トップ。
They're **facing each other**. (彼らは**向かい合っている**)	2人の「対面」写真で出る！ 《オフィス》や《公園》、《レストラン》での男女が向かい合っている写真は定番。
She's sitting **in front of a computer**. (彼女は**コンピューターの前に座っている**)	**Q** There's a bicycle behind the bench.で手前にあるのは？ **A** 手前は「ベンチ」。英文の訳は「ベンチの後ろに自転車がある」。
Vehicles are parked in the lot. (**乗り物**が駐車場に止められている)	パート1で出まくり！ vehicleは車や自転車など、車輪のある乗り物の総称。

014 board
[bɔ́ːrd]
動 ～に乗り込む
名 役員(会)、板

1. board a bus — バスに乗り込む
2. board member — 取締役
3. board of directors — 取締役会

015 step down from ...
…から降りる、…を辞任する
⇔ board 動 ～に乗り込む(▶014)

1. step down from the bus — バスから降りる

016 park
[páːrk]
動 ～を駐車させる

1. be parked in front of ... — …の前に止められている
2. parking lot — 駐車場

017 in a row
一列に

1. be parked in a row — 一列に止められている

018 line
[láin]
動 ～を一列に並べる
名 列、線、取扱商品

1. be lined up — 並んでいる
2. wait in line — (一列に)並んで待つ

1分でチェック！ 今回学習した単語の意味を言ってみよう。

- ① adjust
- ② install
- ③ examine
- ④ point
- ⑤ face
- ⑥ hand
- ⑦ remove
- ⑧ wear
- ⑨ next to
- ⑩ side by side
- ⑪ each other
- ⑫ in front of
- ⑬ vehicle
- ⑭ board
- ⑮ step down from
- ⑯ park
- ⑰ in a row
- ⑱ line

Some passengers are **boarding a bus**. (数人の乗客がバスに乗り込んでいるところだ)	《乗車写真》ではboardを待て！ パート1で乗車する乗り物は、①bus、②train、③planeが3トップ。
People are **stepping down from the bus**. (人々がバスから降りている)	「下車」写真のくせ者。 「降りる」の意味では、get off the bus（バスから降りる）とget out of a taxi（タクシーから降りる）をチェック！
The taxi **is parked in front of** the building. (タクシーがビルの前に止められている)	「駐車」写真ではparkが来る！ 「公園」だけでなく、「駐車させる」も大事。face(▶005)と同じパターンだね。
Some cars **are parked in a row**. (数台の車が一列に止められている)	列を見たらin a rowを待て！ 「一列」はin a row、「複数列」ならin rows。
The cars **are lined up** on both sides of the street. (自動車が通りの両側に並んでいる)	「列」表現の別バージョン！ 並んでいるモノの定番は①「自転車」、②「鉢植え」、③「街燈」、④「人」。

答え

- ① ～を調整する
- ② ～を設置する
- ③ ～を検討する、～を診察する
- ④ 指さす
- ⑤ ～のほうを向く
- ⑥ ～を手渡す
- ⑦ ～を取り出す
- ⑧ ～を身につけている
- ⑨ ～の隣に
- ⑩ 並んで
- ⑪ お互いに
- ⑫ ～の前に
- ⑬ 乗り物
- ⑭ ～に乗り込む、役員(会)
- ⑮ ～から降りる
- ⑯ ～を駐車させる
- ⑰ 一列に
- ⑱ ～を一列に並べる、列

Day 2 通り・路上／レストランほか

通り・路上

019 cross [krɔ́:s]
動 〜を横切る、(手、脚など)を組む
① cross the street
① 通りを横切る

020 crosswalk [krɔ́:swɔ̀:k]
名 横断歩道
① walk on a crosswalk
① 横断歩道を歩く

021 pedestrian [pədéstriən]
名 歩行者

022 stroll [stróul]
動 ぶらぶら歩く
① stroll along a path
① 小道をぶらぶら歩く

023 railing [réɪlɪŋ]
名 手すり、柵
① stand behind a railing
① 手すりの後ろに立つ

024 lead to ...
(道などが)…に通じる
参 lead-led-led
① lead to an entrance
① 入り口に通じる

025 run [rʌ́n]
動 (道などが)延びる、〜を経営する、(機械などが)動く
参 run-ran-run
① run through the wood
② run a company
① 森の中を通る
② 会社を経営する

Part 1 / Day 2

「横断歩道」や「手すり」など、出るワードは決まってる！まずは通り・路上写真をマスターしよう。

People are **crossing the street**. (人々は通りを横切っている)	「交差点」写真ではcrossを待て！ 前置詞across(〜を横切って)を使った、People are walking across the street.も出る。
A man is **walking on the crosswalk**. (男性は横断歩道を歩いている)	**Q** ①traffic lightと②traffic signの意味は？ **A** ①「信号機」、②「交通標識」。
Pedestrians are waiting at an intersection. (歩行者が交差点で待っている)	同じものをさす別表現に気をつけよう！ people＝pedestrian、vehicle(乗り物)＝car(乗用車)などの言い換えに注意。
People are **strolling along the path**. (人々は小道をぶらぶら歩いている)	「歩行」写真では、walk、stroll、crossが出る！ 人が「小道」や「ビーチ」をぶらつく写真をイメージしてね。
Some people are **standing behind a railing**. (何人かの人々が手すりの後ろに立っている)	やっぱり大事な《位置関係》。 前置詞＋①railing、②fence(柵)、③pole(柱)のフレーズを聞き分けよう！
The path **leads to the** building **entrance**. (道はビルの入り口に通じている)	「道」写真の定番！ 「曲がりくねった道」写真では、動詞wind(曲がりくねる)が使われる。
The road **runs through the** wood. (道は森の中を通っている)	2つの意味に注意！ パート1では「(道が)延びる」、そのほかのパートでは「経営する」で出る。

025

026	**head** [héd]	動 **～を向ける**、～を率いる
		名 (集団の)**長**、代表
	① be headed in the same direction	① 同じ方向を向いている
	② head of a department	② 部長

027	**deserted** [dɪzə́ːrtɪd]	形 **人けのない**
		派 desert 名 砂漠 動 ～を見捨てる

028	**prop** [prɑ́ːp]	動 **～を立てかける**
		名 支柱
	① be propped up against ...	① …に立てかけてある

レストラン

029	**arrange** [əréɪndʒ]	動 **～をきちんと並べる**、**～を手配[準備]する**
		派 arrangement 名 整理、手配
	① be arranged in a row	① 一列に並べられている
	② arrange a meeting	② 会議を準備する

030	**occupied** [ɑ́ːkjəpàɪd] ❗発音	形 (席などが)**ふさがっている**
		⇔ unoccupied 形 空いている
		vacant 形 空いている (▶592)

031	**gather** [gǽðər]	動 **～を集める**、集まる
		派 gathering 名 集会
		≒ assemble 動 ～を集める、～を組み立てる (▶276)
	① be gathered around a table	① テーブルの周りに集まっている

032	**seat** [síːt]	動 **～を座らせる**
		名 座席
	① be seated around a table	① テーブルの周りに座っている

All the people **are headed in the same direction**. (すべての人々が同じ方向を向いている)	「頭」からイメージを広げよう！ 「頭」をある方向に動かす⇒「〜を向ける」、集団の「頭」⇒「代表」とイメージすれば覚えやすい。
The intersection is **deserted**. (交差点にはだれもいない)	「人がいない」写真はdeserted！ desert(砂漠)の「ガランとしている」イメージから、「砂漠みたいに人けのない」と覚えよう。
A bicycle **is propped up against** a pole. (自転車が柱に立てかけてある)	「自転車立てかけ」写真の定番！ 例文は、The bicycle is leaning against a pole.と言うこともできる。lean against (▶063)。
Tables are **arranged in rows**. (テーブルが何列か並べられている)	キチッとした「列」写真で出る。 イスやテーブルが並んだ写真では、的中率高！
All of the seats are **occupied**. (席はすべてうまっている)	「イス」「テーブル」写真のくせ者！ 「空席ナシ」はoccupied、「空席アリ」はunoccupiedが来る。
They're **gathered around** a large **table**. (彼らは大きなテーブルの周りに集まっている)	「人が集まっている」写真で出る。 「テーブルの周り」や「広場」などに人が集まっていたら、gatherを待とう！
People **are seated around** the **table**. (人々はテーブルの周りに座っている)	sit(座る)の変化球。 「座っている」がThey're sittingとは限らない。パート1では、「受け身」の文が高確率で正解になる！

033 shade
[ʃéɪd]

動 ~に陰をつくる
名 (日)陰、木陰

1. shade some tables — テーブルに陰をつくる
2. rest in the shade — 日陰で休む

034 set
[sét]

動 ~を整える、~を設定する
名 ひと組
参 set-set-set

1. set up a banquet hall — 宴会場の準備を整える
2. set a table — 食事[食卓]の準備をする
3. set aside a budget — 予算を取っておく
4. be set to do — ~することになっている

035 serve
[sə́ːrv]

動 (食事など)を出す、~のために働く、勤務する
派 server 名 給仕係

1. serve a meal — 食事を出す
2. serve a company — 会社に勤める
3. serve as general manager — 支店長を務める

036 pour
[pɔ́ːr] ❗発音

動 ~を注ぐ

1. pour water — 水を注ぐ

店頭・店内

037 shelf
[ʃélf]

名 棚
参 cupboard 名 戸棚、食器棚

1. be lined up on a shelf — 棚に並べられている

038 display
[dɪspléɪ]

名 陳列、展示、表示
動 ~を陳列する、~を表示する

1. be on display — 陳列されている

The umbrellas are **shading some tables**. (パラソルがいくつかのテーブルに陰をつくっている)	「陰をつくる」のは、たいていパラソル。 「受け身」バージョン、Some tables are shaded by umbrellas. が正解のときもある。
The banquet hall has been **set up**. (宴会場の準備が整えられている)	パート1の最難関「受け身の進行形」。 食事が準備中なら、The banquet hall is being set up.(宴会場の準備が整えられているところだ)が正解。
A meal is being **served**. (食事が出されているところだ)	「給仕」写真の定番フレーズ。 The waiter[waitress] is serving a meal. が基本文。例文は、これを「受け身」にしたもの。
He's **pouring water** into a glass. (彼はグラスに水を注いでいる)	こちらも「給仕」写真で定番。 給仕係(server)が水差し(pitcher)を持っていたら、pourを待て！
Some bottles **are lined up on the shelves**. (何本かのボトルが棚に並べられている)	**Q** shelfの複数形は？ **A** shelves。発音は[ʃélvz]（シェルヴズ）。
Many kinds of items **are on display** on the shelf. (さまざまな種類の商品が棚に陳列されている)	**Q** items(商品)をほかの語で言い換えると？ **A** goods、またはmerchandises（▶606）。

Part 1 Day 2

039 fill
[fíl]

動 ~を満たす	
⇔ empty　動 ~を空にする (▶126)	
1 be filled with ...	1 …でいっぱいである
2 fill out ...	2 …に記入する
3 fill in for ...	3 …の代わりを務める

040 pile
[páɪl]

動 ~を積み重ねる
名 積み重ね

1 pile up boxes	1 箱を積み重ねる
2 put ... in a pile	2 どっさりと…を積み重ねる

041 stack
[stǽk]

動 ~を積み重ねる
名 積み重ね
= pile　動 ~を積み重ねる (▶040)

1 be stacked against a wall	1 壁ぎわに積み重ねられている
2 be stacked on a shelf	2 棚に積み重ねられている

042 on top of each other

重なり合って

043 locate
[lóʊkeɪt]

動 ~を設置する、~を見つける
派 location　名 場所

1 be located against the wall	1 壁ぎわに設置されている

044 reach
[ríːtʃ]

動 手を伸ばす、~に達する、~に到着する

1 reach into a shopping cart	1 ショッピングカートの中に手を入れる
2 reach for some goods	2 商品に手を伸ばす
3 reach one's sales targets	3 売上目標を達成する
4 reach a decision	4 結論に達する

The shelves **are filled with** various kinds of goods. (棚はさまざまな**商品でいっぱいである**)	「商品の陳列」写真の2トップ。 棚に商品がびっしり詰まっていたら、be filled with ...かbe full of ...が来る!
Some **boxes** are **piled up** on the floor. (いくつかの**箱**が床に**積み重ねられている**)	箱の「山積み」写真で出る! 余裕があれば、a pile of ...(山積みになった…)も覚えておこう!
All of the tables **are stacked against the wall**. (テーブルはすべて**壁ぎわに積み重ねられている**)	「山積み」写真パート2。 「箱」や「テーブル」以外にも、「皿」「鍋」「書類」などが山積みされる。
Some chairs are stacked **on top of each other**. (いすが**重なり合って積まれている**)	「山積み」写真パート3。 前置詞onには、「ピタっとくっつく」イメージがある。例文から、イスが「ピタッ」と重ねられている様子が想像できればOK。
A vending machine **is located against the wall**. (自動販売機が**壁ぎわに設置されている**)	人けのない《店内写真》で出る。 ここでも、モノとモノの《位置関係》の聞き取りがポイント。
She's **reaching into a shopping cart**. (彼女は**ショッピングカートの中に手を入れている**)	買い物客が手を伸ばしていたら来る! フレーズ1と2がパート1の《店内写真》で、フレーズ3と4はパート5や7で頻出!

Part 1 Day 2

045 try on ... …を試着する

1 try on glasses　　1 眼鏡を試着する

1分でチェック！ 今回学習した単語の意味を言ってみよう。

- ① cross
- ② crosswalk
- ③ pedestrian
- ④ stroll
- ⑤ railing
- ⑥ lead to
- ⑦ run
- ⑧ head
- ⑨ deserted
- ⑩ prop
- ⑪ arrange
- ⑫ occupied
- ⑬ gather
- ⑭ seat
- ⑮ shade
- ⑯ set
- ⑰ serve
- ⑱ pour
- ⑲ shelf
- ⑳ display
- ㉑ fill
- ㉒ pile
- ㉓ stack
- ㉔ on top of each other
- ㉕ locate
- ㉖ reach
- ㉗ try on

She's **trying on** a pair of **glasses**.
(彼女は**眼鏡を試着している**)

「試着」写真では try on。
鏡に向かって、「ふふん」ってポーズを取っているシチュエーション。

答え

- ① 〜を横切る
- ② 横断歩道
- ③ 歩行者
- ④ ぶらぶら歩く
- ⑤ 手すり
- ⑥ 〜に通じる
- ⑦ 延びる、〜を経営する
- ⑧ 〜を向ける
- ⑨ 人けのない
- ⑩ 〜を立てかける
- ⑪ 〜をきちんと並べる
- ⑫ ふさがっている
- ⑬ 〜を集める、集まる
- ⑭ 〜を座らせる
- ⑮ 〜に陰をつくる、(日)陰
- ⑯ 〜を整える
- ⑰ 〜を出す、〜のために働く
- ⑱ 〜を注ぐ
- ⑲ 棚
- ⑳ 陳列
- ㉑ 〜を満たす
- ㉒ 〜を積み重ねる
- ㉓ 〜を積み重ねる
- ㉔ 重なり合って
- ㉕ 〜を設置する
- ㉖ 手を伸ばす、〜に達する
- ㉗ 〜を試着する

Day 3 ホテル・部屋／公園・歩道・庭ほか

ホテル・部屋

046 hang [hǽŋ]
動 (絵など)を掛ける、掛かる
参 hang-hung-hung
① hang a picture on the wall
① 壁に絵を掛ける

047 position [pəzíʃən]
動 〜を置く、〜の位置を合わせる
名 位置、地位、職
= put 動 〜を置く
① be positioned on a shelf
① 棚の上に置かれている

048 plant [plǽnt]
名 植物、工場
動 〜を植える
① potted plant
② plant trees
① 鉢植え
② 木を植える

049 place [pléɪs]
動 〜を置く、(注文など)を出す
名 場所
① be placed on the table
② be placed against the wall
③ place an order
① テーブルの上に置かれている
② 壁ぎわに置かれている
③ 注文する

公園・歩道・庭

050 instrument [ínstrəmənt]
名 楽器、器具、道具
① play a musical instrument
① 楽器を演奏する

051 overlook [òʊvərlúk]
動 (景色など)を見下ろす、〜を見落とす、〜を監督する
① overlook a canal
① 運河を見下ろす

TOEICは工事現場好き。パターンは決まってるので、得点源にしよう。

A picture has been **hung on the wall**. (壁に絵が掛けられている)	「ベッド」写真のベッドはひっかけ! 部屋のすみにある「絵」や「ランプ」が問われることも。写真の中の目立たないものにも目を向けよう。
A box has **been positioned on the shelf**. (箱が棚の上に置かれている)	パート1では動詞に注意! 「いいポジション」などの名詞で有名だけど、パート1では動詞が大事。
A potted plant has been left on the table. (鉢植えがテーブルの上に置かれている)	名詞と動詞のどちらも重要。 パート2以降では、「植物」よりも「工場」の意味で使われることが多い。
The vases have **been placed on the table**. (花びんがテーブルの上に置かれている)	「ベッド」写真では「壁ぎわ」を見よ! フレーズ2は、The pillows have been placed against the wall.(枕が壁ぎわに置かれている)をチェック。
Some people are **playing musical instruments** outside. (何人かの人々が野外で楽器を演奏している)	「演奏」写真が出る! Some people are playing music.(何人かの人々が演奏している)でもOK。
The building **overlooks a canal**. (建物は運河を見下ろしている[建物から運河が見渡せる])	「建物」写真の盲点! ホテルなどが小高い場所にあり、その下に水辺が広がるイメージ。

052 direction
[dərékʃən]

名 **方向**、道順、指示
派 direct 動 〜を向ける、〜を管理する

1. in opposite directions — 1 反対方向に
2. in the same direction — 2 同じ方向に
3. in both directions — 3 両方向とも

053 walkway
[wɔ́ːkwèɪ]

名 **歩道**
= path 名 歩道、小道

1. stand on a walkway — 1 歩道に立つ

054 steps
[stéps]

名 [複数形で] **階段**
= stairs 名 階段

1. walk down some steps — 1 階段を下りる

055 curb
[kə́ːrb]

名 (歩道の) **縁石**
動 〜を抑える

1. be parked at the curb — 1 縁石に止められている

056 water
[wɔ́ːtər]

動 **〜に水をかける**
名 水(面)、海域

1. water plants — 1 植物に水をやる

057 lawn
[lɔ́ːn]

名 **芝生**

1. mow a lawn — 1 芝生を刈る
2. sit on a lawn — 2 芝生の上に座る

People are walking **in opposite directions**. (人々は**反対方向に**歩いている)	人や車の進む方向に注目！ 「反対」か「同じ」かの方向がポイント。パート4の《交通情報》では、Traffic is blocked in both directions.（道路は両方向とも通行止めです）が出る。
A woman is **standing on a walkway**. (女性は**歩道に立っている**)	「音」のひっかけを回避せよ！ 《歩道》写真のひっかけ単語。walkだけに反応して、「歩いている」と思ってはダメ！
She's **walking down the steps**. (彼女は**階段を下りている**)	**Q** steps、stairs以外で「階段」の意味を持つ語は？ **A** staircase。3つ合わせて「階段」の3sと覚えよう！
A motorcycle **is parked at the curb**. (バイクが**縁石に止められている**)	「駐車」写真では「道路」も見よ！ 縁石（えんせき）は、歩道と車道の境界にあるコンクリートブロックのこと。
She's **watering the plants**. (彼女は**植物に水をやっている**)	パート1には「水」トピックが多い。 例文を「受け身」にすると、The plants are being watered.（植物は水をかけられているところだ）。難易度はアップするが、こちらが正解のこともある。
The man is **mowing the lawn**. (男性が**芝生を刈っている**)	「芝生」写真では、動詞mow（〜を刈る）の変化形mower（芝刈り機）も忘れずに！

Part 1 / Day 3

水辺

058 reflect [rɪflékt]
動 ～を映す、～を反射する
派 reflection 名 反映、反射
① be reflected on water
① 水面に映っている

059 pier [píər]
名 桟橋
① float near a pier
① 桟橋の近くに浮かぶ

060 tie [táɪ]
動 ～をつなぐ、～を結ぶ
名 つながり
① be tied up in a harbor
② be tied up with ...
① 港に停泊している
② …で手が離せない

061 row [róʊ]
動 (ボートなど)をこぐ
名 列
① row a boat
② in a row
① ボートをこぐ
② 一列に

工事現場

062 operate [ɑ́:pərèɪt]
動 ～を操作する、～を経営する
派 operation 名 操作、事業
　 operator 名 オペレーター
① operate machinery
② operate a business
① 機械を操作する
② 商売をする

063 lean [lí:n]
動 寄りかかる、傾く
① lean against a wall
② lean over a desk
① 壁に寄りかかる
② 机の上に身を乗り出す

The house **is reflected on the water**. (家が水面に映っている)	「水面」写真ではbe reflected！ 山や建物が湖の水面に映っている写真で出る。
The yacht is **floating near the pier**. (ヨットが桟橋の近くに浮かんでいる)	パート1は《水辺》好き！ 「桟橋(さんばし)」は、船を横づけする橋のこと。船の乗り降りの際に使う。
The ships **are tied up in a harbor**. (船が港に停泊している)	停泊中の「船」写真も定番。 ここでは、be tied upかbe dockedが使われる。dockは「(船)をドックに入れる」。
The man is **rowing a boat**. (男性はボートをこいでいる)	動詞rowも押さえておこう。 英語のboatは「手漕ぎボート」だけでなく、エンジンで動く「小型の船」も指す。
The man is **operating** heavy **machinery**. (男性は重機を操作している)	「操作写真」ではoperateを待て！ 「クレーン車」や「ショベルカー」と相性バツグン。be in operation (運転中である)も出る。
A ladder is **leaning against the wall**. (はしごが壁に立てかけてある)	「人物写真」のleanに注意！ 女性が「前かがみ」になっている写真では、The woman is leaning over the desk. (女性は机の上に身を乗り出している)が正解。

Part 1 Day 3

064 sweep
[swíːp]
1. sweep the floor
2. sweep the pavement

動 ～を掃く
参 sweep-swept-swept
1. 床を掃く
2. 舗装道路を掃く

065 cart
[káːrt]
1. push a cart

名 カート、手押し車
= wheelbarrow 名 手押し車
1. カートを押す

066 wheel
[wíːl] ❗発音
1. wheel a cart

動 ～を押す、～を動かす
名 車輪、(車の)ハンドル
1. カートを押す

067 container
[kəntéɪnər]

名 箱、容器
派 contain 動 ～を含む

068 crate
[kréɪt]
1. carry a crate

名 木箱
1. 木箱を運ぶ

069 blueprint
[blúːprìnt]
1. lay out a blueprint

名 設計図、計画
1. 設計図を広げる

荷物

070 load
[lóʊd]

動 ～を積み込む
名 積み荷
= pile 動 ～を積み重ねる (▶040)
  stack 動 ～を積み重ねる (▶041)

1. load some boxes
1. 箱を積み込む

Part 1 Day 3

The man is **sweeping the floor**. (男性は床を掃いている)	**Q** 「テーブルをきれいに拭く」を英語で言うと？ **A** clean the table。mop the floor（床をモップで拭く）も押さえておこう。
He's **pushing a cart** down the sidewalk. (彼は歩道でカートを押している)	「カート」写真の定番！ 例文の別バージョンは、He's rolling a cart down a walkway.（彼はカートを押して歩道を進んでいる）。
The man is **wheeling a cart** on the street. (男性は通りでカートを押している)	似た音トリックに注意！ wheeling〈ウィーリング〉とwilling〈ウィリング〉（快く～する）の音のひっかけを見破ろう。
The **containers** are stacked on the ground. (箱が地面に積み重ねられている)	発音は〈コンテナ〉ではなく〈コンテイナー〉。 船に載せて運ぶような大きなものから、食品を入れるタッパーまで大小さまざまな箱、容器を指す。
They're **carrying crates**. (彼らは木箱を運んでいる)	**Q** 「段ボール箱」を英語で言うと？ **A** carton。「箱」関連では、①container、②crate、③cartonの3つを覚えておこう。
A **blueprint** has been **laid out** on the table. (設計図がテーブルの上に広げられている)	「設計図」と「テーブル」はセット！ 作業員が文書を見ながら話し合っている写真なら、They're examining the blueprint.（彼らは設計図を検討している）が正解。
Boxes are being **loaded** onto the truck. (箱がトラックに積み込まれているところだ)	**Q** 「～を積み込む」はload。では、逆に「～を降ろす」は？ **A** unload。接頭辞のun-は「～でない」と否定を表す。

041

071	**back** [bǽk]	名 後部、背(中)
		＝ rear 名 後部
	① the back of a truck	① トラックの荷台

072	**warehouse** [wéərhàus]	名 倉庫

1分でチェック！ 今回学習した単語の意味を言ってみよう。

- ① hang
- ② position
- ③ plant
- ④ place
- ⑤ instrument
- ⑥ overlook
- ⑦ direction
- ⑧ walkway
- ⑨ steps
- ⑩ curb
- ⑪ water
- ⑫ lawn
- ⑬ reflect
- ⑭ pier
- ⑮ tie
- ⑯ row
- ⑰ operate
- ⑱ lean
- ⑲ sweep
- ⑳ cart
- ㉑ wheel
- ㉒ container
- ㉓ crate
- ㉔ blueprint
- ㉕ load
- ㉖ back
- ㉗ warehouse

They're unloading boxes from **the back of the truck**. (彼らは**トラックの荷台**から箱を降ろしている)	「荷台」写真では、backを待て！ They're standing at the back of the truck.(彼らはトラックの荷台に立っている)のような、シンプルな文も正解になる。
The boxes are stacked in the **warehouse**. (箱が**倉庫**に積み重ねられている)	「倉庫」写真ではコレ！ 倉庫内にものが積み上げられていたら、be piled up(▶040)かbe stacked(▶041)を待とう！

答え

- ① 〜を掛ける
- ② 〜を置く
- ③ 植物、〜を植える
- ④ 〜を置く、〜を出す
- ⑤ 楽器
- ⑥ 〜を見下ろす
- ⑦ 方向
- ⑧ 歩道
- ⑨ 階段
- ⑩ 縁石
- ⑪ 〜に水をかける
- ⑫ 芝生
- ⑬ 〜を映す
- ⑭ 桟橋
- ⑮ 〜をつなぐ
- ⑯ 〜をこぐ、列
- ⑰ 〜を操作する
- ⑱ 寄りかかる、傾く
- ⑲ 〜を掃く
- ⑳ カート
- ㉑ 〜を押す
- ㉒ 箱
- ㉓ 木箱
- ㉔ 設計図
- ㉕ 〜を積み込む
- ㉖ 後部
- ㉗ 倉庫

単語対策 プラス 上位語ってなに？

上位語とは、グループの総称です。例えば、「テーブル(table)は家具(furniture)である」と言った場合、furnitureを上位語、tableを下位語と呼びます。近年のTOEICパート1では、かなりきわどい上位語まで出題されています(★は難マーク)。

vehicle
(乗物)
car(乗用車)、truck(トラック)、motorbike(バイク)、bicycle(自転車)などの乗り物の総称。

instrument
(楽器、器具)
piano(ピアノ)、guitar(ギター)、drum(ドラム)などの楽器の上位語が(musical) instrument。

equipment
(装置、機器)
工事現場で見かけるdrill(ドリル)やchainsaw(チェーンソー)などのtool(工具)に加え、オフィスのcopy machine(コピー機)やprojector(プロジェクター)。

utensil
(器具・用具)★
spoon(スプーン)、fork(フォーク)、pan(鍋)、plates(皿)などは、kitchen utensils(台所用品)。ちなみにvessel(容器)も含まれる。

container
(容器)★
いわゆるコンテナに加えて、test tube(試験管)やpot(つぼ)、suitcase(スーツケース)まで、さまざまな「容器」を指す。

platform
(台)★
植木鉢が置いてあるtable(テーブル)や駅のプラットフォーム、スピーチの演壇など。

produce
(農産物)★
potato(ポテト)やapple(リンゴ)などのvegetable(野菜)やfruit(果物)、milk(ミルク)やegg(卵)などの言い換えで出る。

リスニングセクション

パート2（応答問題）で出る単語

073 office ▶▶▶ 144 confirm

ターゲットは**72**語

パート 2の単語対策

- 問題数は25問。
- まず、質問や発言が放送される。
- 続いて3つの英文が放送されるので、最も適切な応答を選ぶ。

■ 攻略のポイント

会話の種類(ビジネス／日常)とトピックに注目しよう！

　パート2の会話は、《オフィス》で行われるものがほとんどです。まずは、Day 4で《オフィス》をテーマに単語をまとめています。

　続く《電話》からは、会話の【トピック】に焦点を当ててグループ分けをしています。《会議》や《人事》などのビジネス会話に加え、《買い物》や《交通・郵便》などの日常会話も扱います。単語を覚えるときは、この会話の種類と【トピック】を関連付けて、場面をイメージしてみましょう。

会話の種類と頻出トピック

ビジネス会話		ビジネス一般	Day 5
電話・連絡	Day 4	報告	Day 6
会議	Day 4	出張	Day 6
セミナー	Day 4	日常会話	
人事	Day 5	買い物	Day 6
営業・販売	Day 5	交通・郵便	Day 6
戦略・計画	Day 5	予約	Day 6

※トピックによっては、ビジネス会話と日常会話に明確に分けられないものもあります。

■ 単語の覚え方

　会話の種類をイメージしながら、【トピック】ごとに「グループ」で覚えると効果的です。例えば、Day 5の《人事》を見てみましょう。ビジネス会話で、《人事》について話している場面を思い浮かべます。

　《人事》の中でも頻出の「採用・面接」に関してです。「何人の人が応募してきたか？」(How many people **applied for the position**?)や「応募者と面接をしていただけませんか？」(Would you mind **interviewing the applicant** ...?)といったセリフは、採用担当者との会話で必須です。また、応募者に対しては、「すべての申込用紙に記入しましたか？」(Have you **filled out** all **the application forms**?)と確認します。

❶	会話の種類をつかむ！	▶▶▶	ビジネス会話か日常会話かをチェックする。
❷	会話の【トピック】を確認！	▶▶▶	【人事】や【営業・販売】などのトピックを頭の中に入れておく。
❸	単語・フレーズを関連付けて覚える！	▶▶▶	トピックのグループごとに、単語やフレーズを関連付けて覚える。

■ 各Dayの特徴を解説

Day 4　《オフィス》《会議》《セミナー》など

《オフィス》のテーマで、ビジネス会話の感覚をつかみましょう。TOEICワールドでは、コピー機の故障やトナーの「交換」(replace)など、「オフィス機器」(office equipment)に関するトラブルが頻発します。さらに、人やモノの到着が遅れるトラブルも起こります。

Day 5　《人事》《営業・販売》《戦略・計画》など

先ほど説明した「採用・面接」の続きです。「昇進」(promote)や「任命」(appoint)、「異動」(transfer)なども重要な《人事》の仕事です。「誰が昇進するのか？」、「後任は誰になるのか？」といった話題に注目が集まるのは、どこのオフィスでも同じですね。

Day 6　《報告》《買い物》《交通・郵便》など

ここでは、《買い物》トピックを説明します。3番目のフレーズWhy not?の例文を見てください。これは、女性からの誘いに対するOKの返答です。このように、パート2の応答には、「どちらでも結構です」(Either will be fine.)や「自分でできます」(I can manage.)などの定型表現が多いのも特徴です。

Day 4 オフィス／電話・連絡ほか

オフィス

073 office [á:fəs]
名 **オフィス、事務所**

1. office supplies
2. office equipment
3. post office
4. branch office

1. オフィス用品
2. オフィス機器
3. 郵便局
4. 支社、支店

074 replace [rɪpléɪs]
動 **～を取り換える、～の後任になる**
派 replacement 名 交換(品)、後任

1. replace the toner
2. replace Ms. Jordan

1. トナーを取り換える
2. ジョーダンさんの後任になる

075 manage [mǽnɪdʒ]
動 **なんとかやり遂げる、～を経営する**
派 management 名 経営、経営陣
manager 名 経営者、責任者

1. I can manage.
2. manage to do
3. manage a store

1. 自分でできます。
2. なんとか～する
3. 店を経営する

076 due [d(j)ú:] ❗発音
形 **期限の来た、当然支払うべき**
名 **会費**

1. be due
2. due date
3. membership dues
4. due to ...

1. ～する予定である
2. (支払)期日
3. 会費
4. …が原因で[のせいで]

077 be supposed to do [səpóʊzd]
～することになっている
参 suppose 動 ～だと思う

トナーが切れて、紙がない。コピー機に代表されるオフィスのプチトラブルが出まくり。

Should the **office supplies** be ordered today?
(オフィス用品はきょう注文すべきですか?)

全パートで出まくり!
ほかに、accounting office(会計事務所)やoffice hours(営業時間)などのフレーズも押さえておこう。

Day 4

How do I **replace the toner** in the copier?
(コピー機のトナーを取り換えるには、どうすればいいのですか?)

TOEICは「コピー機」が大好き!
「故障」や「トナーの交換」など、コピー機のトラブルが出る!

I can manage, thanks.
(自分でできます。ありがとう)

「やんわり断る」ときはコレ!
Would you like some help with those documents?(書類の作成を手伝いましょうか?)の提案に対しては、例文のような応答が正解。

When **is** Monica's flight **due** in from Los Angeles?
(モニカさん[の乗る便]は、いつロスから到着する予定ですか?)

スペルは短いけど意味は多い。
「ある時にそうなることになっている」が基本の意味。ここから、「予定」や「期日」をイメージしてね。

When **is** Mr. Smith **supposed to** return?
(スミスさんはいつ戻ることになっていますか?)

Q be supposed to doをほかのフレーズで言い換えると?
A ①will do、②be going to do、③be due to do。ほかにbe scheduled to do(▶088)もアリ。

078 parcel
[páːrsl]

名 小包
= package 名 小包、荷物(▶379)

079 refreshments
[rɪfréʃmənts]

名 [複数形で]お菓子、軽食

080 submit
[səbmít]

動 ～を提出する
派 submission 名 提出(▶651)

1 submit a report
1 報告書を提出する

081 get done

(仕事などを)片付ける

082 get to ...

…に取りかかる、…に到着する
= reach 動 ～に到着する(▶044)

1 get to it immediately
1 すぐに取りかかる

083 draw up ...
[drɔ́ː]

(文書など)を作成する
参 draw 動 ～を描く、～を引く
draw-drew-drawn

1 draw up a report
1 報告書を作成する

084 update
[ʌpdéɪt]

動 ～を更新する
名 最新情報 [ʌ́pdèɪt]

1 update some software
2 update ... periodically
1 ソフトウェアを更新する
2 …を定期的に更新する

電話・連絡

085 available
[əvéɪləbl]

形 (電話などに)出られる、利用できる、入手できる
派 availability 名 利用できること

Why haven't the **parcels** arrived yet? (なぜ小包はまだ届いていないのですか?)	**Q**「手荷物、旅行かばん」を英語で言うと? **A** luggage、またはbaggage。《空港》や《機内》のトピックで頻出。
Why did you bring **refreshments** today? (なぜ、きょうお菓子を持ってきたのですか?)	TOEICの《オフィス》は休憩が多い。 《セミナー》や《機内》では、Refreshments will be served.(軽食をお出しします)が出る。
Who should I **submit** the **report** to? (だれに報告書を提出するべきですか?)	**Q** submitをフレーズで言い換えると? **A** hand in、またはturn in。
How much did you **get done**? (どれくらい仕事を片付けましたか?)	応答では、Not too much.(あまりできませんでした)が出まくり。
I'll **get to it immediately**. (すぐに取りかかります)	Yes／Noではない応答に注意! Have you looked over the manual?(マニュアルに目を通した?)などの質問には、例文のような「Yes/No以外の応答」が正解になる。
Have you **drawn up the report** yet? (もう報告書を作成しましたか?)	writeのビジネス版。 フレーズ1をやさしい英語で言い換えると、write a reportだね。
When will our **software** be **updated**? (いつソフトウェアは更新されるのですか?)	パソコン関係の動詞をチェック! ①browse([サイトなど]を閲覧する ▶576)、②install([ソフトなど]をインストールする ▶002)、③shut down([PCの]電源を切る)も覚えておこう。
I'm afraid she is not **available** at the moment. (彼女はただいま電話に出られません)	「利用できる」の意味では、Is room service still available?(ルームサービスはまだ利用できますか?)のように使われる。

086 connect
[kənékt]
動 ~をつなぐ、~を接続する
派 connection 名 接続
⇔ disconnect 動 ~を切断する

1. connect me to ...
   1. …に電話をつなぐ

087 forward
[fɔ́ːrwərd]
動 ~を転送する、~を送る
副 前へ

1. forward an e-mail
2. forward a bill
3. look forward to doing
   1. メールを転送する
   2. 請求書を送る
   3. ~するのを楽しみに待つ

会議

088 schedule
[skédʒuːl | ʃédjuːl] ❶発音
動 ~を予定に入れる
名 予定
= plan 動 ~を計画する 名 計画

1. be scheduled for ...
2. be scheduled to do
3. schedule a meeting
4. ahead of schedule
5. behind schedule
   1. …が予定されている
   2. ~する予定である
   3. 会議を予定する
   4. 予定より早く
   5. 予定より遅れて

089 agenda
[ədʒéndə]
名 議題、予定表

1. be on an agenda
2. meeting agenda
   1. 議題に予定されている
   2. 会議の議題

090 Would you mind doing ...?
会 …してくれませんか。
参 mind 動 ~を嫌がる

091 Why don't you do ...?
会 …してはどうですか。
= How about doing ...? …してはどうですか。

Would you **connect me to** Mr. Brown, please? (ブラウンさんに電話をつないでもらえますか？)	《電話》以外にも使える！ 「機器の接続」では、connect a scanner to your computer（スキャナーをパソコンに接続する）が出る。
Haven't you **forwarded the e-mail** to Ms. Lee yet? (まだリーさんにメールを転送していないのですか？)	「否定疑問文＝ふつうの疑問文」と考える。 「転送した」ならYes、「転送していない」ならNoで答える。
When **is** the monthly meeting **scheduled for**? (月例会議はいつ予定されていますか？)	イギリス発音に慣れよう！ イギリスではschedule〈スケジュール〉を〈シェジュール〉、vase〈ヴェイス〉を〈ヴァーズ〉[vá:z]、figure〈フィギャ〉を〈フィガ〉[fígə]と発音する。
What **is on the agenda** for today's meeting? (きょうの会議の議題には何が予定されていますか？)	会議に「議題」は不可欠。 「議題」とは会議で検討する問題のこと。agendaには「予定表」や「議事日程」の意味もある。
Would you mind help**ing** me distribute the handouts? (資料を配るのを手伝ってくれませんか？)	依頼の応答パターン。 今回のフレーズは依頼表現。応答は、Not at all.（いいですよ）やOf course.（もちろん）が定番。I'm afraid I'm busy.（すみませんが忙しくて）が正解の場合もアリ。
Why don't you ask your supervisor? (上司に聞いてみてはどうですか？)	「提案・勧誘」の応答をチェック！ 「提案」に賛成ならThat's a good idea.（それはいいですね）、反対ならI'd like to, but ...（そうしたいのですが、…）が正解。

092 in charge of ...
…を担当して、…を任されて
参 charge 名 責任、料金（▶210）

セミナー

093 attend
[əténd]

動 ~に出席する、~に参加する
派 attendance 名 出席
　　attendee 名 出席者
　　attendant 名 案内係

① attend a seminar
① セミナーに出席する

094 sign up for ...
…に申し込む、…に登録する
参 sign 動 （~に）署名する（▶161）

① sign up for a seminar
① セミナーに申し込む

1分でチェック！ 今回学習した単語の意味を言ってみよう。

- ① office
- ② replace
- ③ manage
- ④ due
- ⑤ be supposed to do
- ⑥ parcel
- ⑦ refreshments
- ⑧ submit
- ⑨ get done
- ⑩ get to
- ⑪ draw up
- ⑫ update
- ⑬ available
- ⑭ connect
- ⑮ forward
- ⑯ schedule
- ⑰ agenda
- ⑱ Would you mind doing ...?
- ⑲ Why don't you do ...?
- ⑳ in charge of
- ㉑ attend
- ㉒ sign up for

Who is **in charge of** the marketing department? (マーケティング部の**責任者**はだれですか？)	**Q**「責任者、経営者」を1語で言うと？ **A** manager（▶075）。ちなみに「責任者」はrepresentative（▶179）も可。
You're going to **attend the seminar**, aren't you? (あなたは**セミナーに出席します**よね？)	《セミナー》や《会議》で出る！ 《会議》ならattend a meeting [conference]。世話や接待をすることを「アテンドする」と言う。
Have you **signed up for the seminar** yet? (もう**セミナーに申し込み**ましたか？)	パート7の《セミナー広告》では、Please sign up at the front desk.（受付でお申し込みください）が出る。

答え

- ① オフィス、事務所
- ② 〜を取り換える
- ③ なんとかやり遂げる
- ④ 期限の来た、会費
- ⑤ 〜することになっている
- ⑥ 小包
- ⑦ お菓子
- ⑧ 〜を提出する
- ⑨ 片付ける
- ⑩ 〜に取りかかる
- ⑪ 〜を作成する
- ⑫ 〜を更新する
- ⑬ 出られる、利用できる
- ⑭ 〜をつなぐ
- ⑮ 〜を転送する、〜を送る
- ⑯ 〜を予定に入れる
- ⑰ 議題
- ⑱ 〜してくれませんか。
- ⑲ 〜してはどうですか。
- ⑳ 〜を担当して
- ㉑ 〜に出席する
- ㉒ 〜に申し込む

Day 5 人事／営業・販売ほか

人事

095 apply
[əplái]

動 **申し込む**、当てはまる、〜を適用する
派 applicant 名 応募者
　 application 名 **申込(書)**、適用

1. apply for a position
2. apply for a job

1. 職に応募する
2. 仕事に応募する

096 interview
[íntərvjù:]

動 **〜を面接する**、〜にインタビューする
名 面接

1. interview an applicant

1. 応募者を面接する

097 fill out ...

…に記入する
= fill in ... …に記入する

1. fill out an application form
2. fill out a survey

1. 申込用紙に記入する
2. アンケートに記入する

098 How did ... go?

会 **…はどうでしたか。**

099 headquarters
[hédkwɔ̀:rtərz]

名 **本社**、本部
参 branch office 支社、支店

100 promote
[prəmóut]

動 **〜を昇進させる**、〜の販売を促進する
派 promotion 名 **昇進**、促進

1. get promoted

1. 昇進する

101 appoint
[əpóint]

動 **〜を任命する**
派 appointment 名 任命、予約
= nominate 動 〜を任命する、〜を推薦する

1. appoint A (to be) B
2. appoint A as B

1. AをBに任命する
2. AをBに任命する

新規採用、異動や昇任など、人事トークは定番。人の出入りが多い職場だよね。

Day 5

How many people applied for the position? （何人の人がその職に応募したのですか？）	**sign up forとの違いに注意！** 「セミナー」の申し込みはsign up for（▶094）、「就職」などの選考があるものにはapply forを使う。
Would you mind interviewing the applicant on Friday? （金曜日にその応募者を面接していただけませんか？）	**《人事》では「面接」が出る！** 面接の日時、審査、結果などのトピックは、語彙が難。まずは、本書の「面接」ワードをマスターしよう。
Have you filled out all the application forms? （すべての申込用紙に記入しましたか？）	**記入する「書類」を見てみよう！** 「申込用紙」や「アンケート」のほかに、「注文書」(an order form)や「登録用紙」(a registration form)も頻出。
How did your interview go? （面接はどうでしたか？）	**「感想」を聞くフレーズ。** How did it go?（どうだった？）に対しては、It was not bad.（悪くはなかったよ）の応答が正解。
How do you get to the headquarters in Osaka? （大阪の本社にはどうやって行けばいいのですか？）	**Howが聞こえたらByを待て！** Howの質問文で「交通手段」が問われたら、応答はBy train.やBy bus.が正解。
Who do you think will get promoted? （あなたはだれが昇進すると思いますか？）	**TOEICの人事は「昇進」が基本！** TOEICでは昇進すると、海外支社に異動になることが多い。「降格」はめったに出ない。
Who has been appointed to be the project leader? （だれがプロジェクトリーダーに任命されましたか？）	**「受け身」を制する者がTOEICを制す！** 例文のように、「受け身」A is appointed to be Bで出る。make an appointment（予約をする）も重要。

057

102 recommend
[rèkəménd]

動 ~を推薦する
派 recommendation 名 推薦

① recommend ... to do — ①…に~するように勧める

103 transfer
[trænsfə́ːr]

動 転勤する、~を移す
名 転勤、移動 [trǽnsfəːr]

① transfer to ... — ①…に異動する
② transfer A to B — ②AをBに移す

104 take over ...

(仕事などを)引き継ぐ

営業・販売

105 sales
[séɪlz]

名 [複数形で]販売、売り上げ

① sales campaign — ①販売キャンペーン
② sales projection — ②売上予想
③ increase sales — ③売り上げを増やす

106 figure
[fígjər | fígə]

名 数字、人物、図
動 計算する
= number 名 数、番号

① sales figures — ①売上高
② figure out ... — ②…であるとわかる、…を理解する

107 ship
[ʃíp]

動 ~を出荷する、~を発送する
派 shipping 名 出荷、発送
shipment 名 出荷、積み荷
参 make shipment 発送する

① ship a product — ①製品を出荷する
② ship an order — ②注文品を発送する

Who do you recommend to replace Mr. Chang? (チャンさんの後任にだれを推薦しますか?)	転職には「推薦状」が必要。 欧米では転職の際に「履歴書」に加え、元上司が書いた「推薦状」(a letter of recommendation)も提出する。
Aren't you transferring to the Seoul branch? (あなたはソウル支店に異動するのではないのですか?)	**Q**「(飛行機など)を乗り換える」を英語で言うと? **A** これもtransfer。transfer from A to B(AからBに乗り換える)も覚えておこう!
Who will be taking over after Mr. Johnson retires? (ジョンソンさんが退職したあと、だれが引き継ぐのですか?)	**Q**〈動詞＋over〉の①look over ...と②lean over ...の意味は? **A** ①「…に目を通す」、②「…の上に身を乗り出す」(▶063)。
Has the sales campaign started yet? (販売キャンペーンはもう始まりましたか?)	フレーズで覚えよう! ほかに、sales conference(販売会議)、sales goal(販売目標)、sales performance(営業成績)も覚えてほしい。
The sales figures for this month still need to be checked. (今月の売上高はさらにチェックする必要があります)	「数字」の意味で出る! 「スケート」や「模型」ではなく、「数字」と動詞のfigure outをチェック!
Have you shipped the product, or are they still in your warehouse? (製品は出荷しましたか? それともまだ倉庫にありますか?)	列車やトラックでの「出荷」もship。 deliver(▶558)には、たんに荷物を送るのではなく、「指定の場所に届ける」といったニュアンスがある。

Day 5

108 stock
[stá:k]

名 **在庫、株**
= inventory 名 在庫 (▶166)
　share 名 株 (▶695)

1. be in stock
2. be out of stock
3. stock company
4. stock holder

1. 在庫がある
2. 在庫切れである
3. 株式会社
4. 株主

109 invoice
[ínvɔɪs]

名 **請求書**、送り状

1. receive an invoice
2. issue an invoice

1. 請求書を受け取る
2. 請求書を発行する

110 accompany
[əkʌ́mpəni]

動 **～に同行する**、～に添付する

1. be accompanied by ...

1. …が同行する

戦略・計画

111 strategy
[strǽtədʒi]

名 **戦略**
派 strategic 形 戦略の

1. a marketing strategy

1. マーケティング戦略

112 budget
[bʌ́dʒet] 発音

名 **予算**
動 **予算を立てる**

1. budget proposal
2. budget cut
3. annual budget
4. exceed a budget

1. 予算案
2. 予算削減
3. 年間予算
4. 予算を上回る

113 expand
[ɪkspǽnd]

動 **～を拡大する**
派 expansion 名 拡大

1. expand a market share

1. 市場シェアを拡大する

All the items requested **are in stock**, aren't they? (注文があった商品はすべて**在庫**があるよね？)	TOEICでは「株」も大事。 日本では「ストックが切れた」のように、「在庫」の意味で使われることが多い。
Have you **received the invoice** yet? (もう**請求書**を受け取りましたか？)	3つの文書の違いをチェック。 ①「請求書」は代金支払いを請求するもの、②「明細書」(statement ▶516)は数量・金額などが項目ごとに書かれたもの、③「仕様書」(specifications ▶540)は製品などの仕様(スペック)を説明したもの。
Who will **be accompanied by** our sales manager? (営業部長はだれに**同行**しますか？)	基本の意味は「一緒にする」。 一見関連のない2つの意味も、基本イメージから考えると覚えやすい。
What do you think about the **marketing strategy** for the new products? (新製品の**マーケティング戦略**についてどう思いますか？)	TOEICは「戦略」好き！ 戦略の中身は「ブランド力強化」など、意外とザックリ。
When should we submit our **budget proposal**? (いつ**予算案**を提出すべきですか？)	予算案の作成に奮闘する社員の会話が出る！ 企業の「予算」だけでなく、イベントの「運営費」の意味もある。
What do you think about **expanding our market share** in Southeast Asia? (東南アジアで**市場シェアを拡大**することについてどう思いますか？)	TOEICの企業は常に「拡大」路線！ TOEICワールドの企業は景気がいい所が多いので、expandは必須。

#	見出し	意味
114	**assign** [əsáın]	動 〜を配属する、〜を割り当てる 派 assignment 名 任務、業務
	① be assigned to ...	① …に配属される
	② assign a task to ...	② …に仕事を割り当てる
115	**lay off ...** [léı]	…を解雇する 参 lay-laid-laid ⇔ hire 動 〜を雇う
	① lay off employees	① 従業員を解雇する
116	**I wonder if you could do ...**	会 …してくれませんか。
117	**deadline** [dédlàın]	名 期限、締め切り
	① meet a deadline	① 期限に間に合う
118	**approval** [əprúːvl]	名 承認、賛成 派 approve 動 〜を承認する(▶519)
	① advance approval	① 事前承認
	② get approval	② 承認を得る

ビジネス一般

119	**contract** [káːntrækt]	名 契約(書) 動 〜を契約する 派 contractor 名 請負業者(▶178)
	① sign a contract	① 契約書にサインする
120	**client** [kláıənt]	名 顧客、依頼人 = customer 名 顧客
	① pick up a client	① 顧客を迎えに行く
	② big client	② 大口の顧客

Has anyone been assigned to the sales project team? (だれか販売プロジェクト・チームに配属されたのですか?)	「割り当て」が基本の意味。 部署の割り当てで「配属する」、割り当てられた仕事で「任務、業務」。
Is the company going to **lay off employees**? (その会社は従業員を解雇するのですか?)	「解雇」トピックがたまに出る。 景気のいいTOEICワールド! でも、合併や工場閉鎖による解雇トピックが出ることも…。
I wonder if you could help me with this project I'm working on. (私がいま取り組んでいるこのプロジェクトを手伝ってくれませんか?)	「依頼」のバリエーション! 依頼といっても、「あのー、ちょっと頼んでもいいですか?」くらいの控えめな感じ。
Why did you fail to **meet the** project **deadline**? (なぜプロジェクトの期限に間に合わなかったのですか?)	**Q**「期限に遅れる」を英語で言うと? **A** miss a deadline。meetとmissを区別してね。
Why do they need **advance approval** to get started? (開始するに当たって、なぜ彼らは事前承認が必要なのですか?)	「事前承認」は不可欠! TOEICワールドでは、「承認なしに出張すると、経費は精算されない」という通達が出たことがある。フレーズ1の言い換え、prior approvalもチェック。
You **signed a** new **contract** last week, didn't you? (先週、新しい契約書にサインをしましたよね?)	似た音トリックに注意! contractとcontact(▶561)の音のひっかけは常連。
Are you going to **pick up the client**? (きみが顧客を迎えに行くの?)	顧客とのアポは定番。 パート2では、話し手はたいてい約束の時間に遅れる。

121 **hold** [hóʊld]	動 ~を開催する、~を手に持っている
	参 hold-held-held
① hold a conference	① 会議を開く
② hold the line	② 電話を切らずに待つ

122 **go over ...**	…を見直す、…を調べる
	= review 動 ~を見直す(▶329) look through ... …を調べる
① go over the results	① 結果を見直す

1分でチェック！ 今回学習した単語の意味を言ってみよう。

- ① apply
- ② interview
- ③ fill out
- ④ How did ... go?
- ⑤ headquarters
- ⑥ promote
- ⑦ appoint
- ⑧ recommend
- ⑨ transfer
- ⑩ take over
- ⑪ sales
- ⑫ figure
- ⑬ ship
- ⑭ stock
- ⑮ invoice
- ⑯ accompany
- ⑰ strategy
- ⑱ budget
- ⑲ expand
- ⑳ assign
- ㉑ lay off
- ㉒ I wonder if you could do
- ㉓ deadline
- ㉔ approval
- ㉕ contract
- ㉖ client
- ㉗ hold
- ㉘ go over

| 0 | 122 | | | | 777 |

Where is the conference going to be held?
(会議はどこで開催されますか？)

Whereが聞こえたら、「場所」を待て！
At the downtown office.（繁華街のオフィスで）のように、〈At[In] + 場所〉が正解の耳印。

Why don't we go over the results from the survey?
(調査の結果を見直しませんか？)

TOEICの登場人物は心配性。
「見直す」や「チェックする」といった確認の表現が頻出。

答え

- ① 申し込む
- ② 〜を面接する
- ③ 〜に記入する
- ④ 〜はどうでしたか。
- ⑤ 本社
- ⑥ 〜を昇進させる
- ⑦ 〜を任命する
- ⑧ 〜を推薦する
- ⑨ 転勤する、〜を移す
- ⑩ 引き継ぐ
- ⑪ 販売、売り上げ
- ⑫ 数字
- ⑬ 〜を出荷する
- ⑭ 在庫、株
- ⑮ 請求書
- ⑯ 〜に同行する
- ⑰ 戦略
- ⑱ 予算
- ⑲ 〜を拡大する
- ⑳ 〜を配属する
- ㉑ 〜を解雇する
- ㉒ 〜してくれませんか。
- ㉓ 期限
- ㉔ 承認
- ㉕ 契約(書)
- ㉖ 顧客
- ㉗ 〜を開催する
- ㉘ 〜を見直す

Day 6 報告／買い物ほか

報告

123 complete [kəmplíːt]
- 動 ～を完成させる、～に記入する
- 形 完全な
- 派 completely 副 完全に
- completion 名 完成
- ≡ fill in ... …に記入する (▶097)

1. complete a report — 報告書を仕上げる
2. complete a job — 仕事を完了する
3. complete a form — 用紙に記入する

124 revise [rɪváɪz]
- 動 ～を修正する
- 派 revision 名 修正
- ≡ modify 動 ～を修正する (▶320)

1. revise a report — 報告書を修正する

125 I expect you to do ...
- 会 …してください。
- 参 expect 動 ～を期待する (▶253)

買い物

126 empty [émpti]
- 動 ～を空にする
- 形 空の、人けのない
- ≡ clear out ... …を空にする

1. empty a trash bin — ごみ箱を空にする

127 renew [rɪn(j)úː]
- 動 ～を更新する
- 派 renewal 名 更新

1. renew a subscription — 定期購読を更新する
2. renew a contract — 契約を更新する

128 Why not?
- 会 いいよ。

ホテル予約や飛行機トラブルなど、出張パターンはいつも同じ。出るとほっとするトークかも。

The report must be **completed** by this weekend. (今週末までに**報告書を仕上げ**なければなりません)	「コンプ」はcompleteの略！コレクションが完成したときに言う、「コンプした」でおなじみ。
Please note that **your** sales **report** must be **revised** by the end of this month. (今月の終わりまでに、売上**報告書を修正し**なければならないことに注意してください)	報告書や予算の「修正」は定番。「予算を修正する」だとrevise the budget。
I expect you to finish this report by tomorrow morning. (明日の朝までに、この報告書を仕上げて**ください**)	平叙文の形をした依頼表現。「きみが〜するのを期待しているよ」⇒「〜してくださいね」と順を追って理解しよう。
Should we **empty the trash bin**? (ごみ箱を空にしたほうがいい？)	TOEICワールドには、環境にやさしい企業が多い。ごみは「ごみ箱」ではなく、「リサイクル用ごみ箱」(a recycling bin)に入れるエコな企業も出る。
You **renewed your** magazine **subscription**, didn't you? (その雑誌の**定期購読を更新した**よね？)	購読や契約は、たいてい更新される。〈re(再び)+new(新しくする)〉＝「再び新しくする」⇒「更新する」。
W: Shall we go shopping after work?(仕事のあとで、ショッピングに行かない？) M: Sure, **why not**?(もちろん、**いいよ**)	応答の変化球に対応せよ！Yes.やSure.に加え、Why not?やThat's a good idea.(それはいい考えですね)に注意。

| 129 | **Do you want me to do ...?** | 会 …しましょうか。 |

| 130 | **Either will be fine.** | 会 どちらでも結構です。 |

| 131 | **bill** [bíl] | 名 請求書
 動 〜に請求書を送る
 ＝ invoice　名 請求書(▶109)
 ⇔ receipt　名 領収書(▶764) |
| | ① electric bill
 ② utility bill
 ③ bill payment
 ④ issue a bill | ① 電気代[料金]
 ② 公共料金
 ③ 請求書の支払い
 ④ 請求書を発行する |

交通・郵便

| 132 | **It doesn't matter.** | 会 どちらでも構いません。
 参 matter　動 重要である　名 問題 |

| 133 | **How often ...?** | 会 どれくらいの頻度で…ですか。 |

| 134 | **courier** [kə́:riər] ❗発音 | 名 宅配便(業者) |
| | ① courier service | ① 宅配便 |

Do you want me to bring your luggage? (手荷物をお持ちしましょうか?)	提案には「賛成」の選択肢が正解。 I can manage.（自分でできます ▶ 075）とたまに断ることもある。
M: Do you want to buy a new car or a used one?(新車と中古車のどちらを購入したいですか?) W: **Either will be fine.**(どちらも結構です)	*A* or *B*の選択疑問文では、「選択しない応答」が正解! 「選択しない応答」では、Either will be fine.とI haven't decided yet.（まだ決めていません）が2トップ。
The **electric bill** seems high this month. (今月は電気代が高そうです)	TOEICワールドでもペーパーレス化。 パート7では、online bill payment（オンライン支払サービス）への申し込み画面が出る。
W: Would you prefer a window or an aisle seat?(窓側の席と通路側の席のどちらをご希望ですか?) M: **It doesn't matter.**(どちらでも構いません)	「選択しない応答」パート2。 「どちらでも構いません」のほかに、「どちらが空いていますか?」と質問に質問で返す応答も高確率で正解!
M: **How often** does the bus come at this time of day?(この時間だと、どのくらいの頻度[間隔]でバスは来ますか?) W: Every 15 minutes.(15分おきです)	How oftenが聞こえたら、Everyを待て! How oftenには「頻度」、How manyには「数」、How farには「距離」、How longには「時間・期間」で答えよう。
Are you looking for a **courier service**? (宅配便を探しているのですか?)	〈カリアー〉の発音に注意! courierは、DHLやフェデックスのような国際宅配便（業者）のこと。

Day 6

出張

135 **How come ...?**
会 なぜ…？

136 **delay** [dɪléɪ]
動 ～を遅らせる
名 遅れ
1 delay a flight
2 delay in shipment
1 飛行機を遅らせる
2 発送の遅れ

137 **depart** [dɪpάːrt]
動 出発する
派 departure 名 出発
= leave 動 出発する
⇔ arrive 動 到着する
1 depart for New York
1 ニューヨークに出発する

138 **pick up ...**
…を車で迎えに行く、…を受け取る
1 pick up Tom
2 pick up a ticket
3 pick up a phone
1 トムを迎えに行く
2 チケットを受け取る
3 電話を取る

139 **give ... a ride**
（人）を車に乗せる
参 offer ... a ride …に車に乗らないかと勧める

140 **expense** [ɪkspéns]
名 費用、経費
派 expensive 形 値段が高い
= cost 名 費用、経費 (▶513)
1 travel expenses
1 旅費、出張費

141 **fare** [féər]
名 (乗車)料金、運賃
1 taxi fare
1 タクシー料金

How come the flight was late? (なぜ飛行機は遅れたのですか?)	〈How come=Why〉と考えよう。 ただし、How comeの後ろは平叙文(S+V)の語順。Whyの後ろは疑問文の語順(Why was the flight late?)。
The flight was **delayed** for two hours. (飛行機が2時間遅れました)	「空港」では遅延が多発! パート2では「飛行機の遅れ」がトラブルの定番。ほかには、「欠航」や「乗り遅れ」がある。
When is the flight going to **depart for New York**? (その便はいつニューヨークに出発するのですか?)	「遅れている」の応答を選べ! 例文への応答では、It's behind schedule.(予定より遅れています)が正解。
You're supposed to **pick up Tom**, aren't you? (きみはトムを迎えに行くことになっているよね?)	「拾う」が基本イメージ。 「車で行って人を拾う」⇒「迎えに行く」と順を追って理解しよう。
You can **give** me **a ride** to the airport today, right? (きょう、空港まで車に乗せていってくれない?)	TOEICワールドの住人は、みんな親切! なので、頼めばたいてい車に乗せてもらえる。
Will our company pay for **travel expenses**? (出張費は会社で負担してくれますか?)	出張費の精算に関して質問する。 「領収書が必要だけど」や「上限金額があるけど」といった、「条件付きでOK」の応答が正解。
How much is the **taxi fare** from here to the station? (ここから駅までのタクシー料金はいくらですか?)	似た音fairとのひっかけに注意! fair[féər]は「見本市」の意味。例文に対して、The fair is being held in the downtown area.(見本市は繁華街で開かれている)はひっかけ。

予約

142 reservation
[rèzərvéiʃən]

名 予約
派 reserve 動 ～を予約する

1 make a reservation
2 cancel a reservation

1 予約する
2 予約をキャンセルする

143 book
[búk]

動 ～を予約する
派 booking 名 予約
= reserve 動 ～を予約する（▶142）

1 book a room
2 book a flight

1 ホテルの部屋を予約する
2 飛行機を予約する

144 confirm
[kənfə́ːrm]

動 ～を確認する
派 confirmation 名 確認

1 confirm a reservation

1 予約を確認する

✓ 1分でチェック！ 今回学習した単語の意味を言ってみよう。

- ① complete
- ② revise
- ③ I expect you to do
- ④ empty
- ⑤ renew
- ⑥ Why not?
- ⑦ Do you want me to do ...?
- ⑧ Either will be fine.
- ⑨ bill
- ⑩ It doesn't matter.
- ⑪ How often ...?
- ⑫ courier
- ⑬ How come ...?
- ⑭ delay
- ⑮ depart
- ⑯ pick up
- ⑰ give ... a ride
- ⑱ expense
- ⑲ fare
- ⑳ reservation
- ㉑ book
- ㉒ confirm

W: Why did Mr. Kim call the hotel?(なぜキムさんはホテルに電話をしたのですか) M: To **make a reservation**.(予約するためです)	「ホテル」「レストラン」での常連語！ 動詞reserveのフレーズ、①reserve a room（部屋を予約する）、②reserve a seat（席を予約する）、③reserve a table（テーブルを予約する）も押さえておこう。
I'm afraid all **our rooms** are fully **booked**. (あいにく全室予約済みです)	誤連想は厳禁！ 会話で予約の話をしているからといって、bookが使われている選択肢に飛びつかないように。「本」の意味で使われている場合もあるぞ。
I'd like to **confirm my reservation**. (予約を確認したいのですが)	**Q** confirmation numberの意味は？ **A** 「確認番号、予約番号」。ホテルなどを予約したときに発行される番号のこと。

答え

- ① 〜を完成させる
- ② 〜を修正する
- ③ 〜してください。
- ④ 〜を空にする
- ⑤ 〜を更新する
- ⑥ いいよ。
- ⑦ 〜しましょうか。
- ⑧ どちらでも結構です。
- ⑨ 請求書
- ⑩ どちらでも構いません。
- ⑪ どれくらいの頻度で〜ですか。
- ⑫ 宅配便(業者)
- ⑬ なぜ〜？
- ⑭ 〜を遅らせる
- ⑮ 出発する
- ⑯ 〜を車で迎えに行く
- ⑰ 〜を車に乗せる
- ⑱ 費用
- ⑲ 料金、運賃
- ⑳ 予約
- ㉑ 〜を予約する
- ㉒ 〜を確認する

単語対策 プラス 接頭辞で得点アップ！

接頭辞は単語の「頭」に、接尾辞は「お尻」につくことで、単語に新しい意味を与えます。例えば、possible（可能な）に接頭辞im-をつけると、impossible（不可能な）になります。テスト中に知らない単語が出てきても、接頭辞から意味を推測できることがあります。ここでは、接頭辞とその意味を見ていきましょう。

接頭辞	意味	例
in- / im-、il-、un-、dis-	否定	incorrect（正確でない）、illegal（不法の）、unfamiliar（よく知らない）、disclose（明らかにする）
over-、under-	上、下	overwhelm（圧倒する）、undertake（引き受ける）
super-、sub-	上、下	supervisor（上司）、subsidiary（子会社）
pre-、pro-、fore-	前もって	previous（以前の）、progress（進歩）、forecast（予想する）
post-	後に	postpone（延期する）
re-	再び	refund（返金する）
inter-、ex-	内（間）、外	interval（間隔）、export（輸出する）
com-	共に	combination（結合）
trans-	向こうへ	transfer（移動させる）
mono-	1つの	monopoly（独占）
multi-	多い	multiple（複数の）
en-	～の状態にする	enable（可能にする）

リスニングセクション

パート3（会話問題）で出る単語

145 I'm calling to do ▶▶▶ 226 prescription

ターゲットは**82**語

パート3の単語対策

- 問題数は39問。
- 2人、または3人による会話を聞いて、設問に答える。
- 会話と図表の情報を関連付けて答える設問もある。

■ 攻略のポイント

会話の場所とトピックをイメージしよう！

パート3の単語対策では、会話の【場所】と【トピック】の把握が大事です。例えば、会話の【場所】は、《オフィス》や《空港》、《ショップ》などが定番。対面だけでなく、《電話》での会話が多いのも特徴です。

【トピック】は【場所】と関連しますが、《トラブル・修理》や《採用》を話題にしたやりとりが多く、ある程度パターン化しています。

会話の場所とトピック

オフィスでの会話		
電話	―	Day 7
受付	【場所】	Day 7
備品・発注	【トピック】	Day 7
在庫	【トピック】	Day 7
トラブル・修理	【トピック】	Day 8
採用	【トピック】	Day 8
組織	【トピック】	Day 8
会計	【トピック】	Day 8

会議・交渉	【トピック】	Day 8
旅行・出張	【トピック】	Day 9
オフィス以外での会話		
空港	【場所】	Day 9
ホテル	【場所】	Day 9
チケット売り場	【場所】	Day 9
ショップ	【場所】	Day 9
銀行・郵便局	【場所】	Day 9
薬局	【場所】	Day 9

■ 単語の覚え方

会話の【場所】をイメージしながら、【トピック】に関連する単語・フレーズを「グループ」で覚えると効果的です。例えば、Day 7の最初のテーマである《電話》を見てみましょう。【場所】は「オフィス」で、【トピック】は「スケジュールの変更」です。

まずは、会社に仕事の電話をかける場面をイメージ！　I'm calling to doと電話をかけると、「受付係」(receptionist)が応対してくれます。担当者との「予定の変更(reschedule)の話をしたい」と伝えたところ、「少々お待ちください」(Hold on a second.)と言われます。そして、「残念ながら…」(I'm afraid ...)と、担当者の不在を告げられます。こんな会話がイメージできますね。

❶	会話の【場所】をイメージ！	▶▶▶	テーマが【電話】なら、オフィスや家庭で電話をしている場面をイメージする。
❷	【トピック】を見抜く！	▶▶▶	例えば、見出し語 I'm calling to do なら、例文から「予定の変更」とわかる。
❸	単語・フレーズを関連付けて覚える！	▶▶▶	会話のストーリーを頭に描きながら、単語やフレーズをまとめて覚える。

■ 各Dayの特徴を解説

Day 7 《電話》《受付》《備品・発注》《在庫》

《電話》《受付》に加えて、「オフィス」での《備品・発注》や《在庫》を特集しています。オフィスでは、よく備品が「切れて」(run out of)います。「在庫」(inventory)を見て、「注文」(order)しなければなりませんね。

Day 8 《トラブル・修理》《採用》《会議・交渉》など

オフィスでの「トラブル」は頻出です。コピー機に紙が「詰まったり」(jam)、エレベーターが「故障したり」(out of order)するので、「修理してもらわなければなりません」(have ... repaired)。また、オフィスでは《採用》トピックも定番です。「幅広い経験」(extensive experience)がある「適任の候補者」(qualified applicant)に対して、「選考し」(screen)、面接します。

Day 9 《旅行・出張》《空港》《ホテル》など

TOEICワールドの企業は出張が多いので、《空港》や《ホテル》もよく出てきます。「旅行代理店」(travel agency)に、「旅程」(itinerary)について問い合わせたり、「パンフレット」(brochure)を取り寄せたりします。《空港》や《ホテル》ではトラブルざんまい。「乗客」(passenger)はなかなか飛行機に乗れません。ホテルでもフロントへの質問やクレームに関するやりとりが必須です。

Day 7 電話／受付ほか

電話

145 I'm calling to do
会 ～したくてお電話しました。
参 call 動 ～に電話する（▶240）

146 reschedule
[rìskédʒuːl] ❗発音
動 ～の予定を変更する
参 schedule 動 ～を予定に入れる（▶088）
① reschedule one's appointment
② reschedule a meeting
① ～の予約を変更する
② 会議の日程を変更する

147 receptionist
[rɪsépʃənɪst]
名 受付係
派 reception 名 受付、歓迎会
＝ clerk 名 受付係、事務員、店員

148 extension
[ɪksténʃən]
名 内線（番号）、拡張、延長
派 extend 動 ～を伸ばす、伸びる
extensive 形 幅広い（▶180）

149 put A through to B
AをBにつなぐ

150 Hold on a second.
会 少々お待ちください。
参 hold 動 電話を切らずに待つ

151 I'm afraid ...
[əfréɪd]
会 残念ながら…。

> 電話トークのバリエーションは大事。話したい相手は、不在や会議で出られないことが多いよ。

I'm calling to cancel my appointment. （予約を取り消したくて**お電話しました**）	「電話の目的」をつかめ！ 「目的」は設問で問われる。I'm calling toの直後を聞けば、「目的」はわかるよ。
Let me know if you can **reschedule your appointment**. （**予約を変更**できるかお知らせください）	電話の目的は、「予約の変更」と「キャンセル」が定番！ 設問Why does the woman make a phone call?（女性はなぜ電話をしていますか?）⇒選択肢To reschedule an appointment（予約を変更するため）のパターンは定番。
This is Kathy Hudson, the **receptionist** at K-Net Group. （Kネットグループの**受付担当**キャシー・ハドソンです）	選択肢にあれば、即マーク！ 設問Who most likely is the woman?（女性はだれだと思われますか?）が出たら、選択肢A receptionistが正解。
May I have **extension** 320? （**内線**320をお願いします）	「内線」トークも頻出！ 設問What will the woman probably do next?（女性は次に何をすると考えられますか?）が出たら、選択肢Transfer the call.（電話を転送する）が正解。
Would you **put** me **through to** Mr. Hamilton, please. （ハミルトンさん**につないで**もらえますか?）	《電話》転送の別バージョン！ 例文への応答、Let me connect you to him.（彼におつなぎします）も覚えておこう。
Would you **hold on a second**? I'll get Mr. Sato for you. （少々お待ちください。サトウに代わります）	**Q** 「電話を切る」を英語で言うと? **A** get off the phone、またはhang up the phone。
I'm afraid he's out of the office today. （**残念ながら**、彼は本日お休みをいただいています）	「不都合」のサイン！ I'm afraidのあとには「要望に応えられない」など、「不都合」な事実が述べられる。電話では、相手が電話に出られないケースが多い。

Part 3 / Day 7

152	**in time**	間に合って、やがて
153	**overseas** [òʊvərsíːz]	副 海外に 形 海外の = abroad 副 海外に[で] ① 海外出張中である ② 海外旅行をする ③ 海外の工場
	① be on a business trip overseas ② travel overseas ③ overseas plant	
154	**give ... a call**	(人)に電話をする
155	**convenient** [kənvíːnjənt]	形 都合のよい、便利な 派 convenience 名 好都合、便利
156	**Would it be possible to do ...?**	会 …していただけますか。 参 possible 形 可能な
157	**postpone** [poʊstpóʊn] ① postpone a meeting ② postpone a decision	動 〜を延期する = put off ... …を延期する ① 会議を延期する ② 決定を先送りする
158	**be sure to do**	必ず〜する

I'm sorry, but he won't be able to get back **in time**. (申し訳ございませんが、彼は**時間に間に合**いません)	**Q** on timeの意味は？ **A** 「時間通りに」。in timeとon timeはセットで覚えよう。
Mr. Louis **is on a business trip overseas**. (ルイスさんは**海外出張中**です)	「出張」はパート2、3の定番トピック。 He left for Chicago on Monday.（彼は月曜にシカゴに向けて出発しました）のように、「出張」をぼやかすこともある。不在の場合は、「いつ戻るのか」を聞き取ろう。
Would you please **give** me **a call** tomorrow? (明日、私に**お電話していただけますか**？)	電話の相手は不在がち！ 相手が不在のときに、今回の例文が使われる。パート4の《留守電メッセージ》でも頻出。
What time would be **convenient** for you? (**ご都合**は何時がよろしいですか？)	スケジュール確認も定番！ 例文に加え、What is your schedule like?（ご予定はいかがですか）も覚えておこう。
Would it be possible to talk to you for a few minutes? (少しお話しさせていただけますか？)	「依頼」の丁寧バージョン。 Will you ...?やWould you ...?よりも丁寧。
Would you like to **postpone our meeting** until next week? (来週まで**会議を延期**しましょうか？)	計画は予定通りに進まない。 「延期」もTOEICの定番トラブル。「会議の延期」以外にも、「発売延期」や悪天候による「屋外作業の延期」などが出る。
I'll **be sure to** let him know. (**必ず彼にお伝えします**)	《電話》のシメに使われる。 例文に加えて、I'll tell him you called.（電話があったことを彼に伝えます）のシメパターンもアリ。

受付

159 register [rédʒɪstər]
- 動 (〜を)**登録する**
- 派 registration 名 登録
- ≡ sign up for ... ...に登録する (▶094)
- ① register for a seminar — ① セミナーに登録する
- ② register in advance — ② 事前に登録する

160 upstairs [ʌ́psteərz]
- 副 **上の階に[で]**
- ⇔ downstairs 副 下の階に[で]
- ① go upstairs — ① 上の階に行く

161 sign [sáɪn]
- 名 **案内**、標示、しるし
- 動 (〜に)署名する (▶094)
- 派 signature 名 署名、サイン
- ① follow signs — ① 案内に従う

備品・発注

162 run out of ...
- **...を切らす**、...を使い果たす
- ① run out of paper — ① 用紙が切れる

163 cabinet [kǽbənət]
- 名 **戸棚**
- ① supply cabinet — ① 消耗品用の戸棚
- ② filing cabinet — ② 書類整理棚

164 order [ɔ́ːrdər]
- 名 **注文**、順番、命令
- 動 (〜を)注文する、命令する
- ① place an order — ① 注文する
- ② order form — ② 注文書

165 purchase [pə́ːrtʃəs] ❗発音
- 動 **〜を購入する**
- 名 購入(品)
- ≡ buy 動 〜を買う

Have you **registered for the seminar**? (セミナーに登録しましたか？)	「セミナー」「説明会」で出まくり！ セミナーに参加するには「登録」が必要。「登録方法」や「登録の締め切り」の話題が出る。
Please **go upstairs** and turn right. (上の階に上がって、右に曲がってください)	《受付》では、指示を聞こう！ 「〜してください」という指示が、次の行動を問う設問のヒントになる。
Please **follow the signs** to the end of the corridor. (案内に従って廊下の突き当たりまでお進みください)	新形式問題では、「案内板」に注意！ ビルの入居者などを表示した「案内板」にもsignが使われるよ。
We're **running out of paper** for the photocopier. (コピー機の用紙がなくなってきました)	オフィスでは、《備品》が切れる！ 「備品がなくなった」⇒「発注しなくっちゃ」がお約束の展開。
There should be some envelopes in the **supply cabinet**. (消耗品用の戸棚にいくつか封筒があるはずです)	《備品》は戸棚にあることが多い！ パート1では、close a cabinet（戸棚を閉める）のフレーズが頻出。
Would you mind **placing an order** for some printer toner? (プリンタートナーの注文をしてくれませんか？)	《備品》《発注》の重要語！ 海外のショッピングサイトの「注文する」ボタンは、Place Your Order.
We'd like to **purchase** five more laptop PCs in addition to our previous order. (前回の注文に加え、もう5台ノート型パソコンを購入したいのですが)	buyのビジネスバージョン。 ビジネスではpurchase、日常会話ではbuyを使うことが多い。日本語の「購入する」と「買う」の関係に近い。

Part 3 — Day 7

在庫

166 inventory [ínvəntɔːri]
- 名 在庫、棚卸し
- = stock 名 在庫(▶108)

1. check inventory — 在庫を確認する
2. take inventory — 棚卸しをする
3. inventory control — 在庫管理

167 currently [kə́ːrəntli]
- 副 現在(は)
- 派 current 形 現在の / currency 名 通貨、流通
- = at present 現在(は)(▶291)

1. be currently out of stock — 現在、在庫を切らしている
2. be currently in progress — 現在、進行中である

168 plenty of ... [plénti]
- たくさんの…
- = a lot of ... たくさんの… / lots of ... たくさんの…

1分でチェック！ 今回学習した単語の意味を言ってみよう。

- ① I'm calling to do
- ② reschedule
- ③ receptionist
- ④ extension
- ⑤ put A through to B
- ⑥ Hold on a second.
- ⑦ I'm afraid
- ⑧ in time
- ⑨ overseas
- ⑩ give ... a call
- ⑪ convenient
- ⑫ Would it be possible to do ...?
- ⑬ postpone
- ⑭ be sure to do
- ⑮ register
- ⑯ upstairs
- ⑰ sign
- ⑱ run out of
- ⑲ cabinet
- ⑳ order
- ㉑ purchase
- ㉒ inventory
- ㉓ currently
- ㉔ plenty of

Would you **check the inventory** before placing a new order? (新たに注文する前に、**在庫を確認してもら えますか？**)	《在庫》の確認は、オフィスの常識! 「棚卸し」とは、決算のときに商品な どの在庫数を確認する作業のこと。
I'm afraid that the new model **is currently out of stock**. (申し訳ございませんが、新しいモデルは**現 在、在庫を切らしています**)	パート7の《求人広告》にも登場! We're currently seeking ...(私た ちは現在…を探しています)は、社員 募集の定型表現。
We have **plenty of** items in stock. (商品の在庫は**たくさん**ございます)	plenty ofは、数えられる名詞、数え られない名詞のどちらにも使える。

答え

- ① ～したくてお電話しました。
- ② ～の予定を変更する
- ③ 受付係
- ④ 内線(番号)
- ⑤ AをBにつなぐ
- ⑥ 少々お待ちください。
- ⑦ 残念ながら～。
- ⑧ 間に合って、やがて
- ⑨ 海外に、海外の
- ⑩ ～に電話をする
- ⑪ 都合のよい
- ⑫ ～していただけますか。
- ⑬ ～を延期する
- ⑭ 必ず～する
- ⑮ 登録する
- ⑯ 上の階に[で]
- ⑰ 案内
- ⑱ ～を切らす
- ⑲ 戸棚
- ⑳ 注文
- ㉑ ～を購入する
- ㉒ 在庫
- ㉓ 現在(は)
- ㉔ たくさんの～

Day 8 トラブル・修理／採用ほか

トラブル・修理

169 jam
[dʒǽm]

動 ～を詰め込む
名 込み合うこと

1. get jammed
2. traffic jam

1. (紙が)詰まる
2. 交通渋滞

170 have ... repaired
[rɪpéərd]

…を修理してもらう
参 repair 動 ～を修理する 名 修理

171 get ... to work

…を動かす

172 get ... fixed
[fíkst]

…を修理してもらう
参 fix 動 ～を修理する、～を固定する
= repair 動 ～を修理する(▶170)
　 mend 動 ～を修理する

173 Something is wrong with ...

会 …の調子がよくない。

174 have trouble with ...

…が故障する、…に問題がある

175 restore
[rɪstɔ́ːr]

動 ～を修復する、～を回復させる
派 restoration 名 修復、回復

1. restore a system
2. restore market confidence

1. システムを修復する
2. 市場の信頼を回復する

オフィスのコピーやエアコンなどの修理トピックは頻出。トラブル慣れしてね。

Part 3 / Day 8

The paper got jammed in the photocopier.
(コピー機に紙が**詰まってしまいました**)

コピー機は、よく紙詰まりする！
jamは「ぎゅっ」と詰まったイメージ。パンに塗る「ジャム」も「交通渋滞」も「ぎゅっ」と詰まっているよね。

I'd like to have the fax repaired.
(ファクスを修理してもらいたいのですが)

《修理》では使役動詞が使われる。
使役のhaveは、〈have＋O（目的語）＋過去分詞〉の形で「Oを〜してもらう」の意味になる。

I can't get this copy machine to work.
(このコピー機を動かす[作動させる]ことができません)

使役動詞getの用法パート1。
使役のgetは、〈get＋O＋to do〉の形で「Oを〜させる」の意味。to doのtoを忘れずに。

We need to get the copy machine fixed.
(コピー機を修理してもらう必要があります)

使役動詞getの用法パート2！
〈get＋O＋過去分詞〉の形で「Oを〜してもらう」の意味。O (the copy machine)と過去分詞(fixed)がThe copy machine is fixedと受け身関係になっている点に注意しよう。

Something's wrong with the air conditioner.
(エアコンの調子がよくありません)

オフィスでは、エアコンも故障する。
《トラブル》の定番設問は、What is the problem?（問題は何ですか）。

We've been having trouble with the fax for the past few days.
(ここ数日、ファクスが故障しています)

《トラブル》に耳をすませば…。
①「トラブル発生」⇒②「同僚に相談」⇒③「修理を依頼」が基本の流れ。パート3では、②の「相談」の会話が出る。

We need to restore the system as soon as possible.
(できるだけ早く、システムを修復する必要があります)

修復・回復するのは、「モノ」だけじゃない。
「信頼」にも使われる。パート5、6、7ではsystem restoration（システム復旧）のフレーズも大事。

| 176 | **out of order** | 故障して |

177	**supplier** [səpláɪər]	名 納入[供給]業者 派 supply 動 ～を供給する　名 供給、備品
	① contact a supplier	① 納入業者に連絡する

178	**contractor** [kɑ́ːntræktər]	名 請負業者 派 contract　名 契約(▶119)
	① hire a contractor	① 請負業者を雇う

採用

179	**representative** [rèprɪzéntətɪv]	名 担当者、代表者 派 represent　動 ～を表す、～を代表する
	① sales representative ② customer service representative	① 営業担当者、販売員 ② 顧客サービス担当者

180	**extensive** [ɪksténsɪv]	形 幅広い、広い 派 extensively 副 広く 　　extension 名 内線、延長(▶148) ＝ broad 形 広い
	① extensive experience ② extensive facilities	① 幅広い経験 ② 大規模な施設

181	**workload** [wə́ːrklòʊd]	名 仕事量
	① reduce a workload	① 仕事量を減らす

The elevator is **out of order**. (エレベーターは**故障しています**)	**Q** out of stockの意味は? **A** 「在庫切れ」。out of paper(用紙切れ)など、out of ...(…がなくなって)の意味も重要。
I'll **contact the supplier** right away. (すぐ**納入業者に連絡します**)	「在庫がない」→「業者に連絡」が基本パターン。 automobile parts supplier(自動車部品メーカー)のような、「業種」を表すフレーズにも注意。
We should **hire a contractor** to do the repairs. (修理をするには**請負業者を雇うべきです**)	「業者」もいろいろ! 「納入業者」は商品を供給する会社、「請負業者」は建築・修理などを行う下請会社のこと。
When will Susan start working as a **sales representative**? (**営業担当者**として、スーザンはいつから働きはじめるのですか?)	TOEICの会社は、ハイスペックな人材好き! 「誰」が「どんな職種」で「いつ」から採用されるのかが、設問のターゲット!
We are looking for someone with **extensive experience** in sales management. (販売管理業務の分野での**幅広い経験**を有する人物を探しています)	《採用》では、「実務経験」も重視。 At least ... years of experience is desirable.(最低…年の経験があれば尚可)など、「経験年数」を求めるフレーズも押さえておこう。
We are thinking of hiring additional staff to **reduce** current employee **workload**. (従業員の現在の**仕事量を減らす**ために、追加スタッフの採用を検討しています)	**Q** workで始まる、①workplaceと②workshopの意味は? **A** ①「職場、仕事場」、②「セミナー、研修会」が正解。

182 screen
[skríːn]
- 動 ～を選考する
- 名 画面
- 派 screening 名 選考

① screen applicants
① 応募者を選考する

183 qualified
[kwάːləfàɪd]
- 形 資格のある、適任の
- 派 qualify 動 ～に資格を与える
- qualification 名 資格、適性
- 参 overqualified 形 必要以上の資格[学歴・経験]がある

① a qualified applicant
② be qualified for a position
① 適任の候補者
② その職に適任である

184 entitle
[ɪntάɪtl]
- 動 ～に資格[権利]を与える

① be entitled to ...
① …を得る資格[権利]がある

185 adopt
[ədάːpt]
- 動 ～を採用する、～を導入する
- 派 adoption 名 採用、導入

① adopt a system
① システムを採用する

組織

186 department
[dɪpάːrtmənt]
- 名 部[門]、売り場
- 派 departmental 形 部門の

① Human Resources Department
② Public Relations Department
③ suit department
① 人事部
② 広報部
③ スーツ売り場

187 colleague
[kάːliːg] ❗発音
- 名 同僚
- ＝ coworker 名 同僚
- peer 名 同僚

We are still in the process of **screening applicants** for sales positions. (営業職への**応募者の選考**を進めている最中です)	《採用》では、選考の経過がポイント！ どういう流れで決まるかなどの、選考のプロセスは重要。「いつ」「何をする」のかが設問で問われる。
Qualified applicants will be contacted to schedule an interview. (**適任の候補者**には、面接の日程を決める連絡をいたします)	「有能すぎる」はoverqualified。 She's overqualified for the job. (彼女は、その仕事に資格がありすぎて不適任だ)も出る。これはスペックが高すぎて、その仕事に向いていないということ。
All employees **are entitled to** paid holidays. (すべての従業員には、有給休暇を**取得する権利があります**)	paid holiday（有給休暇）は、paid leaveで言い換え可能。福利厚生は、会社員の権利です。
We will **adopt a** new appraisal **system** in April. (4月から新しい評価**システムを採用します**)	adaptとの違いに注意！ adapt（〜を適合させる ▶001）とスペルも発音も似ているので、混同してはダメ！
I heard that Ms. Kim has been transferred to the **Human Resources Department**. (キムさんは**人事部**に異動になったと聞きました)	**Q** ①Sales Department、②Accounting Departmentの意味は？ **A** ①「営業部」、②「経理部」。
He'll get on well with his **colleagues**. (彼は**同僚**とうまくやっていくでしょう)	〈カリーグ〉の発音に注意！ 例文のget on well with ...は「…とうまくやっていく」。

188 supervisor
[súːpərvàɪzər]

1. immediate supervisor

名 **上司**、監督者
派 supervise 動 〜を監督する（▶410）
supervision 名 監督、管理

1. 直属の上司

189 evaluate
[ɪvǽljuèɪt]

1. evaluate *one's* job performance
2. evaluate a risk

動 **〜を評価する**
派 evaluation 名 評価
＝ assess 動 〜を評価する（▶414）

1. 〜の仕事ぶりを評価する
2. リスクを見極める

会計

190 quarterly
[kwɔ́ːrtərli] ❗発音

1. quarterly report
2. quarterly journal

形 **四半期の**、年4回の
派 quarter 名 四半期

1. 四半期報告書
2. 季刊誌

191 annual
[ǽnjuəl]

1. annual report
2. annual conference
3. annual fee

形 **年1回の**
＝ yearly 形 年1回の

1. 年次報告書
2. 年次会議
3. 年会費

会議・交渉

192 resume
[rɪz(j)úːm] ❗発音

1. resume a conference

動 **(〜を)再開する**
参 résumé 名 履歴書

1. 会議を再開する

193 reminder
[rɪmáɪndər]

名 **(思い出させるための)注意、お知らせ**
派 remind 動 (人)に思い出させる（▶298）

194 convince
[kənvíns]

1. convince *one's* boss to do

動 **〜を説得する、〜を確信させる**
派 convinced 形 確信して

1. 〜するよう上司を説得する

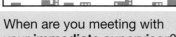

| When are you meeting with your **immediate supervisor**?
(直属の上司とはいつ会うのですか?) | 上司への報告は定番!
選択肢に、Contact a supervisor（上司に連絡をする）のフレーズもよく見かける。 |

| Sales manager will **evaluate your job performance**.
(営業部長があなたの仕事ぶりを評価します) | 《採用》トピックにも登場。
採用では、evaluate a candidate（応募者を評価する）が出る。 |

| We're working on a summary for the **quarterly report**.
(私たちは、四半期報告書の要約をまとめているところです) | 四半期とは、12カ月÷4＝「3カ月」のこと。
上場企業では四半期ごとに決算し、四半期報告書を公表する。例文のsummaryは「要約」。 |

| When will the **annual report** be completed?
(年次報告書は、いつ完成しますか?) | **Q** annualやyearlyをフレーズで言い換えると?
A once a year。 |

| We will **resume the conference** at 2:00 after a 10-minute break.
(10分間の休憩後、2時から会議を再開します) | résuméと間違わないように!
résuméの発音は〈レザメィ [rézəmeɪ]〉。スペルは似ているが、意味も発音も違う。 |

| Do you want me to send you a **reminder** for the meeting?
(会議のお知らせを送りましょうか?) | reminderは、会議の前日などに送る、「明日は会議ですよ」といったお知らせのこと。 |

| We're going to try to **convince our boss to** hire an intern.
(私たちは、インターンを雇うよう上司を説得してみるつもりです) | TOEICには熱血社員が多い!
上司への説得も日常茶飯事。convinceの言い換えではurgeが出る。 |

195 alternative
[ɔːltə́ːrnətɪv] ❶発音

形 **代わりの**
名 代案、選択肢
派 alter 動 ～を変える
　alternate 形 代わりの、交互の
　alternatively 副 あるいは（▶553）

1. alternative plan
2. alternative date

1. 代替案
2. ほかの都合のよい日

196 negotiation
[nəgòuʃiéɪʃən]

名 **交渉**
派 negotiate 動 交渉する
　negotiable 形 交渉の余地がある

1. open negotiations
2. under negotiation

1. 交渉を始める
2. 交渉中で

1分でチェック！ 今回学習した単語の意味を言ってみよう。

- ① jam
- ② have ... repaired
- ③ get ... to work
- ④ get ... fixed
- ⑤ Something is wrong with
- ⑥ have trouble with
- ⑦ restore
- ⑧ out of order
- ⑨ supplier
- ⑩ contractor
- ⑪ representative
- ⑫ extensive
- ⑬ workload
- ⑭ screen
- ⑮ qualified
- ⑯ entitle
- ⑰ adopt
- ⑱ department
- ⑲ colleague
- ⑳ supervisor
- ㉑ evaluate
- ㉒ quarterly
- ㉓ annual
- ㉔ resume
- ㉕ reminder
- ㉖ convince
- ㉗ alternative
- ㉘ negotiation

We have to come up with an **alternative plan** by our next meeting.
（次の会議までに、私たちは代替案を考え出さなければなりません）

「いまある物に取って代わる別の物」といった意味。
たとえば、「オルタナティブ投資」なら、株などの伝統的な投資ではなく、未公開株やスワップなどへの投資を指す。

We've **opened negotiations** with Elder, Co., over a new contract.
（新しい契約について、私たちはエルダー社との交渉を始めています）

Q 「交渉」をtで始まる単語で言うと？

A 正解はtalks。複数形のsがポイント。交渉は、一度の話し合いでは決まらないことから。

答え

- ① ～を詰め込む
- ② ～を修理してもらう
- ③ ～を動かす
- ④ ～を修理してもらう
- ⑤ ～の調子がよくない。
- ⑥ ～が故障する
- ⑦ ～を修復する
- ⑧ 故障して
- ⑨ 納入[供給]業者
- ⑩ 請負業者
- ⑪ 担当者
- ⑫ 幅広い、広い
- ⑬ 仕事量
- ⑭ ～を選考する
- ⑮ 資格のある、適任の
- ⑯ ～に資格を与える
- ⑰ ～を採用する
- ⑱ 部[門]、売り場
- ⑲ 同僚
- ⑳ 上司
- ㉑ ～を評価する
- ㉒ 四半期の
- ㉓ 年1回の
- ㉔ 再開する
- ㉕ 注意、お知らせ
- ㉖ ～を説得する、～を確信させる
- ㉗ 代わりの
- ㉘ 交渉

Day 9 旅行・出張／空港ほか

旅行・出張

197 agency
[éɪdʒənsi]

名 **代理店**、(政府の)機関
派 agent 名 代理人、代理店

1. travel agency — 旅行代理店
2. employment agency — 職業紹介所

198 crowded
[kráʊdɪd]

形 **込み合った**
派 crowd 名 群衆 動 (〜に)群がる

1. be crowded with ... — …で混雑している

199 brochure
[broʊʃʊər] ❗発音

名 **パンフレット、カタログ**
= pamphlet 名 パンフレット
　 booklet 名 パンフレット
　 catalog 名 カタログ

1. a free brochure — 無料パンフレット
2. a company brochure — 会社概要
3. a product brochure — 製品カタログ

200 include
[ɪnklúːd]

動 **〜を含む**
派 including 前 〜を含めて
　 inclusive 形 すべてを含んだ、含めて
⇔ exclude 動 〜を排除する (▶504)

201 upcoming
[ʌ́pkʌ̀mɪŋ]

形 **今度の**、来たる
= forthcoming 形 来たるべき

1. upcoming trip — 今度の旅行
2. upcoming products — 近日発売予定の商品

202 itinerary
[aɪtínərèri] ❗発音

名 **旅程(表)**

1. change an itinerary — 旅程を変更する

出張トークが多いので、空港やホテルの定番フレーズは覚えよう。もちろん、トラブルが出る。

The **travel agency** is located across from City Hall. （**旅行代理店**は市役所の向かいにあります）	代理店の出番は多い！ 旅行代理店とのやりとりでは、飛行機の「予約」と「予約のキャンセル」が定番。
That restaurant **is crowded with** tourists in the daytime. （そのレストランは、日中は旅行客で**混雑しています**）	パート1では、人が集まっている写真のひっかけ選択肢で出る。
Do you have **a free brochure** for this tour? （このツアーの**無料パンフレット**はありますか？）	いわゆる「小冊子」のこと。 TOEICでは、pamphletよりもbrochureを使うことが多い。
This tour **includes** day trips to London and Manchester. （このツアーには、ロンドンとマンチェスターへの日帰り旅行**が含まれています**）	ツアー内容の紹介で使われる。 include以下を聞けば、ツアーの詳細がわかる。tourやtripの言い換え、excursion（小旅行）も覚えておこう。
What do you think about the **upcoming trip** to Singapore? （シンガポールへの**今度の旅行**をどう思いますか？）	upとcomingから連想して！ 〈up+coming〉なので、「こっちに向かって来ている」といったニュアンス！
We have to **change the itinerary** for our trip to Bangkok. （私たちは、バンコクへの**旅程を変更し**なければなりません）	発音〈アイティネラリ〉に注意！ 旅程とは「旅行の日程」のこと。「旅程」は、パート7の文書としても出る。

空港

203 round-trip [ráund tríp]
形 **往復の**
⇔ one-way　形 片道の
1 round-trip ticket — 1 往復チケット
2 round-trip fare — 2 往復運賃

204 direct flight
直行便

205 layover [léiòuvər]
名 (乗り継ぎの)**待ち時間**、待ち合わせ

206 passenger [pǽsəndʒər]
名 **乗客**

207 proceed [prəsíːd]
動 **進む**、進展する
名 [複数形で]**収益**、売上高
派 procedure　名 **手続き**、手順(▶457)
1 proceed to ... — 1 …に進む

ホテル

208 unfortunately [ʌnfɔ́ːrtʃənətli]
副 **残念ながら**
派 unfortunate　形 残念な
⇔ fortunately　副 幸いにも

209 rate [réit]
名 **料金**、割合、速度
動 ～を評価する
1 room rate — 1 宿泊料
2 shipping rate — 2 送料
3 interest rate — 3 金利

I'd like two **round-trip tickets** to New York, please. (ニューヨークまでの往復チケットを2枚いただけますか)	「目的地」と「出発・到着時刻」を聞き取ろう! roundは「ひと回りする」の意味。ここからround-tripで「往復の」となる。
Is a flight with a stopover acceptable, or would you prefer a **direct flight**? (ストップオーバーの便でもいいですか? それとも直行便がいいですか?)	ストップオーバーとは? 直行便のように直接目的地に行くのではなく、途中の乗継地で短期滞在すること。目的地以外の都市も回れるので、結構お得です。
There's a two-hour **layover** in San Francisco. (サンフランシスコでは、[乗り継ぎの]待ち時間が2時間あります)	パート4の《空港アナウンス》でも常連。
All **passengers** must go through a security check. (乗客は全員、セキュリティーチェックを受けなければなりません)	飛行機だけでなく、バスや船の乗客も指す。 公共交通機関を利用して、移動している人たちのこと全般を指す。
Please **proceed to** Gate 7. (7番ゲートにお進みください)	搭乗ゲートの「数字」に注意! 空港では工事やトラブルが定番。したがって、搭乗ゲートがよく変更される。名詞「収益」は、チャリティー関係の話で出る。
Unfortunately, no rooms are available for that day. (残念ながら、その日に空室はございません)	「不都合」のサインを聞き取ろう! unfortunatelyやI'm afraid(▶151)のあとには、聞き手にとって「不都合」な事実が来る。
Room rates at this hotel are between 120 and 300 euros per night. (当ホテルの宿泊料は、1泊120ユーロから300ユーロです)	「料金」いろいろ。 rateはホテルや郵便料金。fare(▶141)は乗り物の運賃。charge(▶210)は電気代などのサービスに対する料金。fee(▶336)は医者や弁護士への報酬。TOEICでは、ざっくり「料金」とわかればOK。

210 charge
[tʃɑːrdʒ]

- 名 **料金**、責任
- 動 （代金）を請求する、～を責める
- 参 in charge of ... ...を担当して (▶092)

1. extra charge
2. free of charge

1. 追加料金
2. 無料で

211 complimentary
[kàːmpləméntəri] ❶発音

- 形 **無料の**
- ＝ free　形 無料の

1. complimentary breakfast
2. complimentary ticket

1. 無料の朝食
2. 招待券

212 properly
[prάːpərli]

- 副 **適切に**
- 派 proper　形 適切な

1. work properly

1. 正常に動く

213 drop off ...

- （乗り物から）**...を降ろす**
- ⇔ pick up ... ...を車で迎えに行く (▶138)

1. drop you off
2. drop off *one's* luggage

1. あなたを（車で）送る
2. ～の荷物をおろす

214 cuisine
[kwɪzíːn] ❶発音

- 名 **料理**
- ＝ cooking　名 料理

1. authentic Italian cuisine

1. 本格的なイタリア料理

チケット売り場

215 be sold out

売り切れている

216 advisable
[ədváɪzəbl]

- 形 **望ましい**
- 派 advise　動 ～に勧める
- 　　advice　名 助言、アドバイス

1. It is advisable to do ...

1. ...するほうがよい。

There is an **extra charge** for dry-cleaning. (ドライクリーニングには**追加料金**がかかります)	ホテルの「クリーニング・サービス」で出る！ クリーニングでは、「料金」と「受取時間」が設問のターゲット。
We offer a **complimentary breakfast** each morning. (当ホテルでは毎朝、**無料の朝食**を提供しています)	complementaryとの違いに注意！ complementary（補足的な ▶722）とは同じ発音だが、意味とスペルは異なる。
The air conditioner doesn't **work properly**. (エアコンが**正常に動き[動作し]**ません)	「ホテル」でもトラブル三昧！ エアコンは故障し、お湯は出ず、クリーニングは届かない。フレーズ1の言い換えfunction properly（▶626）にも注意！
I'll **drop you off** at your hotel. (ホテルまで[車で]**お送りします**)	2つの用法をチェック。 〈drop off＋人〉で「（車で）人を送る」、〈drop off＋モノ〉で「モノをおろす、置いて行く」の意味。
The restaurant on the top floor of this hotel serves **authentic Italian cuisine**. (当ホテルの最上階のレストランでは、**本格的なイタリア料理**を提供しています)	発音まで正確に覚えよう！ 意味だけでなく、発音も大事。うまく発音できるようになると、英語の音への感覚が鋭くなり、リスニング力もアップする。
I'm afraid that the tickets **are sold out**. (あいにくチケットは**売り切れ**です)	売り切れてても大丈夫。 TOEICではチケットが売り切れていても、たまたま友だちが持っていたり、追加公演があったりする。
It is advisable to reserve seats in advance. (あらかじめ席をご予約**されることをお勧めします**)	接客では控えめ表現が出る。 フレーズ1は、You should reserve …よりも控えめな提案。

Day 9

217 valid
[vǽlɪd]

- 形 **有効な**
- 派 validate 動 ～を有効にする
- validity 名 有効性
- ⇔ invalid 形 無効な

ショップ

218 come to ...

- （合計で）**…になる**、**(ある状態)になる**
- ＝ amount to … （合計で）…になる（▶542）

1. come to 20 dollars
2. come to a decision

1. 合計で20ドルになる
2. 決定する

219 refund
[ríːfʌnd]

- 名 **返金**、払い戻し
- 動 ～を払い戻す [rɪfʌ́nd]
- ＝ reimbursement 名 払い戻し（▶452）

1. get a refund
2. issue a refund
3. a full refund

1. 返金してもらう
2. 返金する
3. 全額返金

220 exchange
[ɪkstʃéɪndʒ]

- 動 **～を交換する**
- 名 **交換、(証券)取引所**

1. exchange A for B
2. stock exchange

1. AをBと交換する
2. 証券取引所

221 defective
[dɪféktɪv]

- 形 **欠陥がある**
- 派 defect 名 欠陥、欠点
- ＝ flawed 形 欠陥がある

1. defective products

1. 欠陥品

銀行・郵便局

222 account
[əkáʊnt]

- 名 (預金)**口座**、説明、得意先
- 動 (～の割合を)**占める**
- 派 accountable 形 (説明)責任がある
- accountant 名 会計士（▶423）

1. open a bank account
2. account for 5 percent

1. 銀行口座を開く
2. 5%を占める

The ticket is **valid** only on the date of purchase. （チケットはご購入日当日のみ**有効**です）	「**有効期限**」も要チェック！ ticket以外にも、有効期限のあるcoupon（クーポン券 ▶259）やlicense（免許［許可］証）と一緒に使われる。
Your total **comes to 20 dollars**. （合計で20ドルになります）	**TOEICでは「お金」表現が頻出。** 金額が問われることも多いので、「数字」をしっかり聞き取ろう。
I'd like to **get a refund** for these glasses. （眼鏡代を**返金してもらいたい**のですが）	《ショップ》での「クレーム」で出る！ クレーム対応では、商品のrefundやreplacement（交換 ▶074）が定番。
I'd like to **exchange** this shirt **for** a red one. （このシャツを赤いの**と交換**したいのですが）	返品・交換天国のお店が多い！ 交換理由で多いのは、衣料品のサイズミス。お店に交換希望のサイズはあるが、色がなくて交換できないこともある。
Please send **defective products** back to our customer service center. （**欠陥［不良］品**は、弊社のカスタマー・サービスセンターまで返送してください）	**Q** products以外で、「商品」の意味を持つ単語は？ **A** ①items、②goods、③merchandises（▶606）。フレーズ1はdefective itemsやdefective goodsで言い換え可。
I'd like to **open a bank account**. （**銀行口座を開き**たいのですが）	《銀行》トピックの必須単語。 account for ...には「…を占める」以外にも、「…について説明する」の意味もある。

223 withdraw
[wɪðdrɔ́ː]

動 (預金)を引き出す、(製品)を回収する
派 withdrawal 名 (預金の)引き出し
参 withdraw-withdrew-withdrawn

1. withdraw money
2. withdraw a product

1. お金を引き出す
2. 製品を回収[撤去]する

224 postage
[póʊstɪdʒ]

名 郵便料金
派 post 名 郵便(物)、職、柱(▶552)

薬局

225 pharmacy
[fɑ́ːrməsi]

名 薬局
派 pharmacist 名 薬剤師
　　pharmaceutical 形 薬剤の、製薬の
≡ drugstore 名 薬局

226 prescription
[prɪskrípʃən]

名 処方せん
派 prescribe 動 (薬)を処方する

☑ 2分でチェック！ 今回学習した単語の意味を言ってみよう。

- ① agency
- ② crowded
- ③ brochure
- ④ include
- ⑤ upcoming
- ⑥ itinerary
- ⑦ round-trip
- ⑧ direct flight
- ⑨ layover
- ⑩ passenger
- ⑪ proceed
- ⑫ unfortunately
- ⑬ rate
- ⑭ charge
- ⑮ complimentary
- ⑯ properly
- ⑰ drop off
- ⑱ cuisine
- ⑲ be sold out
- ⑳ advisable
- ㉑ valid
- ㉒ come to
- ㉓ refund
- ㉔ exchange
- ㉕ defective
- ㉖ account
- ㉗ withdraw
- ㉘ postage
- ㉙ pharmacy
- ㉚ prescription

I have to go to an ATM to **withdraw some money**. (お金を引き出しにATMに行かなければなりません)	**Q**「銀行に預金する」を英語で言うと？ **A** deposit money in a bank。
What is the **postage** for a letter to Japan? (日本への封書の郵便料金はいくらですか？)	「送料」の意味もある。 返品方法の説明では、「送料」の意味で使われる。
Could you tell me the way to the **pharmacy**? (薬局への行き方を教えていただけませんか？)	TOEICに登場する医療施設。 ①pharmacy、②dental clinic（歯科医院）、③pharmaceutical company（製薬会社）が3トップ。
That medicine requires a **prescription**. (その薬には、**処方せん**が必要です)	あまり深刻な病気は出ない！ TOEICでは手術を必要とするような深刻な病気や事故のトピックは出ない。

答え

- ☐ ① 代理店
- ☐ ② 込み合った
- ☐ ③ パンフレット、カタログ
- ☐ ④ 〜を含む
- ☐ ⑤ 今度の
- ☐ ⑥ 旅程（表）
- ☐ ⑦ 往復の
- ☐ ⑧ 直行便
- ☐ ⑨ 待ち時間
- ☐ ⑩ 乗客
- ☐ ⑪ 進む
- ☐ ⑫ 残念ながら
- ☐ ⑬ 料金
- ☐ ⑭ 料金
- ☐ ⑮ 無料の
- ☐ ⑯ 適切に
- ☐ ⑰ 〜を降ろす
- ☐ ⑱ 料理
- ☐ ⑲ 売り切れている
- ☐ ⑳ 望ましい
- ☐ ㉑ 有効な
- ☐ ㉒ 〜になる
- ☐ ㉓ 返金
- ☐ ㉔ 〜を交換する、交換
- ☐ ㉕ 欠陥がある
- ☐ ㉖ 口座、占める
- ☐ ㉗ 〜を引き出す、〜を回収する
- ☐ ㉘ 郵便料金
- ☐ ㉙ 薬局
- ☐ ㉚ 処方せん

新形式で出るフレーズ　パート3 & 4編❶

パート3や4の「会話表現問題」で出るショートフレーズをまとめました。どういった文脈の中で使われているかが大切ですが、フレーズの意味を知っていると正解候補を絞り込むことができます。

【会話表現問題の設問例】
What does the woman mean when she says, "Sure thing"?
（女性が「もちろん、いいですよ」と言うとき、何を意図していますか？）

2つの意味を持つフレーズ

☐ **Sure thing.**	①もちろん、いいですよ。 ②どういたしまして。
①は依頼「〜してくれませんか？」、②はThanks.などへの返答。	
☐ **There you go!**	①はい、どうぞ。 ②そのとおり。
①はモノを渡すときの表現。Here you are.と同じ。	
☐ **That's that.**	①これでおしまい。 ②これで決まりだ。
何かが終わったときには①、終えたいときには②の意味になる。	

話しを切り出す

☐ **You know what?**	あの、知っていますか？
このあとに、聞き手の知らない情報が述べられる。	
☐ **Here's the thing.**	実は、こうなんです。
これから話すことが重要であることを示す。	
☐ **I'll tell you what.**	いい考えがあります。
自分の意見を述べる前に使う。	

感情

☐ **I can't believe it.**	信じられない。
いい話、悪い話のどちらにも使える。	

☐ **That beats everything!**	それはすごいね！
beat everythingで「すべてを超えている」ということ。	
☐ **That's news to me.**	知りませんでした。
知らなかったこと、意外なことを聞いたときに使う。	
☐ **That's too bad.**	お気の毒に。
話し相手の境遇に同情を示す。	

お礼を述べる

☐ **I couldn't have done it without you.**	みなさまのおかげです。
感謝のことば。直訳すると、「みんながいなかったら、できなかった」。	
☐ **Thanks anyway.**	いずれにしろありがとう。
相手がこちらの希望に応えられなかったときに使う。	
☐ **Don't thank me.**	お礼には及びません。
自分だけの成果でないことを伝える。	

賛成・反対

☐ **I'm with you.**	賛成です。
相手と同意見である、または喜んで協力したいことを伝える。	
☐ **I'll give you that.**	あなたに賛成です。
何に賛成なのかは、この発言の直前を聞き取る。	
☐ **I don't mind.**	別にいいですよ。
提案や依頼に対する返事。	
☐ **Fair enough.**	文句はありません。
相手の提案が納得できるものであることを示す。	
☐ **Not in my book.**	私の考えは違います。
直訳すると「自分の基準にはない」。	

☐ **It's out of the question.**	それは問題外です。
Noの意思表示。フォーマルな表現なので、オフィスでも使われる。	
☐ **I hear you.**	言いたいことはわかるのですが。
理解できるが、同意はできない。そんなニュアンスのフレーズ。	

そのほかの重要フレーズ

☐ **I'll get right on it.**	すぐ取り掛かります。
何かを依頼されたときの返事。	
☐ **So far, so good.**	今のところは順調です。
How's your business doing?(仕事の調子はどう?)などへの返事。	
☐ **Help yourself.**	遠慮しないで食べてください。
食べ物以外にも使える。その場合は、「ご自由にお取りください」。	
☐ **Do you follow?**	言っていることはわかりますか?
「話について来て(follow)いるか?」という確認の表現。	

リスニングセクション

パート4（説明文問題）で出る単語

227 It's my pleasure to do ... ▶▶▶ 308 previous

 ターゲットは**82**語

パート4の単語対策

- 問題数は30問。
- 説明文を聞いて、その内容に関する設問に答える。
- パート3と同じように、図表の設問がある。

■ 攻略のポイント

説明文の【ジャンル】から攻略しよう！

パート4の単語対策は、説明文の【ジャンル】から開始しましょう。「スピーチ」「アナウンス」「ニュース」などが定番です。

【ジャンル】をもう少し詳しく見ていきましょう。例えば「スピーチ」は、《人物紹介》、《受賞》、《セール案内》など、さらに細かく分類できます。種類が少なくパターン化していますので、単語対策が説明文の内容把握に直結します。単語の学習を始める前に、必ず【ジャンル】に目を通すようにしてください。

説明文の頻出ジャンルと詳細

スピーチ	
①人物紹介	Day 10
②受賞	Day 10
③会議・セミナー	Day 10
④セール案内	Day 10

アナウンス	
①駅	Day 11
②空港・機内	Day 11
③劇場	Day 11
④社内	Day 11

ツアーガイド	
―	Day 11

ニュース	
①ビジネスニュース	Day 12
②交通情報	Day 12
③天気予報	Day 12

電話	
①留守録メッセージ	Day 12
②自動音声ガイド	Day 12

■ 単語の覚え方

説明文の【ジャンル】をチェックしたら、シチュエーションを意識します。パート3と同様、単語・フレーズを「グループ」で関連付けて覚えるのがコツ。Day 10を例に見てみましょう。【ジャンル】は「スピーチ」です。

著名な人物を紹介する場面をイメージ！ 「Aさんをお迎えできて嬉しいです」(It's my pleasure to do)で《人物紹介》が始まり、徐々にAさんの経歴や業績を詳しく説明していきます。「彼は、著名な作家(distinguished writer)で、献身的に(dedicated)社会問題に取り組み、その業績は注目に値します(remarkable)。で

は本日、基調講演(keynote speech)をされるAさんをお迎えしましょう(Please join me in welcoming)」、という具合です。

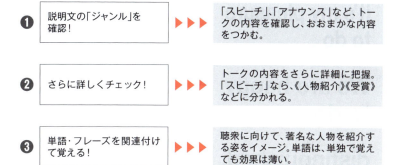

■ 各Dayの特徴を解説

Day 10　スピーチ

《人物紹介》スピーチに加えて、受賞者自身が語る《受賞》スピーチも大事です。「受賞できて光栄です」(I'm honored to do)と「感謝の気持ちを述べ」たり(express one's gratitude)、プロジェクトチームを「代表して」(on behalf of)、お礼を述べたり。《セール案内》では「定価」(regular price)、「割引」(discount)、「割引券」(voucher)への言及があります。「お店」を「小売店」(retail outlet)というのは盲点ですね。

Day 11　アナウンス／ツアーガイド

《社内》アナウンスでは、会議や「健康診断」(medical checkup)などの業務連絡や工事のお知らせが出ます。TOEICワールドの企業では、工事や「定期メンテナンス」(routine maintenance)で、ビルの入り口が「一時的に」(temporarily)閉鎖されることがよくあります。

Day 12　ニュース／電話

《ニュース》では、会社の「合併」(merger)や「市場シェア」(market share)など、専門的な背景知識を問われない、架空の経済ニュースがお馴染みです。

Day 10 スピーチ

人物紹介（スピーチ①）

227 It's my pleasure to do ...
会 …できてうれしく思います。

228 We are happy to do ...
会 …できてうれしく思います。
喜んで…いたします。

229 distinguished [dɪstíŋɡwɪʃt]
形 **有名な**、すぐれた
派 distinguish 動（～を）区別する
= well-known 形 有名な
　remarkable 形 すぐれた（▶232）

1. distinguished writer
2. distinguished career
3. be distinguished for ...

1. 著名な作家
2. 輝かしい経歴
3. …で有名である

230 dedicated [dédəkèɪtɪd]
形 **献身的な**、打ち込んでいる
派 dedicate 動 ～をささげる
　dedication 名 献身、専念

1. be dedicated to doing
2. dedicated service

1. ～することに専念する
2. 献身的な働き

231 applaud [əplɔ́ːd] ❗発音
動 **～を称賛する**、～に拍手する
派 applause 名 称賛、拍手
= praise 動 ～をほめる 名 称賛

1. applaud one's efforts

1. ～の努力を称賛する

232 remarkable [rɪmɑ́ːrkəbl]
形 **注目すべき**、すぐれた
派 remark 動（～と）述べる 名 発言、意見

TOEICワールドの人たちは、スピーチ好きでパーティー好き。会議やセミナーも大好物。社交的だよね。

It's my pleasure to welcome you to the party. (みなさまをパーティーにお迎えできてうれしく思います)	Good evening, ladies and gentlemen.(みなさん、こんばんは)のあいさつは、「スピーチ」の耳印。このあと、今回のフレーズが続く。
We are happy to have Mr. Kim as our guest. (来賓としてキム氏をお迎えできてうれしく思います)	《人物紹介》の流れをつかもう！ 司会者は、①「名前」⇒②「肩書」⇒③「経歴」⇒④「業績」の順で人物を紹介。人となりは、徐々に明らかに。
He was a **distinguished writer** before he became a politician. (彼は政治家になる前は著名な作家でした)	《人物紹介》は大げさ！ 〈distinguished＋名詞〉は、「すご～い」と褒めちぎる表現。distinguish A from B（AとBを区別する）のフレーズも大事。
She **was** especially **dedicated to** work**ing** on improving healthcare. (彼女は特に医療を改善する取り組みに専念しました)	人物の「業績」は設問のターゲット！ was dedicated toが答えを示すヒント。この直後に「業績」が来る。ここでは、「医療改善への取り組み」が業績。
We **applaud your efforts** to support retail stores in the California area. (カリフォルニア地区の小売り販売店を支援した、あなたの努力を称賛します)	褒めことばも「業績」を示すヒント！ 「褒める理由＝業績」なので、褒めことばのあとを聞き取ること。ここでは、「販売店を支援したこと」が業績。
Mr. Wilson's contributions to the chemical industry over the years have been **remarkable**. (長年にわたって、ウィルソン氏が化学工業界に対して果たした貢献は、注目に値します)	**Q** remarkableをほかの語で言い換えると？ **A** distinguished（▶229）。

233 □	**keynote** [kíːnòʊt]	名 基本、基調
	① keynote speech ② keynote speaker	① 基調演説 ② 基調講演者
234 □	**Please join me in welcoming ...**	会 (私と一緒に)…をお迎えしましょう。

受賞（スピーチ②）

235 □	**I'm honored to do ...**	会 …できて光栄に思う。
236 □	**gratitude** [grǽtət(j)ùːd]	名 感謝（の気持ち） = thanks 名 感謝
	① express *one's* gratitude	① 感謝の意を表す
237 □	**on behalf of ...** [bɪhǽf]	…を代表して、…の代わりに
	① on behalf of our project team	① プロジェクトチームを代表して
238 □	**banquet** [bǽŋkwət]	名 祝宴、夕食会
	① attend a banquet ② banquet hall	① 祝宴に出席する ② 宴会場
239 □	**prize** [práɪz]	名 賞 = award 名 賞 動 (賞など)を与える (▶497)

Ms. Roland will deliver the **keynote speech** at the annual convention. (ローランドさんは、年次総会で**基調演説**をする予定です)	「基調演説」とは、会議などの前に行われる、その会の基本方針を説明する演説のこと。
Please join me in welcoming Ms. Smith. (それではスミスさん**をお迎えしましょう**)	《人物紹介》シメのフレーズ。このあと、講演者や受賞者が登壇する。別パターンとして、Please give a warm welcome to Ms. Smith.(スミスさんを温かくお迎えください)もアリ。
I'm honored to receive this award. (この賞を頂き、**光栄に思います**)	黙字(発音しない文字)に注意。honor[á:nər]の頭のhは、knife[náif]のkと同じように読まない。
I'd like to **express my gratitude** for your continued support. (みなさまの変わらぬご支援に**感謝の意を表したいと思います**)	受賞者による感謝のことば。例文は、I'd like to thank you for your continued support.のフォーマルな言い方。
On behalf of our project team, I would like to thank all of you for giving us this award. (**プロジェクトチームを代表して**、この賞が頂けたことをみなさんに感謝します)	代表者スピーチの決まり文句。代表して行われるのは、①「感謝」、②「あいさつ」、③「謝罪」、④「報告」。
I appreciate the opportunity to **attend the banquet**. (**祝宴に参加する**機会をいただきまして、ありがとうございます)	日本の「祝宴」や「宴会」より、もう少しフォーマルな催しのことをいう。ホテルで行われる結婚披露宴のイメージに近い。
In what field is the Hugel **Prize** given? (ヒューゲル**賞**はどの分野に与えられますか?)	「受賞分野」は設問のターゲット!放送前に選択肢を先読みし、「受賞分野」の候補を確認しておこう。

会議・セミナー（スピーチ③）

240 call [kɔ́ːl]
- 動 (会議など)を招集する、〜に電話する
- ≡ con<u>vene</u> 動 〜を招集する（▶400）

1. call a meeting — 会議を開く[招集する]

241 address [ədrés]
- 動 〜に取り組む、〜に演説をする
- 名 演説、住所
- ≡ <u>deal</u> with ... …に取り組む（▶719）

1. address a problem — 問題に取り組む
2. address a speech — 演説をする

242 We are proud to announce ...
- 会 …についてご案内申し上げます。

243 last [lǽst]
- 動 続く、長持ちする
- 形 最後の
- ≡ con<u>tinue</u> 動 続く、〜を続ける

セール案内（スピーチ④）

244 go on
- 起こる、〜を続ける

1. be going on now — 現在開催中である
2. go on doing — 〜し続ける
3. go on a trip — 旅行する

245 regular [régjələr]
- 形 通常の、定期的な
- 派 regularly 副 定期的に

1. regular price — 定価
2. regular diet — 日常の食事
3. regular exam — 定期検診[試験]
4. on a regular basis — 定期的に

I've **called this meeting** to discuss a new sales promotion. (新しい販促活動について議論するために、この会議を招集しました)	**Q** call a meetingをほかのフレーズで言い換えると? **A** hold a meeting。meetingはconferenceでもOK。
Here is **the problem** we have to **address** today. (本日、取り組まなければならないのはこの問題です)	**動詞がくせ者!** パート4では、「住所」以外に「取り組む」や「演説する」の意味も重要。
We are proud to announce the 10th annual Electronics Seminar. (第10回年次電子機器セミナーについてご案内申し上げます)	**《会議・セミナー》の定型フレーズ。** 「案内します」の別表現、I'm happy to announce that ...(…であることをお知らせいたします)も押さえておこう。
This seminar will **last** approximately three hours. (当セミナーは、およそ3時間続きます)	**「セミナーのスケジュール」は新形式問題で出る!** 図表問題ではスケジュール表が出る。ポイントは、セミナーの開始直前に決まった変更点の聞き取り。
Attention shoppers. Our winter sale **is going on now** through December 25. (お客さまにお知らせいたします。12月25日まで、冬のセールが開催中です)	**《セール案内》は冒頭で判断。** 例文のAttention shoppers.のように、買い物客への呼びかけがあれば《セール案内》。
All merchandise is 15 percent off the **regular price**. (すべての商品が定価の15%引きです)	**セールの「開催期間」と「割引率」を聞き取ろう!** どちらも「数字」がリスニング・ポイント! また、セールの「対象」も重要。割引の適用が一部商品ということも多い。

Day 10

246 discount
[dískaunt]
名 割引
動 ～を割り引く
1. offer a 10 percent discount — 10%引きにする
2. at a discount — 割引価格で

247 entire
[ɪntáɪər]
形 全体の
派 entirely 副 まったく、完全に
= whole 形 全体の (▶493)
1. entire inventory — 全商品
2. entire area — 全域

248 voucher
[váutʃər] ❗発音
名 割引券
= coupon 名 クーポン券 (▶259)
1. get a voucher — 割引券をもらう

249 certificate
[sərtífɪkət]
名 証明書
派 certification 名 証明(書)
　 certify 動 ～を証明する
1. gift certificate — 商品券

250 retail
[ríːtèɪl]
名 小売り
派 retailer 名 小売業者
1. retail outlet — 小売店
2. retail price — 小売価格
3. retail sales — 小売り

251 warranty
[wɔ́(ː)rənti] ❗発音
名 保証(書)
= guarantee 名 保証(書) (▶341)

We are currently **offering a 10 percent discount** on all our products. (すべての商品を現在、**10%引き**にしています)	**Q**「10%引きにしてもらう」を英語で言うと？ **A** get a 10 percent discount、receive a 10 percent discount が正解。
We're taking 20 percent off our **entire inventory** until the end of October. (10月末まで、**全商品**を20%引きいたします)	**Q**「全商品」を別のフレーズで言い換えると？ **A** all goodsやall products（▶221）が言えればOK。
If you show your membership card, you can **get a** 5 percent discount **voucher**. (会員カードを提示すると、5%引きになる**割引券がもらえます**)	TOEICワールドは割引天国！ 乗り物の遅延に対するお詫びやアンケートの謝礼で「クーポン券」がもらえる。パート7では、広告にクーポン券がついていたりもする。
Bunny's **gift certificates** are available in any amount between $10 and $1,000. (バニーズの**商品券**は、10ドルから1,000ドルまでの金額でお買い求めいただけます)	gift voucherも「商品券」。 giftがつくと、「割引券」ではなく「金券」になる。
Please visit our **retail outlets** to see all our new models. (すべての新モデルをご覧に、ぜひ**小売店**までお越しください)	〈アウトレット〉から、大型のモールを思い浮かべてはダメ。 outlet（▶324）は「直販店」という意味。これは、生産者が直接運営する店舗のことで、規模の大小は問わない。
The **warranty** is valid for one year from the date of purchase. (**保証**は、ご購入日より1年間有効です)	an extended warranty（延長保証サービス）とbe under warranty（保証期間中である）のフレーズも覚えておきたい。

252 advantage
[ədvǽntɪdʒ]

名 **利点**、好都合
⇔ dis**advantage** 名 不利、不都合

① take advantage of ...　　　① …を利用する

1分でチェック！　今回学習した単語の意味を言ってみよう。

- ① It's my pleasure to do
- ② We are happy to do
- ③ distinguished
- ④ dedicated
- ⑤ applaud
- ⑥ remarkable
- ⑦ keynote
- ⑧ Please join me in welcoming
- ⑨ I'm honored to do
- ⑩ gratitude
- ⑪ on behalf of
- ⑫ banquet
- ⑬ prize
- ⑭ call
- ⑮ address
- ⑯ We are proud to announce
- ⑰ last
- ⑱ go on
- ⑲ regular
- ⑳ discount
- ㉑ entire
- ㉒ voucher
- ㉓ certificate
- ㉔ retail
- ㉕ warranty
- ㉖ advantage

Take advantage of our special offer.
(ぜひこの[特価提供の]機会をご利用ください)

《セール案内》のシメのひとこと。Don't miss the chance.(このチャンスをお見逃しなく)のパターンもアリ。

答え

- ① 〜できてうれしく思います。
- ② 〜できてうれしく思います。
- ③ 有名な、すぐれた
- ④ 献身的な、打ち込んでいる
- ⑤ 〜を称賛する
- ⑥ 注目すべき
- ⑦ 基本、基調
- ⑧ 〜をお迎えしましょう。
- ⑨ 〜できて光栄に思う。
- ⑩ 感謝(の気持ち)
- ⑪ 〜を代表して
- ⑫ 祝宴
- ⑬ 賞
- ⑭ 〜を招集する
- ⑮ 〜に取り組む
- ⑯ 〜についてご案内申し上げます。
- ⑰ 続く
- ⑱ 起こる、〜を続ける
- ⑲ 通常の、定期的な
- ⑳ 割引
- ㉑ 全体の
- ㉒ 割引券
- ㉓ 証明書
- ㉔ 小売り
- ㉕ 保証(書)
- ㉖ 利点

Day 11 アナウンス／ツアーガイド

駅（アナウンス①）

253 expect [ɪkspékt]
- 動 〜を予期する、〜を期待する
- 派 expected 形 予期された（▶254）
  expectation 名 予期、期待
- ≡ anticipate 動 〜を予想する、〜を期待する（▶678）

1. be expected to do
2. expect my client
3. more than expected

1. 〜する予定である
2. 顧客が来るのを待つ
3. 予想以上に

254 unexpected [ʌ̀nɪkspéktɪd]
- 形 予想外の
- ⇔ expected 形 予期された（▶253）

1. unexpected accident
2. unexpected event

1. 不測の事故
2. 予想外の出来事

255 Please be advised that ...
- 会 …をお知らせいたします。

256 bound [báʊnd]
- 形 〜行きの
- 派 boundary 名 境界線

1. bound for Boston

1. ボストン行きの

257 notice [nóʊtəs]
- 名 通知、掲示
- 動 〜に気がつく
- 派 noticeable 形 目立った
  notify 動 （人）に通知する（▶460）

1. until further notice
2. without notice

1. 追って知らせがあるまで
2. 予告なしに

> アナウンスの「注意喚起」が大事。列車や飛行機の遅延など、トラブルでどうすべきかを聞こう。

The train **is expected to** arrive about 30 minutes behind schedule. (電車は、定刻より約30分遅れて到着する**予定です**)	「予定」を表す頻出フレーズ。 〈受け身＋to do〉は、パート5の文法問題でも頻出。「受け身＝expected」の部分が空所で問われる。
Due to an **unexpected accident**, trains will be running slightly behind schedule. (**不測の事故**のため、電車は定刻よりわずかに遅れています)	アナウンスは、《駅》《空港》《劇場》《社内》で流れる！ 公共施設での場合は、「トラブル」に関する内容のものが多く、目的は「注意喚起」。
Please be advised that train 12 is not yet ready to receive passengers. (12番列車は、ご乗車の準備がまだ整っていないこと**をお知らせいたします**)	乗客への《アナウンス》は、Attention passengers.（お客さまにお知らせいたします）で始まる。「お知らせ＝トラブルの詳細」なので、冒頭から集中して聞こう。
The train **bound for Boston** will be delayed this morning. (今朝の**ボストン行きの電車には**、遅れが生じます)	「場所」と「時間」を聞き取れ！ 「目的地」を問う設問（Whereで始まる設問）なら、ここでの正解はBoston。「時間」（Whenで始まる設問）なら、正解はThis morning。
Please wait here **until further notice**. (**追ってお知らせがあるまで**、ここでお待ちください)	単語やフレーズの相性を意識しよう！ フレーズ1は、行動を制限する動詞waitやrefrain（▶261）とよくいっしょに使われる。

Day 11

空港・機内（アナウンス②）

258 transit
[trǽnsət]
名 通過、輸送

1. transit passengers
2. in transit

1. 乗り継ぎ客
2. 輸送中の[に]

259 coupon
[kúːpɑːn]
名 クーポン券
= voucher 名 割引券（▶248）

1. meal coupon
2. present a coupon

1. 食事券
2. クーポン券を渡す

260 limited
[límɪtɪd]
形 限られた
派 limit 名 限度、制限 動 〜を制限する

1. limited capacity
2. limited edition

1. 収容数が限られていること
2. 限定版

261 refrain
[rɪfréɪn]
動 差し控える

1. refrain from doing

1. 〜するのを控える

262 suspend
[səspénd]
動 〜を一時停止する
派 suspension 名 停止
= halt 動 〜を停止させる 名 停止

1. suspend service
2. suspend business

1. サービスを一時中断する
2. 一時休業する

劇場（アナウンス③）

263 prohibit
[proʊhíbət]
動 〜を禁止する
= ban 動 〜を禁止する
　 forbid 動 〜を禁止する

1. be strictly prohibited

1. 固く禁止されている

Transit passengers bound for Singapore, please proceed to Gate 7. （シンガポール行きへお乗り継ぎのお客様は、7番ゲートにお進みください）	「数字」と「場所」を聞け！ 《空港アナウンス》では、「ゲート番号」や「目的地」が狙われる。
Passengers awaiting delayed Flight 727 will be provided with a **meal coupon**. （遅延の727便をお待ちのお客様には、**お食事券**をお配りします）	TOEICワールドの航空会社は、サービス満点！ 飛行機が遅れると、航空会社から食事券がもらえちゃう。「クーポン券」は、新形式の図表問題でも出るので、登場回数は意外と多い。
Please be advised that the lounge has a **limited capacity**. （ラウンジは**収容人数に限りがある**のでご注意ください）	「数字」が設問のターゲット！ ラウンジ、ホール、ホテルでは「収容人数」が設問で問われる。
We request that you please **refrain from** using the lavatory during takeoff. （離陸する間は、化粧室の**ご使用をお控えく**ださい）	《機内》ルールの定型文！ 離着陸時に使用が禁止されるのは、「化粧室」と「電子機器」（electronic devices）。
We will be **suspending** our in-flight **service** in just a few minutes. （ほんの数分間、機内**サービスを一時中断い**たします）	トラブルがあると、機内サービスは中断する。 たとえば、①「乱気流（turbulence）に遭遇」⇒②「シートベルトを締める（fasten your seatbelt）よう指示が出される」⇒③「機内サービスを中断（suspend service）」という流れ。
The use of mobile phones in the theater **is strictly prohibited**. （劇場内での携帯電話のご使用は、**固く禁止**されています）	《劇場》では、「携帯」「喫煙」「飲食」が禁止！ be prohibitedとbe not allowed（▶279）の言い換えが出る。「禁止」＝「不許可」の発想の転換に慣れておこう。

264 performance
[pərfɔ́ːrməns]
- 名 上演、業績
- 派 perform 動 ～を行う、～を演じる

265 box office
- チケット売り場、興行収入

社内（アナウンス④）

266 apparatus
[æ̀pərǽtəs] ❗発音
- 名 装置
1. air-conditioning apparatus
   1. エアコン

267 fire drill
- 火災避難訓練

268 checkup
[tʃékʌ̀p]
- 名 健康診断、検査
1. medical checkup
2. dental checkup
   1. 健康診断
   2. 歯科検診

269 temporarily
[tèmpərérəli]
- 副 一時的に
- 派 temporary 形 一時的な
1. be closed temporarily
   1. 一時的に閉鎖される

270 routine
[ruːtíːn] ❗発音
- 形 いつもの、日常の
- 名 いつもの手順、日課
- 派 routinely 副 いつものように
1. routine maintenance
2. routine work
   1. 定期メンテナンス
   2. 日常の仕事

We would ask that you refrain from eating and drinking during the **performance**. (上演中の飲食はご遠慮いただいております)	**Q** business performanceの意味は? **A**「営業成績」。パート5、6、7では「業績、成績」の意味で出る。
You will have to wait in line at the **box office**. (**チケット売り場**では、列に並んでお待ちください)	チケット売り場は、昔は「箱型」をしていたので、boxが使われる。officeだけを聞いて、《社内アナウンス》と勘違いしてはダメ!
An new **air-conditioning apparatus** will be installed this weekend. (新しいエアコンは、今週末に設置されます)	《社内》アナウンスは2パターン。 会議や訓練などの①「業務連絡」か、建物の改修やパソコンのアップグレードなどの②「工事・メンテのお知らせ」。
A **fire drill** is scheduled for next Monday at 10:00 A.M. (火災避難訓練は、来週月曜日の午前10時から予定されています)	「業務連絡」パート1。 会議、訓練以外に「研修会」(training session)」の連絡もある。
We will conduct a **medical checkup** in early April. (健康診断を4月上旬に行います)	「業務連絡」パート2。 TOEICワールドの会社でも、年1回の検診(annual checkup)を義務づけているところが多い。
The headquarters building will **be closed temporarily** because of renovation work. (本社ビルは、改修工事のため**一時的に閉鎖**されます)	「工事・メンテのお知らせ」パート1。 設問では、工事の「場所」や「期間」が問われる。
Routine maintenance on the production line is scheduled next week. (生産ラインの**定期メンテナンス**が、来週予定されています)	「工事・メンテのお知らせ」パート2。 「工場」でのアナウンスだと、routine inspection(定期点検)も出る。

ツアーガイド

271 site [sáɪt]
- 名 **場所**、敷地
- 派 on-site 形 現場(で)の(▶636)
- = location 名 場所(▶043)

1. historical site — 名所旧跡
2. construction site — 工事現場

272 attract [ətrǽkt]
- 動 **〜を引きつける**
- 派 attractive 形 魅力的な
- attraction 名 魅力、アトラクション

1. attract tourists — 旅行者を魅了する
2. attract interest — 興味を引く

273 guided tour
- **ガイド付きのツアー**
- ⇔ self-guided tour　ガイドなしのツアー

274 approximately [əprɑ́:ksəmətli]
- 副 **約**、およそ
- 派 approximate 形 おおよその
- = about 副 約、およそ

1. last approximately two hours — 約2時間続く

275 destination [dèstənéɪʃən]
- 名 **目的地**

1. arrive at a destination — 目的地に着く

276 assembly [əsémbli]
- 名 **組み立て**
- 派 assemble 動 〜を組み立てる、〜をまとめる

1. assembly line — 組立ライン

We will show you around the **historical sites** during the tour. (このツアーでは、**名所旧跡**をご案内いたします)	《ツアーガイド》の流れをチェック！ ①「あいさつ」⇒②「ツアーの概要」⇒③「注意・禁止事項」が基本の流れ。ツアー開始の決まり文句は、I'll be your tour guide.(私がみなさまのツアーガイドを務めます)。
The exhibition **attracts** over one million **tourists** annually from all over the world. (その展覧会は毎年、世界中から訪れる100万人以上の**旅行者を魅了しています**)	《ツアーガイド》の「話し手」に注目！ Who is the speaker?(話し手はだれですか?)の設問が出たら、A tour guide.(ツアーガイド)を選べ！
Guided tours are available at 10 A.M and 2 P.M., Monday through Friday. (**ガイド付きツアー**は、月曜から金曜の午前10時と午後2時にご利用いただけます)	「時間」は設問のターゲット！ ツアーの開始時間や利用できる時間(曜日)も設問で狙われる。
The tour will **last approximately two hours**. (ツアーは、**約2時間かかります**)	「所要時間」も狙われる！ How long will the tour last?(ツアーはどのくらい時間がかかりますか?)があれば、「数字」を待ち伏せしよう！
We will make a brief stop at the Opera House before **arriving at our** final **destination**. (**最終目的地に到着する**前に、オペラハウスに少し立ち寄ります)	「訪問順序」のひっかけに注意！ What is the listeners' final destination?(聞き手の最終目的地はどこですか?)に対して、例文の「オペラハウス」はひっかけで不正解。
We'll start by going to the **assembly line** in our factory. (まずは、工場の**組立ライン**の見学から始めます)	《ツアー》には「工場見学」も出る！ 工場見学では、「開始場所」が問われる。ここでは、start by …(…から始める)を耳印に、「組立ライン」の選択肢を選ぼう。

277 craft
[krǽft]

名 **工芸(品)**、技能
動 ～をつくる
派 craftspeople 名 職人

278 precaution
[prɪkɔ́ːʃən]

名 **予防策**、用心

① safety precaution
① 安全上の注意事項

279 allow
[əláu] ❗発音

動 **～を許す**
派 allowance 名 承認、手当 (▶643)

① be not allowed to do
① ～することは許されない

1分でチェック！ 今回学習した単語の意味を言ってみよう。

- ① expect
- ② unexpected
- ③ Please be advised that
- ④ bound
- ⑤ notice
- ⑥ transit
- ⑦ coupon
- ⑧ limited
- ⑨ refrain
- ⑩ suspend
- ⑪ prohibit
- ⑫ performance
- ⑬ box office
- ⑭ apparatus
- ⑮ fire drill
- ⑯ checkup
- ⑰ temporarily
- ⑱ routine
- ⑲ site
- ⑳ attract
- ㉑ guided tour
- ㉒ approximately
- ㉓ destination
- ㉔ assembly
- ㉕ craft
- ㉖ precaution
- ㉗ allow

You can enjoy seeing traditional **craft** demonstrations such as pottery.
(陶器などの伝統**工芸品**の実演を見て楽しむことができます)

Q craftspeopleをほかの単語で言い換えると？
A artisan。これは、フランス由来の単語。

Before we begin our tour, I'd like to let you know some **safety precautions**.
(ツアーを始める前に、**安全上の注意事項を**お知らせします)

《ツアーガイド》の後半は、「注意・禁止事項」。
「園内の動物にエサをあげないでください」などの注意が述べられる。

You **are not allowed to** take photographs in the museum.
(美術館での写真撮影**は禁止されています**)

「禁止事項」は必ずチェック！
ここでは、館内での「写真撮影」が禁止事項。

答え

- ① 〜を予期する
- ② 予想外の
- ③ 〜をお知らせいたします。
- ④ 〜行きの
- ⑤ 通知
- ⑥ 通過、輸送
- ⑦ クーポン券
- ⑧ 限られた
- ⑨ 差し控える
- ⑩ 〜を一時停止する
- ⑪ 〜を禁止する
- ⑫ 上演
- ⑬ チケット売り場
- ⑭ 装置
- ⑮ 火災避難訓練
- ⑯ 健康診断、検査
- ⑰ 一時的に
- ⑱ いつもの、日常の
- ⑲ 場所
- ⑳ 〜を引きつける
- ㉑ ガイド付きのツアー
- ㉒ 約
- ㉓ 目的地
- ㉔ 組み立て
- ㉕ 工芸(品)
- ㉖ 予防策
- ㉗ 〜を許す

Day 12 ニュース／電話

ビジネスニュース（ニュース①）

280 merge [mə́ːrdʒ]
- 動 合併する
- 派 merger 名 合併
- ① merge with ... ① …と合併する

281 take place
- 行われる、開催される
- ≡ be held　開催される（▶121）

282 compete [kəmpíːt] ❗発音
- 動 競争する
- 派 competition 名 競争
  competitive 形 競争力のある（▶506）
- ① compete with ... ① …と競争する

283 executive [ɪɡzékjətɪv] ❗発音
- 名 役員、重役

284 establish [ɪstǽblɪʃ]
- 動 〜を確立する、〜を設立する
- 派 establishment 名 設立、施設
- ① establish a position ① 地位を築く
- ② establish a relationship ② 関係を築く
- ③ establish a company ③ 会社を設立する

> 会社は「合併」、道路は「工事」、天気は「悪い」。ニュースのパターンは、少し笑える。

Bolton Electronics has announced plans to **merge with** N.A. Co., Ltd. (ボルトン電子は、NA社**と合併する**計画を発表しました)	《ビジネスニュース》では、「合併」「役員人事」「新製品」の発表が定番。 まずはトークの冒頭から、何についての発表なのかを聞き取ろう！
What is scheduled to **take place** next month? (来月、何が**行われる**予定ですか？)	「合併ニュース」は最後に注目！ ニュース後半に今後の展望が述べられる。「来月、何が行われる予定か？」の設問には、「会議」と「本社移転」が正解の定番。
Domestic manufacturers are introducing better services to **compete with** foreign companies. (国内メーカーは、海外の企業**と競争する**ため、よりよいサービスを導入しています)	ゴルフコンペなどの「コンペ」は、competition（競争）の略。
Mr. Jackson is scheduled to meet with **executives** from Sheridan Trust this week. (ジャクソン氏は、今週シェリダン・トラスト社の**役員**と面会する予定です)	executiveは、ほぼ正解！ 《ビジネスニュース》の人物を問う設問では、A business executive（会社の重役）など、executiveを含む選択肢を選べ！
D-Mart has successfully **established its position** in California. (Dマートは、カリフォルニア州で**地位を築く**ことに成功しました)	「企業紹介」は、サラリが基本！ だれが創業して、どこで、何を作っているかなど、会社の説明はシンプル。設問で問われる箇所なので、聞き逃しは厳禁。

285 market
[máːrkət]
- 名 市場
- 動 ～を市場で売り出す
- 派 marketing 名 マーケティング

1. market share — 市場シェア
2. perform market research — 市場調査を行う

286 compare
[kəmpéər]
- 動 ～を比較する
- 派 comparison 名 比較
  comparable 形 比較できる

1. compared to ... — …と比較すると

287 employee
[ɪmplɔ́ɪiː]
- 名 従業員、社員
- 派 employ 動 ～を雇用する
  employer 名 雇用主
  employment 名 雇用
- 参 unemployment 名 失業(状態)

交通情報(ニュース②)

288 traffic
[trǽfɪk]
- 名 交通(量)

1. be closed to traffic — 通行止めである
2. traffic updates — 最新交通情報
3. traffic congestion — 交通渋滞

289 detour
[díːtʊər] ●発音
- 名 迂回路、回り道

290 closed
[klóʊzd]
- 形 (道などが)閉じた、閉店した
- 派 close 動 ～を閉める、閉まる
- ＝ blocked 形 閉鎖された

SMG took **market share** away from LC Electronics in the growing tablet market. (SMG社は、成長するタブレット市場で、LC電子から**市場シェア**を奪いました)	市場シェアでは、「数字」を聞け！ 程度を表す前置詞by（〜の差で）が耳印。by 10 percentのように、数字が来るのはbyのあと。
Compared to the previous year, total sales have increased by 20 percent. (前年**と比較すると**、総売上は20％増加しました)	売り上げでも「数字」が大事！ TOEICワールドの会社は、例文のように業績好調なところが多い。
The new recreation facilities will be provided for the **employees** of Capital Corp to promote good health. (その新しいレクリエーション施設は、健康を促進するために、キャピタル社の**従業員**に提供される予定です)	派生語もすべて重要。 employee⇔employerやemployment⇔unemploymentの関係を整理してね。
The Northwest Bridge will **be closed to traffic** overnight. (ノースウエスト橋は、一晩中**通行止め**となります)	渋滞の原因は、「道路工事」が多い！ ①「工事」⇒②「通行止め」⇒③「渋滞」、が基本的な流れ。迂回路などの「対処法」が設問のターゲット。
Drivers are advised to take Canal Road as a **detour** during the morning. (ドライバーのみなさん、午前中は**迂回路**としてカナル通りのご利用をお勧めします)	最もメジャーな「対処法」。 「迂回路」のほかに、「公共交通機関の利用」を勧めるパターンもある！
The left-hand lane is currently **closed**. (左側車線は現在**通行止め**です)	新形式、図表問題のキーワード！ 駐車場やハイキングコースの「閉鎖」にも使う。図表問題の「地図」では、閉鎖されて行けなくなった場所が問われる。

Day 12

291 present
[préznt]

1. at present
2. present a book
3. present an idea

名 現在
形 現在の、出席している
動 〜を贈る、〜を提示する [prɪzént]

1. 現在のところ
2. 本を贈る
3. 考えを述べる

292 transportation
[trænspərtéɪʃən]

1. public transportation
2. transportation facilities

名 交通機関、輸送
派 transport 動 〜を輸送する 名 交通機関、輸送

1. 公共交通機関
2. 交通機関

293 progress
[prɑ́:gres]

1. be in progress

名 前進、進歩
動 進歩する

1. 進行中である

天気予報(ニュース③)

294 warning
[wɔ́:rnɪŋ] ❗発音

1. issue a warning

名 警報、注意
派 warn 動 〜に警告する
= advisory 名 注意報、忠告

1. 警報を出す

295 inclement
[ɪnklémənt]

1. inclement weather

形 (天候が)荒れ模様の

1. 荒れ模様の天気

296 cause
[kɔ́:z]

1. cause delays
2. cause ... to do

動 〜を引き起こす
名 原因、理由

1. 遅れを引き起こす
2. …に〜させる

At present, the Watson Expressway is not affected. (現在のところ、ワトソン高速道路には影響ありません)	《交通情報》では、道路状況を把握して！ 「○○高速道路＝通行止め」、「△△通り＝渋滞」というように、音声を聞きながら「道路」と「状況」を頭の中で整理していこう。
You're better off using **public transportation** this weekend. (今週末は、公共交通機関を利用したほうがいいでしょう)	公共交通機関は、バスや鉄道など、だれでも利用できる乗り物のこと。
Roadwork on Route 17 **is** now **in progress**. (国道17号線の道路工事は、現在進行中です)	**Q** roadwork (道路工事) をフレーズで言い換えると？ **A** road construction。
The meteorological agency has **issued a** storm **warning** for Tokyo. (気象庁は、東京に暴風警報を出しました)	ニュースでは、《ビジネス》《交通情報》《天気予報》が出る。 戦争、犯罪、政治や宗教のニュースは、TOEICテストには出ない。
It is likely that we will have **inclement weather** in the late afternoon. (午後遅くから荒れ模様の天気になるおそれがあります)	天気はあまりよくない！ 《天気予報》では、豪雨 (heavy rain) や吹雪 (snowstorm) などの悪天候が出る。
Bad weather is **causing delays** at Toronto International Airport this morning. (悪天候のため、今朝のトロント国際空港では遅れが生じています)	悪天候で交通機関が遅れる。 《天気予報》は、娯楽番組の中で伝えられることもある。急に天気の話題になっても焦りは禁物！

Part 4 — Day 12

留守録メッセージ（電話①）

297 return [rɪtə́ːrn]
- 動 ～を返す、戻る
- 名 返却、返品

1. return one's call — （～に）折り返しの電話をする
2. return to the office — オフィスに戻る

298 remind [rɪmáɪnd]
- 動 (人)に思い出させる
- 派 reminder 名 (思い出させるための)注意、メモ(▶193)

1. remind A of B — AにBのことを思い出させる

299 regarding [rɪɡɑ́ːrdɪŋ]
- 前 ～に関して
- 派 regard 動 ～を見なす
- 参 regard A as B　AをBと見なす
- = about 前 ～に関して
- concerning 前 ～に関して(▶348)

300 appreciate [əpríːʃièɪt]
- 動 ～を感謝する、～を高く評価する
- 派 appreciation 名 感謝、評価

1. I'd appreciate it if ... — …だとありがたいのですが。

301 urgent [ə́ːrdʒənt]
- 形 緊急の
- 派 urgently 副 緊急に

1. urgent matter — 緊急事態
2. urgent issue — 緊急の問題

302 hesitate [hézətèɪt]
- 動 ためらう
- 派 hesitation 名 ためらい

1. don't hesitate to do — 遠慮なく～してください

I'm **returning your call** about the double bed you ordered.
(ご注文いただいたダブルベッドについて、折り返しのお電話をいたしました)

《留守録メッセージ》の流れをチェック!
①「あいさつ」⇒②「電話の目的」⇒③「相手への要望」の流れが定番。

I'm calling to **remind** you **of** your appointment on Monday, August 19.
(8月19日月曜日のご予約について思い出させる[確認する]ため、お電話いたしました)

確認するときの定番ワード!
電話での予約確認では、remindやconfirm(▶144)が頻出。例文は、This is to confirm your appointment on Monday ...で言い換え可能。

I received your e-mail **regarding** your hotel reservation for your stay in Tokyo.
(東京滞在時のホテルの予約に関して、メールを頂きました)

Q with regard to ...の意味は?
A 「〜に関して」。このフレーズはパート5でよく出る。

I'd appreciate it if you could call me back at 555-1718.
(555-1718まで折り返しお電話いただけるとありがたいのですが)

依頼するときのフレーズ。
ほかに、Let me know if ...(…か教えてください)やLook forward to doing(〜することを楽しみにしています)といった依頼フレーズも頻出。

If you have an **urgent matter**, please call our 24-hour hotline.
(緊急の際は、24時間ホットラインにお電話ください)

《留守録》の内容は、①「予約の確認」、②「質問・クレームへの回答」、③「(商品やサービスの)情報提供」が多い。

If you have any questions, please **don't hesitate to** contact us.
(ご質問がございましたら、ご遠慮なく連絡してください)

《留守録》シメの定型。
直訳「連絡するのをためらわないで」から、「遠慮しないで」のニュアンスがつかめるはず。

Day 12

自動音声ガイド（電話②）

303 You have reached ...
会 こちらは…です。

304 business [bíznəs]
名 業務、会社、商売、仕事
1. business hours — 1 営業時間
2. business card — 2 名刺
3. business administration — 3 企業経営
4. business trip — 4 出張
5. open a business — 5 開店[開業]する

305 note [nóut]
動 〜に注意する、〜を書きとめる
名 メモ
派 notable 形 注目すべき、有名な
1. Please note that ... — 1 …にご注意ください。
2. unless otherwise noted — 2 特に断りがない限り
3. noted artist — 3 著名な芸術家

306 at the moment
現在、ただ今
= currently 副 現在（▶167）
  right now 現在、今すぐに

307 stay on the line
電話を切らずに待つ

You have reached Pacific Electronics. (こちらはパシフィック・エレクトロニクス社です)	《音声ガイド》冒頭の定番フレーズ！ 《音声ガイド》の流れは、①「あいさつ」⇒②「サービスの案内」⇒③「用件別の番号案内」。
Our regular **business hours** are Monday through Friday from 9 A.M. to 5 P.M. (通常の営業時間は、月曜から金曜の午前9時から午後5時までです)	TOEIC全パートの重要語！ ほかに、business merger（企業合併）、business competitor（競合会社）、small business（中小企業）のフレーズも押さえておきたい。
Please note that your résumé will not be returned. (履歴書は返却されませんのでご注意ください)	設問で「応募の注意点」が問われる。 ここでは、選択肢The résumé will not be returned.（履歴書は返却されない）が正解。
We can't take your call **at the moment**. (ただ今電話に出ることができません)	《自動音声ガイド》の場合は、例文のあとに、用件別の番号案内「〜の場合は…を押してください」が続く。
Please **stay on the line**, and a customer service representative will be with you shortly. (電話を切らずにお待ちください。顧客サービス担当者がすぐに電話に出ます)	担当者と話すパターン。 Why would the listeners stay on the line?（聞き手はなぜ電話を切らずに待つのですか？）の設問が出たら、例文の部分がヒントになるね。

Day 12

308 previous
[príːviəs] ❗発音

形 **前の、以前の**
派 previously 副 以前に[は]
= former 形 前の(▶694)
　prior 形 前の(▶382)

1 previous message
2 previous work experience

1 前のメッセージ
2 これまでの業務経験

✓ 1分でチェック！ 今回学習した単語の意味を言ってみよう。

- ① merge
- ② take place
- ③ compete
- ④ executive
- ⑤ establish
- ⑥ market
- ⑦ compare
- ⑧ employee
- ⑨ traffic
- ⑩ detour
- ⑪ closed
- ⑫ present
- ⑬ transportation
- ⑭ progress
- ⑮ warning
- ⑯ inclement
- ⑰ cause
- ⑱ return
- ⑲ remind
- ⑳ regarding
- ㉑ appreciate
- ㉒ urgent
- ㉓ hesitate
- ㉔ You have reached
- ㉕ business
- ㉖ note
- ㉗ at the moment
- ㉘ stay on the line
- ㉙ previous

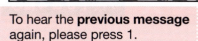

To hear the **previous message** again, please press 1.
(もう1度いまのメッセージを聞くには、1を押してください)

「…を押してください」パターン。press Xの数字は、設問のターゲット。フレーズ2は、パート7の《求人広告》で出る。

答え

- ① 合併する
- ② 行われる
- ③ 競争する
- ④ 役員
- ⑤ 〜を確立する、〜を設立する
- ⑥ 市場
- ⑦ 〜を比較する
- ⑧ 従業員、社員
- ⑨ 交通(量)
- ⑩ 迂回路
- ⑪ 閉じた
- ⑫ 現在
- ⑬ 交通機関
- ⑭ 前進、進歩
- ⑮ 警報
- ⑯ 荒れ模様の
- ⑰ 〜を引き起こす
- ⑱ 〜を返す、戻す
- ⑲ 〜に思い出させる
- ⑳ 〜に関して
- ㉑ 〜を感謝する
- ㉒ 緊急の
- ㉓ ためらう
- ㉔ こちらは〜です。
- ㉕ 業務、会社、商売、仕事
- ㉖ 〜に注意する
- ㉗ 現在、ただ今
- ㉘ 電話を切らずに待つ
- ㉙ 前の、以前の

新形式で出るフレーズ パート3&4編❷

パート3と4の図表(graphic)でよく使われる単語やフレーズをまとめました。図表内の文字数は多くないので、ここで頻出表現を押さえておけば実戦で大いに役立ちます。

【図表問題の設問例】
Look at the graphic. Why is the discount voucher rejected?
(図表を見てください。なぜ割引券は受け付けられないのですか?)

注文書　「商品名」や「注文数」が書かれた表。	
☐ order form	注文書
☐ purchase order	注文書、発注書
☐ payment terms	支払条件 ❶いつまでに代金を支払うかといった条件。
☐ item	品目
☐ quantity of order	注文数(量)
☐ delivery date	納期
☐ fabric	素材

割引券　「バーコード」がついている物が多い。	
☐ discount coupon	割引券 ❶discount voucherも同じ意味。
☐ purchase	購入(品)
☐ *be* subject to change	変更される場合がある
☐ Expires 7/3	有効期限　7月3日
☐ VALID 1/3 – 1/15	1月3日〜1月15日まで有効
☐ minimum order	最低発注量

商品ラベル	商品に貼られた、「成分表示」のシールなど。
☐ content	内容物、中身
☐ nutrition	栄養 ❗ nutrition informationで「栄養成分表」。
☐ active ingredients	有効成分
☐ calorie	カロリー
☐ fat	脂肪
☐ protein	タンパク質
☐ sodium	ナトリウム

地図・案内図	トレッキングコースなどの「地図」、店内の「見取り図」。
☐ track	道、通路
☐ trail	道、小道
☐ information desk	案内所、受付 ❗ visitor centerは「観光案内所」。
☐ floor directory	売り場案内 ❗ office directory（事務所案内）も出る。
☐ food court	フードコート ❗ セルフサービス式の飲食スペースのこと。
☐ reception	フロント、受付
☐ entrance	入口、玄関
☐ stairway	階段

調査結果　グラフや表にまとめられた「アンケートなどの結果」。	
☐ **customer feedback**	顧客の意見
☐ **excellent**	優れている ❶以下、poorまでは商品などの評価表現。
☐ **fair**	まあまあよい
☐ **poor**	よくない
☐ **fill out ...**	…に記入する
☐ **inquiry**	問い合わせ
☐ **occupation**	職業
☐ **market share**	マーケットシェア
☐ **production**	産出量、生産高
☐ **unit sales**	販売台数

このほか、《スケジュール》、《価格表》、《チケット》、《説明書》などの図表も出題されますが、特に難しい語彙は出てきません。

リーディングセクション

パート５＆６
（短文＆長文穴埋め問題）
で出る単語

309 steadily ▶▶▶ 538 range

ターゲットは**230**語

パート5 & 6の単語対策

- 問題数はパート5が30問、パート6が16問。
- パート5は短文、パート6は長文が出題される。
- 選択肢の中から最も適切な語句や文を選び、英文を完成させる。

■ 攻略のポイント

英文の【トピック】から攻略しよう！

　パート5と6では、文の【トピック】に注目しましょう。パート5の多くの英文では、《販売》、《広告》、《経済》、《経営》といった「ビジネス系」の【トピック】を取り上げています。また、パート6では、「メール」、「広告」、「記事」といった文書が出ますが、こちらも内容は「ビジネス系」です。

パート5 & 6の頻出トピック

販売	Day 13	計画	Day 16	禁止・罰金	Day 19
広告	Day 13	連絡	Day 17	経済	Day 20
顧客サービス	Day 14	立場・役割	Day 17	市場	Day 20
マーケティング	Day 14	評価	Day 17	経営	Day 21
生産・製品	Day 15	求人	Day 18	社会・行政	Day 21
施設	Day 15	資格・条件	Day 18	環境	Day 21
配送	Day 15	制度	Day 18	ホテル	Day 21
仕入れ・在庫	Day 15	職場環境	Day 18	レストラン	Day 21
交渉・契約	Day 16	ルール	Day 19		

■ 単語の覚え方

　今回のパートでは、派生語の「品詞」と「接尾辞」（単語の一番後ろの部分）も強く意識してください。Day 13のeffective（▶330）を見てみましょう。ここでは、effect（名詞）、effectively（副詞）、effectiveness（名詞）と派生語を3つ紹介していますね。これら派生語の品詞を知っていると、パート5や6の「品詞問題」でとても有利になります。例えば、次のような問題の場合、

------- advertising is expected to an increase awareness of our products.

(A) Effect
(B) Effectively
(C) Effective
(D) Effectiveness

｝品詞がバラバラ！

「------＋名詞（advertising）」の形から、空所には名詞を修飾する(C)の形容詞が入ることがわかります。「品詞問題」では、品詞の知識さえあれば英文の意味を取らなくても一瞬で解答できるのです。

ですが、空所に形容詞が入るとわかっても、選択肢のどれが形容詞かがわからないと解答できません。そんなときに役立つのが「接尾辞」です。-lyは「副詞」、-iveは「形容詞」、-nessは「名詞」など、「接尾辞」から品詞を見分けられるようにしておきましょう。

■ パート5の問題パターン

（1）品詞問題

選択肢にバラバラの品詞が並んでいたら「品詞問題」。空所前後の形から、空所に入る品詞を特定します。品詞問題は、英文の意味を取らなくてもOKです。

（2）文法問題

Car production ------- at the Shanghai factory.

(A) has been interrupted
(B) to interrupt
(C) interrupting
(D) has interrupted

動詞interruptの変化形！

選択肢に、ある単語の変化形が並んでいたら「**文法問題**」。ここでは文の構造に注目しましょう。主語car production（自動車の生産）と述語interrupt（〜を中断する）の関係から、受け身の選択肢(A)が正解です。

（3）語彙問題

Diana Shoe Company has experienced a steep ------- in sales.

(A) preference
(B) decline
(C) inspection
(D) distribution

すべて名詞だが、意味が異なる！

選択肢に「同じ品詞で意味が異なる単語」が並んでいたら「**語彙問題**」。単語と単語の相性（コロケーション）や文意から解答します。ここでは、空所直前のsteep（急激な）と相性のいい(B)が正解。steep declineで「急激な減少」という意味です。

Day 13 販売／広告

販売

309 steadily [stédəli]
副 着実に
派 steady 形 着実な、安定した
① grow steadily — 着実に伸びる
② increase steadily — 着実に増える

310 A rather than B
Bよりもむしろ A
参 would rather do 〜するほうがいい

311 probable [prá:bəbl]
形 ありそうな
派 probably 副 おそらく (▶777)
= likely 形 ありそうな (▶776)
　possible 形 起こりえる (▶156)
① It is highly probable that ... — …の可能性が極めて高い。

312 subscription [səbskrípʃən]
名 定期[予約]購読
派 subscribe 動 定期[予約]購読する
① trial subscription to ... — …のお試し購読

313 successful [səksésfl]
形 成功した
派 success 名 成功
　succeed 動 成功する (▶413)
① become successful — 成功する

コメントの「テスト・ポイント」を必ずチェック！ 出題パターンがわかると、勉強がラクになるよ。

Sales of electronic books have been **growing steadily**. (電子書籍の売り上げは、**着実に伸びています**)	副詞の「語彙問題」を攻略して、ハイスコアを目指そう！ 最近、増加傾向にあるので、〈動詞＋副詞〉のペアは特に大事。
The campaign for the new line of watches will focus on their unique designs **rather than** on quality. (新しい腕時計のキャンペーンでは、品質**よりもむしろ**個性的なデザインに重点を置いています)	A＞Bのイメージ。 例文の「デザイン」と「品質」のように、AとBには同じ要素（比較できるモノ）がくる。
It is highly probable that UG Inc. will have a summer clearance sale. (UG社が夏物一掃セールを行う**可能性は極めて高いです**)	highlyが目のつけどころ！ 「語彙問題」の空所で出る。副詞のhighlyを目印に、probableを速攻で選ぼう。
Ms. Lee will request a FREE three month **trial subscription to** *Daily Trendy*. (リーさんは、『デイリー・トレンディ誌』の3カ月無料**のお試し購読**に申し込むつもりです)	toも意識しよう。 動詞のsubscribeも、subscribe to a podcast（ポッドキャストを購読する）のようにtoを使う。
That grocery store **became successful** due to its competitive prices. (その食料品店は、低価格戦略で**成功しました**)	〈become＋形容詞〉は「品詞問題」の基本！ 選択肢にはsuccessの派生語がズラリ。becomeの直後には形容詞が続くので、速攻で選ぼう！

Day 13

314 profit
[prá:fət]

名 利益
派 profitable 形 利益になる (▶501)
⇔ loss 名 損失

1 sales profit
2 increase profits

1 売上利益
2 利益を増やす

315 various
[véəriəs]

形 さまざまな
派 vary 動 ～を変える、変わる
variety 名 多様性

1 various factors
2 various causes

1 さまざまな要因
2 さまざまな原因

316 remain
[rɪméɪn]

動 ～のままである、残る
派 remainder 名 残り、余り

1 remain unchanged
2 remain open
3 remaining balance

1 変化していない
2 引き続き営業を続ける
3 残高、残りの金額

317 outlook
[áʊtlùk]

名 見通し、展望

1 sales outlook
2 economic outlook

1 売上の見通し
2 経済の見通し

318 economical
[èkəná:mɪkl]

形 経済的な、コストがかからない
派 economic 形 経済の (▶482)

1 economical product
2 economical car

1 低コストの製品
2 低燃費の車

319 considerably
[kənsídərəbli]

副 かなり
派 considerable 形 かなりの、重要な
consider 動 ～と考える
consideration 名 考慮
= significantly 副 かなり (▶365)

1 increase considerably

1 かなり増加する

D-Chemical is expected to increase its **sales profits** for this quarter. (Dケミカル社は、今四半期の売上利益が増加すると予想されています)	《販売》トピックで出まくり！ 〈収入(revenue)－費用(expense)〉＝「利益(profit)」。
The current eco-friendly car boom is the result of **various factors**. (いま流行りのエコカーブームは、さまざまな要因によってもたらされました)	「品詞問題」で出る。〈(形容詞)＋名詞〉のパターンで、空所は形容詞variousが正解。〈(名詞)＋of〉では、名詞varietyを選ぼう。a variety of ...で「さまざまな…」という意味。
Foreign sales have **remained unchanged** for five years. (海外売上高は、5年間変化していません)	〈remain＋(形容詞)〉のパターンを見抜け！ becomeと同じように、「形容詞」が空所で問われる。
Wong Technologies is concerned about its **sales outlook** for this year. (ウォン・テクノロジー社は、今年の売上見通しに不安を抱えています)	メールソフトで有名。 ある場所からの「眺め、展望」(＝view)から、物事の「見解」や将来の「見通し」(＝prospect)へと意味をつなげよう。
Mr. Wang is dedicated to developing **economical products**. (ワンさんは、低コストの製品を開発することに打ち込んでいます)	**Q** economicalをほかの単語で言い換えると？ **A** cheap、reasonable (▶383)、affordable (▶537)、inexpensive。
The total sales in this area have **increased considerably**. (この地域の総売上は、かなり増加しています)	「品詞問題」で迷ったら、副詞を選べ！ 〈動詞＋副詞〉パターンの出題頻度は高い。「品詞問題」で迷ったら、-lyで終わる「副詞」を選ぼう。

Day 13

320 modify
[máːdəfài]
派 modification 名 変更、修正

1. modify a price — 価格を変更する
2. modify a document — 書類を修正する

動 ～を変更する、～を修正する

321 quote
[kwóut]
動 ～の値付けをする、～を引用する
名 相場、見積もり
派 quotation 名 相場、見積もり
参 quota 名 ノルマ

1. quote a price — 値を付ける
2. current quote — 現在の株価
3. receive a quote — 見積もりをもらう

322 accurate
[ǽkjərət]
形 正確な
派 accurately 副 正確に
　　accuracy 名 正確さ
⇔ inaccurate 形 不正確な

1. accurate data — 正確なデータ

323 decline
[dikláin]
名 減少
動 減少する、～を断る

1. steep decline in sales — 売り上げの急激な減少
2. decline an offer — 申し出を断る

324 outlet
[áutlèt]
名 直販店、排水口、コンセント

1. online outlet — オンラインショップ
2. outlet mall — アウトレット、直販店

325 estimate
[éstəmèit]
動 ～を見積もる
名 見積もり [éstəmət]
派 estimation 名 見積もり

Woo Computing will have to **modify** all product **prices**. (ウー・コンピューター社は、すべての製品価格を変更しなければなりません)	**Q** modifyをほかの単語で言い換えると? **A** changeやrevise (▶124) が言えればOK。
The stock **price** is currently **quoted** at ten dollars and seventy-three cents per share. (その株は現在、1株10ドル73セントの値が付けられています)	TOEICでは、「引用する」よりも、「値付けをする」のほうが出る。株価は常に動くので、currently (現在は ▶167) と相性がいい。
Ms. Kato has reported **accurate data** for the annual sales report. (カトウさんは、年間販売報告書の**正確なデータ**を報告しました)	〈(形容詞)＋名詞〉パターンで出る。 「品詞問題」の好例。空所の直後に名詞があれば、形容詞のaccurateが正解!
Diana Shoe Company has experienced a **steep decline in sales**. (ダイアナ・シュー社は、売り上げの急激な減少を経験しました)	ペアの形容詞に注意。 〈(形容詞)＋decline〉パターンの「語彙問題」で出る。(steep) decline (急激な落ち込み) や (slight) decline (わずかな減少) など、declineとペアの「形容詞」が空所のターゲット。
E-Mall has launched an **online outlet** to sell a variety of goods. (E-モール社は、様々な商品を販売する**オンラインショップ**を立ち上げました)	「出口」のイメージでつなげよう。 商品が出て行くのは「直販店」、水だと「排水口」、電気では「コンセント」だね。
The development cost for the new products is **estimated** at $1 million. (新製品の開発コストは、100万ドルになると**見積もられています**)	ビジネスで「見積もり」は必須! 見積もりとは、商品やサービスをやり取りする前に、金額などをざっくり計算すること。

Day 13

広告

326 advertising
[ǽdvərtàɪzɪŋ]

名 広告
派 advertise **動** 〜を宣伝する
　　advertisement **名** 広告

1. advertising campaign
2. advertising strategy
3. advertising agency

1. 広告キャンペーン
2. 広報戦略
3. 広告代理店

327 attention
[əténʃən]

名 注目、注意

1. attract attention
2. pay attention
3. call *one's* attention

1. 注目を集める
2. 注意を払う
3. 〜の注意を喚起する、〜に知らせる

328 feature
[fíːtʃər] ❗発音

動 〜を特集する、〜を呼び物にする
名 特徴、呼び物

1. be prominently featured
2. main feature of ...

1. 目立って特集される
2. …の主な特徴

329 review
[rɪvjúː]

動 〜を見直す、〜を批評する
名 (再)検討、批評

1. review a project
2. review a customer complaint
3. receive a good review

1. 計画を見直す
2. 顧客の苦情を検討する
3. 良い評価を得る

330 effective
[ɪféktɪv]

形 効果的な、(法律などが)有効な
派 effect **名** 効果、影響
　　effectively **副** 効果的に
　　effectiveness **名** 有効性

1. effective advertising
2. become effective
3. effective today

1. 効果的な広告
2. 実施される
3. 今日から、今日付で

The **advertising campaign** will be developed starting next month. (広告キャンペーンは来月から展開されます)	「広告」に関する話題は多い！ 派生語も含めて、パート1以外の全パートで出る超重要語。
The advertising campaign is **attracting** a great deal of **attention** from the media. (その広告キャンペーンは、マスコミから大きな注目を集めています)	「注意喚起」のAttention。 パート4の《アナウンス》やパート7《公共のお知らせ》の出だしワードとしても有名。
The latest computer from Pear Inc. **is prominently featured** in this month's *QWERTY* magazine. (ピアー社の最新コンピューターが、今月号の『クワーティ誌』で目立って特集されています)	アーティストがゲストで楽曲に参加することを、「フィーチャリング(feat.)だれだれ」と言うよね。
The PR department **reviewed a project** concerning magazine advertising. (広報部は、雑誌広告に関する計画を見直しました)	「カスタマーレビュー」(お客さまのご意見)でおなじみ。 〈re(再び)＋view(見る)〉＝「再び見る」⇒「見直す」だね。
Effective advertising is expected to increase awareness of our products. (効果的な広告によって、当社の商品の認知度が高まることが期待されています)	「品詞問題」の空所で出る。 フレーズ2や3も重要。応用編cost-effective(費用効果の高い)も覚えておこう！

Day 13

331 appropriate
[əpróupriət]

形 **適切な**、妥当な
派 appropriately 副 適切に
= proper 形 適切な (▶212)
⇔ inappropriate 形 不適切な

332 indispensable
[ìndispénsəbl]

形 **不可欠の**、必須の
= essential 形 不可欠の (▶588)

① be indispensable to ...　　① …に不可欠である

✔ 1分でチェック！　今回学習した単語の意味を言ってみよう。

- ① steadily
- ② A rather than B
- ③ probable
- ④ subscribe
- ⑤ successful
- ⑥ profit
- ⑦ various
- ⑧ remain
- ⑨ outlook
- ⑩ economical
- ⑪ considerably
- ⑫ modify
- ⑬ quote
- ⑭ accurate
- ⑮ decline
- ⑯ outlet
- ⑰ estimate
- ⑱ advertising
- ⑲ attention
- ⑳ feature
- ㉑ review
- ㉒ effective
- ㉓ appropriate
- ㉔ indispensable

The advertising strategy seems **appropriate** from the perspective of the customers. （その広告戦略は、消費者の観点からも**適切**だと思われます）	be appropriate for ... も大事。 「…にふさわしい」の意味。This book is appropriate for beginners.で、「この本は初級者向けです」。
A catchy logo design **is indispensable to** this advertising campaign. （人目を引くロゴデザインが、この広告キャンペーン**には不可欠です**）	不可欠＝すごく重要。 強調するときのおきまりワード。〈in（〜ない）＋dispense（分配する）＋able（〜できる）〉＝「分配できない」⇒「不可欠の」。

答え

- ① 着実に
- ② BよりもむしろA
- ③ ありそうな
- ④ 定期［予約］購読
- ⑤ 成功した
- ⑥ 利益
- ⑦ さまざまな
- ⑧ 〜のままである、残る
- ⑨ 見通し
- ⑩ 経済的な
- ⑪ かなり
- ⑫ 〜を変更する
- ⑬ 〜の値付けをする、相場
- ⑭ 正確な
- ⑮ 減少、減少する
- ⑯ 直販店
- ⑰ 〜を見積もる
- ⑱ 広告
- ⑲ 注目、注意
- ⑳ 〜を特集する、特集
- ㉑ 〜を見直す、（再）検討
- ㉒ 効果的な、有効な
- ㉓ 適切な
- ㉔ 不可欠の

Day 14 顧客サービス／マーケティング

顧客サービス

333 be subject to ...
[sʌ́bdʒekt]

…しがちである、…次第である

参 subject 名 主題、メールの件名、対象

1. be subject to change
1. 変更される場合がある

334 launch
[lɔ́ːntʃ] ❗発音

動 ～を開始する、～を発売する
名 開始、発売
= start 動 ～を開始する 名 開始

1. launch a campaign
2. launch a new product
3. launch a Web site

1. キャンペーンを開始する
2. 新製品を発売する
3. ウェブサイトを立ち上げる

335 on average
[ǽvərɪdʒ]

平均して

参 average 名 平均
　　　　　動 平均すると～になる

336 fee
[fíː]

名 料金、手数料

1. service fee
2. registration fee
3. membership fee

1. サービス料金、手数料
2. 登録料
3. 会費

337 admission
[ədmíʃən]

名 入場（料）、入学

派 admit 動 ～を認める

1. admission fee
2. admission ticket

1. 入場料、入学金
2. 入場券

338 comprehensive
[kɑ̀ːmprɪhénsɪv]

形 総合的な、包括的な

派 comprehension 名 理解
　　comprehend 動 ～を理解する

1. comprehensive service
2. comprehensive list
3. comprehensive knowledge

1. 総合的なサービス
2. 総合目録
3. 広い知識

TOEICでは、セールやキャンペーンが多い。特有のアピール表現に慣れてね。

The prices **are subject to change** without notice. （価格は通知なしに変更される場合があります）	**多義語の代表。** subjectの意味は文脈で変わる。「メール」だと「件名」の意味。フレーズ1は、パート7の「広告」や「スケジュール」で出るよ！
Transco Ltd. has **launched an** advertising **campaign** to exploit the new market. （トランスコ社は、新しい市場を開拓するために広告キャンペーンを開始しました）	**空所で出まくり！** product launch（商品の発売）のような、〈名詞＋名詞〉フレーズにも注意。exploitは「（市場など）を開拓する」の意味。
The amusement park draws 10,000 visitors a day **on average**. （その遊園地には、平均して1日1万人の客が訪れます）	**Q** onフレーズ、①on displayと②on timeの意味は？ **A** ①「陳列して」（▶038）、②「時間通りに」（▶152）。
Customers will be charged a $10 **service fee** when purchasing tickets at the counter. （窓口でチケットを購入する際は、10ドルの手数料がかかります）	**お金の話題は鉄板！** 「料金」の2f（エフ）、feeとfare（▶141）はパート3や4にも出る。
The **admission fee** to the amusement park has doubled over the past two years. （その遊園地の入場料は、この2年間で2倍になりました）	**選択肢admissionを選べ！** 「品詞問題」で出る。正解の確率が高いので、迷ったら選択肢admissionをマークしよう！
This hotel provides **comprehensive services** for international travelers. （当ホテルは、総合的なサービスを国際旅行者に提供しています）	総合的なサービスとは、「宿泊や食事など、必要なものすべてを含む幅広いサービス」の意味。会社やホテルの紹介文で出るよ。

Day 14

339 as much as ...
…もの、…と同程度に

1. as much as 30 percent
2. as much as possible

1. 30%もの
2. できる限り

340 be satisfied with ...
[sǽtəsfàɪd]

…に満足している

参 satisfy 動 ～を満足させる
派 satisfaction 名 満足
　 satisfactory 形 満足な、十分な

341 guarantee
[gèrəntíː]

動 ～を保証する
名 保証(書)
＝ warranty 名 保証(書)(▶251)

342 offer
[ɔ́(ː)fər]

動 ～を提供する、～を申し出る
名 申し出、提案

1. offer a spectacular view
2. offer an opportunity
3. accept *one's* offer

1. 壮大な眺めを提供する
2. チャンスを与える
3. ～の申し出を受け入れる

343 catering
[kéɪtərɪŋ]

名 仕出し、ケータリング
派 cater 動 (料理)を仕出し[提供]する

1. catering company
2. catering service

1. 仕出し業者
2. 仕出しサービス

344 consult
[kənsʌ́lt]

動 ～に相談する、～を参考にする
派 consultant 名 コンサルタント、相談役
　 consultation 名 相談

1. consult a manual
2. consult an attorney

1. 説明書で調べる
2. 弁護士に相談する

0　　　　　　　344　　　　　　　　　　777

Card holders can get **as much as 30 percent** off on all items. （カード会員の方は、すべての商品を**30%もの割引**で購入できます）	**Q**「…より2倍大きい」をas … asを使って言うと？ **A** twice as big as ….「3倍」以上は、three times as big as …のように〜 timesを用いる。
Most of our customers **are** highly **satisfied with** the quality of our service. （ほとんどの顧客は、弊社のサービスの質に十分**満足しています**）	TOEICワールドのお客は、サービスに満足！ サービスや商品の「顧客アンケート」は、TOEICの頻出トピック。派生語も押さえてね。
Edwin Associates **guarantees** high customer satisfaction on all its products. （エドウィン・アソシエイツ社では、お客さまがすべての製品に満足いただけること**を保証します**）	会社案内＝会社アピール。 アピールなので、大げさなのが特徴。パート7の《会社案内》や《広告》にも出る。
The condominium **offers spectacular views** of the harbor and ocean. （そのマンションは、港と海の**壮大な眺めを提供します**［が望めます］）	毎回必ず出る最重要ワード。 空所で出るので、フレーズで覚えて攻略しよう。日本でも「仕事のオファーが来た！」などと言うね。
Our farm sells fresh vegetables directly to the **catering company**. （私たちの農場は、新鮮な野菜を**仕出し業者**に直接販売しています）	TOEICはケータリング好き！ 「ケータリング」は、料理を宅配するサービス。TOEICワールドではオフィス・パーティーが多いので高頻度。
Please **consult the** instruction **manual** before using this microwave oven. （この電子レンジをご使用になる前に、取扱**説明書をご覧**ください）	困ったときの必須ワード！ 医者や辞書など、専門性の高い人やモノから問題解決のヒントを得るときに使われる。

Day 14

345 utilities
[juːtíləntiz]
名 [複数形で] 公共料金
1. include all utilities — すべての公共料金を含む
2. pay utilities — 公共料金を支払う

346 payment
[péɪmənt]
名 支払い
派 pay 動 ～を支払う
1. make a payment — 支払いをする
2. full payment — 全額支払い
3. payment due — 未払い金

347 inquiry
[ínkwəri] ❶発音
名 問い合わせ、質問
派 inquire 動 たずねる
1. inquiry about ... — …についての問い合わせ
2. respond to an inquiry — 問い合わせに答える

348 concerning
[kənsə́ːrnɪŋ]
前 ～に関して
派 concern 動 ～を心配させる
   名 心配 (▶686)
= regarding 前 ～に関して (▶299)
1. concerning *one's* purchase — ～の購入に関して
2. answer questions concerning ... — …に関する質問に答える

349 questionnaire
[kwèstʃənéər]
名 アンケート（用紙）
1. fill out a questionnaire — アンケート用紙に記入する

マーケティング

350 preference
[préfərəns]
名 好み、優先権
派 prefer 動 ～を好む
   preferable 形 望ましい、好ましい
   preferred 形 望ましい
1. consumer preference — 消費者の好み

The rent is €900 per month, and **includes all utilities**. (家賃は1ヵ月900ユーロで、**公共料金も**すべて含まれています)	utilityには形容詞で、「実用的な、役に立つ」の意味もある。日本でも「ユーティリティープレーヤー」と言ったりするよね。
It's convenient to **make a payment** on your bill securely online with EasyPay. (請求書の**お支払い**をするのに、イージーペイの安全なオンラインのご利用が便利です)	**Q** ①「クレジットカード支払い」、②「オンライン決済」を英語で言うと？ **A** ①credit card payment、②online paymentが正解。
Thank you for your **inquiry about** our latest catalog. (弊社の最新カタログについて、**お問い合わせ**いただきありがとうございます)	「問い合わせ」の定型文。 パート7の《メール》でも出る。動詞フレーズinquire about ...（…についてたずねる）も覚えてね。
Please contact us if you have any questions **concerning your purchase**. (**ご購入に関して**質問がございましたら、ご連絡ください)	~ingだけど、(動)名詞ではなく「前置詞」。 このタイプの単語では、ほかにregardingも押さえておこう。
Please **fill out the** attached **questionnaire** and return it in the enclosed envelope. (添付の**アンケート用紙に記入して**、同封の封筒でご返信ください)	TOEICはアンケート好き！ パート7の《記入用紙》でも登場。アンケート文書の表現は、いつも一緒なので暗記しよう。
The company launched a full-scale market research survey to find out about **consumer preferences**. (その会社では、**消費者の好み**を探るために本格的な市場調査を開始しました)	パート7ではpreferredが出る！ 《求人広告》の募集条件では、A university degree is preferred.（大学の学位がある方優遇）が決まり文句。

Day 14

351 reliable
[rɪláɪəbl]

形 信頼できる
派 rely 動 頼る
reliability 名 信頼性
= dependable 形 信頼できる

① reliable system
② reliable advice

① 信頼できるシステム
② 信頼できるアドバイス

352 overview
[óʊvərvjùː]

名 概要、要旨
= outline 名 概要
summary 名 要旨（▶677）

① provide a brief overview

① 概要を説明する

353 cover
[kʌ́vər]

動 ～を扱う、～を覆う、～を負担する、～を報道する
名 表紙、カバー
派 coverage 名 報道（▶518）

① cover a variety of topics
② cover the table
③ cover shipping costs

① 様々なテーマを扱う
② テーブルを覆う
③ 送料を負担する

354 sufficient
[səfíʃənt]

形 十分な
派 sufficiently 副 十分に
= enough 形 十分な 副 十分に
abundant 形 豊富な（▶743）
plentiful 形 豊富な

① sufficient budget
② sufficient discussion

① 十分な予算
② 十分な議論

355 substantial
[səbstǽnʃəl]

形 かなりの
= considerable 形 かなりの（▶319）
significant 形 かなりの（▶365）

① substantial experience
② substantial salary raise

① かなりの経験
② 大幅な昇給

Ms. Foster has created a **reliable system** for collecting customer research. （フォースターさんは、顧客調査を収集する**信頼できるシステム**を構築しました）	〈a＋(形容詞)＋名詞〉パターン。 「品詞問題」は、空所前後のカタチに注目しよう。空所の後ろに名詞があれば、形容詞が正解だよね。
Ms. Brown has **provided a brief overview** of this marketing research report. （ブラウンさんは、今回のマーケティング調査報告書の**概要を説明しました**）	概要とは、「大体のあらまし、重要ポイントのまとめ」。〈over（上）＋view（見る）〉＝「上から見る」でイメージしよう。
The market research report **covered a variety of topics**. （その市場調査報告書では、**様々なテーマを扱いました**）	くせ者coverを攻略せよ！ シチュエーションで意味がコロコロ変わる。フレーズ2は、パート1のThe table is covered with a tablecloth.（テーブルにはテーブルクロスが敷かれている）の写真で出る。
The marketing department needs to secure a **sufficient budget** for the spring campaign. （マーケティング部は春のキャンペーンに向けて、**十分な予算**を確保する必要があります）	**Q** sufficientの反意語は？ **A** insufficient（不十分な）。接頭辞のinやimは、「〜でない」の意味。
Mr. Brown has **substantial experience** in package design. （ブラウンさんは、パッケージデザインで**かなりの経験**があります）	「語彙問題」の空所で出る。 フレーズで覚えておくと一瞬で解ける。パート7では、considerableなどの言い換え表現がポイント！

Day 14

356 a great deal of ...

かなりたくさんの…
= a good deal of ... かなりたくさんの…

1. a great deal of effort
2. a great deal of experience

1. 多大な努力
2. 多くの経験

357 strive
[stráɪv]

動 努力する
= struggle 動 努力する

358 clarify
[klérəfàɪ]

動 〜を明らかにする
派 clarity 名 明確さ、明瞭さ
   clarification 名 明確化、説明
= clear up ... …を明らかにする、…を片づける

1. clarify details
2. clarify differences

1. 詳細を明らかにする
2. 違いを明確にする

1分でチェック！ 今回学習した単語の意味を言ってみよう。

- ① be subject to
- ② launch
- ③ on average
- ④ fee
- ⑤ admission
- ⑥ comprehensive
- ⑦ as much as
- ⑧ be satisfied with
- ⑨ guarantee
- ⑩ offer
- ⑪ catering
- ⑫ consult
- ⑬ utilities
- ⑭ payment
- ⑮ inquiry
- ⑯ concerning
- ⑰ questionnaire
- ⑱ preference
- ⑲ reliable
- ⑳ overview
- ㉑ cover
- ㉒ sufficient
- ㉓ substantial
- ㉔ a great deal of
- ㉕ strive
- ㉖ clarify

The company is putting **a great deal of effort** into improving its corporate image. (その会社は、企業イメージが向上するよう**多大な努力**を払っています)	「かなりの」の別バージョン！ 「数」「量」のどちらにも使える。「数」が多いはmany、「量」が多いはmuchで言い換えOK。
The project team is **striving** to revise the marketing plan. (プロジェクトチームは、マーケティング計画を修正しようと**努力しています**)	TOEICワールドの社員は、みんな仕事熱心！ 社員は熱心、会社の業績はバツグン。でも仕事の打ち合わせに遅れるなど、ちょいミスは多い。
Ms. Haines was asked to **clarify the details** of the competitors' product design. (ヘインズさんは、ライバル会社の製品デザインの**詳細を明らかにする**ことを求められました)	「語彙問題」の空所で出る。 clarifyの-fyは動詞の目印。modify（▶320）も動詞だったよね。

答え

- ① 〜しがちである
- ② 〜を開始する
- ③ 平均して
- ④ 料金、手数料
- ⑤ 入場(料)、入学
- ⑥ 総合的な、包括的な
- ⑦ 〜もの、〜と同程度に
- ⑧ 〜に満足している
- ⑨ 〜を保証する
- ⑩ 〜を提供する、申し出
- ⑪ 仕出し、ケータリング
- ⑫ 〜に相談する
- ⑬ 公共料金
- ⑭ 支払い
- ⑮ 問い合わせ、質問
- ⑯ 〜に関して
- ⑰ アンケート(用紙)
- ⑱ 好み
- ⑲ 信頼できる
- ⑳ 概要、要旨
- ㉑ 〜を扱う、〜を覆う
- ㉒ 十分な
- ㉓ かなりの
- ㉔ かなりたくさんの〜
- ㉕ 努力する
- ㉖ 〜を明らかにする

Day 15 生産・製品／施設ほか

生産・製品

359 production [prədʌ́kʃən]
- 名 **生産、製造**、作品
- 派 product 名 製品
- productive 形 生産的な
- produce 動 〜を生産する
  - 名 農作物（▶512）
- = work 名 作品

1. production quota — 生産ノルマ
2. production plant — 製造工場
3. increase the production — 生産を拡大する

360 output [áʊtpʊ̀t]
- 名 **生産(高)**
- 動 〜を産出する

1. reduce output — 生産を減らす
2. factory output — 工場の生産高
3. daily output — 1日の生産量

361 material [mətíəriəl]
- 名 **材料、素材、資料**
- 派 materialize 動 〜を具体化する

1. construction materials — 建築資材
2. natural materials — 天然素材
3. hand out materials — 資料を配布する

362 interrupt [ìntərʌ́pt]
- 動 **〜を中断する**、〜を妨げる
- 派 interruption 名 中断

1. interrupt production — 生産を中断する

363 equip [ɪkwíp]
- 動 **〜を備え付ける**、〜を装備する
- 参 equip-equipped-equipped
- 派 equipment 名 装備、機器
- = install 動 〜を設置する（▶002）

1. be equipped with ... — …を備えている

製品の生産や配送などの表現は、ちょっと難しい。フレーズを軸に見ていこう。

Factory workers are required to maintain current **production quotas**.
(工場労働者は、現在の生産ノルマを維持することが求められています)

Q productionの反義語は？
A consumption（消費）。productionは、「大量につくる」といったニュアンス。

Due to the economic recession, the car manufacturers plan to **reduce output**.
(不況のため、自動車メーカーは、生産を減らすことを計画しています)

「生産」はproductionとoutput。TOEICの勉強では、inputとoutputが大事です。

Please check the complete list of **construction materials** from the factory in Peru.
(ペルーの工場からの建築資材リストをご確認ください)

木材・プラスチック・金属＝「資材」、布＝「素材」、会議などで配られる書類＝「資料」など、全部materialでOK。

Car **production** has been **interrupted** at the Shanghai factory.
(上海工場では、自動車の生産が中断されました)

「受け身」が空所で問われる！
例文のhas been interruptedがポイント。ひっかけ選択肢has interruptedを選んではダメ。

The latest smartphones **are equipped with** an electronic money function.
(最新のスマートフォンは、電子マネー機能を備えています)

『ドラクエ』のEマーク。
これは、equipment（[武器の]装備）のこと。パート1対策で、assemble equipment（機器を組み立てる）も覚えておこう。

Day 15

364 attribute
[ətríbjuːt]

動 ～の結果であると考えられる

1. be attributed to ...
2. attribute A to B

1. 原因は…にある
2. AをBのお陰と考える

365 significantly
[sɪgnífɪkəntli]

副 著しく、かなり

派 significant 形 重要な、かなりの
significance 名 重要性
signify 動 ～を示す

1. rise significantly
2. be significantly influenced

1. 著しく上昇する
2. かなり影響を受けている

366 disappointing
[dìsapɔ́ɪntɪŋ]

形 期待はずれの、がっかりさせる

派 disappoint 動 ～を失望させる
disappointment 名 失望

1. remain disappointing
2. disappointing results

1. 期待はずれのままである
2. 期待はずれの結果

367 durable
[dúərəbl]

形 耐久性のある

派 durability 名 耐久性

368 oversee
[òuvərsíː]

動 ～を監督する

参 oversee-oversaw-overseen
= overlook 動 ～を監督する (▶051)
 supervise 動 ～を監督する (▶410)

1. oversee a product line
2. oversee the employees

1. 生産ラインを監督する
2. 従業員を監督する

369 inspection
[ɪnspékʃən]

名 検査

派 inspect 動 ～を検査する
inspector 名 検査官

1. quality inspection
2. conduct an inspection

1. 品質検査
2. 検査を行う

The drop in sales of new laptops can **be attributed to** problems with the CPU. （新しいノートパソコンの売上低下は、CPUの不具合に原因があると考えられます）	「語彙問題」で狙われる！ 〈be＋(attributed)＋to〉の空所は、toを目印に攻略しよう。
Wholesale prices of natural gas **rose significantly**. （天然ガスの卸売価格は著しく上昇しました）	**Q** significantlyをほかの単語で言い換えると？ **A** considerably（▶319）、またはsubstantially。
Software sales **remain** extremely **disappointing** due to lack of advertising. （宣伝不足のため、ソフトウェアの売り上げは極めて期待はずれのままです）	「文法問題」の常連ワード。 主語が「モノ」ならdisappointing、「人」ならdisappointed（がっかりした）が正解。
The new material is more **durable** than that used in earlier models. （新素材は、以前のモデルで使われた素材よりも耐久性があります）	「商品アピール」の文脈で登場。 パート5では、more durable thanやthree times as durable asなど、比較表現と一緒に使われる。
Ms. Wu is responsible for **overseeing the product line**. （ウーさんには、生産ラインを監督する責任があります）	語源からイメージ。 〈over（上から）＋see（見る）〉＝「監督する」。類義語overlookは、パート1だと「〜を見下ろす」の意味で出る。
Each product must pass a series of **quality inspection** tests. （各製品は、一連の品質検査のテストを通過しなければなりません）	**Q** inspectionをほかの単語で言い換えると？ **A** examination（▶003）やcheck。

Day 15

370 cautious
[kɔ́ːʃəs]

形 **用心深い、注意深い**
派 cautiously 副 用心深く
　　caution 名 注意 動 警告する

371 improve
[ɪmprúːv]

動 **〜を改善する**、よくなる
派 improvement 名 改善

1. improve productivity
2. improve a relationship
3. improve *one's* skill

1. 生産性を改善する
2. 関係を改善する
3. 技能を磨く

372 throughout
[θruː(ː)áut]

前 **〜の至る所に、〜の間中**

1. throughout the United States
2. throughout the day

1. アメリカ全域に
2. 1日中

施設

373 facility
[fəsíləti]

名 **施設、設備**
派 facilitate 動 〜を促す

1. production facility
2. parking facility
3. tour the facilities

1. 生産設備
2. 駐車場、駐車施設
3. 施設を見学する

374 institution
[ìnstət(j)úːʃən]

名 **(公共の)機関**、団体、施設
派 institutional 形 制度の
　　institute 動 〜を設ける 名 協会、学会

1. research institution
2. finance institution

1. 研究機関
2. 金融機関

375 standard
[stǽndərd]

名 **基準**
= criterion 名 基準(通常は複数形のcriteriaを使う)

1. safety standards
2. meet a standard

1. 安全基準
2. 基準を満たす

Please be **cautious** when dealing with delicate equipment. (精密機器を取り扱う際は、ご注意ください)	品詞は語尾から判断しよう！ -tion＝「名詞」、-ous＝「形容詞」、-ly＝「副詞」。単語の意味が不明でも、品詞がわかれば解ける問題もあるよ。
An investment in facilities will be necessary to **improve productivity**. (設備投資は、生産性を改善するのに必要です)	**Q** improvementを使って「改善する」を言うと？ **A** make improvements。
Turner Materials provides new products to building companies **throughout the United States**. (ターナー・マテリアル社は、アメリカ全域の建築会社に新製品を提供しています)	〈throughout＋場所〉と〈＋期間〉が基本。 「隅から隅まで」や「ず〜っと」といったニュアンス。
Madison Manufacturing, Inc., is building a new **production facility** in Denver. (マディソン社は、デンバーに新しい生産設備を建設中です)	パート3〜7でよく出る重要ワード。 facilityだけで、「研究所」「図書館」「美術館」に加えて、「スポーツジム」なども指す。
The state government has decided to establish a **research institution** for the purpose of studying public policy. (州政府は、公共政策を研究する目的で、研究機関を設立することに決めました)	紛らわしいinstitutionとinstitute。 instituteは、Wayne Language Institute（ウェイン語学学校）のように、固有名詞で登場することが多い。
The factory has been inspected to make sure that it is in compliance with **safety standards**. (その工場は、安全基準を順守しているかを確認するための検査を受けています)	形容詞の用法もある。 意味は「標準の、基準の」。standard productで「規格品」。

Day 15

配送

376 additional [ədíʃənl]
- 形 追加の
- 派 add 動 〜を加える
  - addition 名 追加
  - additionally 副 さらに、加えて
  - additive 名 添加物
1. additional charge
2. recruit additional staff
1. 追加料金
2. 追加スタッフを採用する

377 no later than ...
- (遅くても)…までに

378 promptly [prá:mptli]
- 副 すぐに
- 派 prompt 形 即座の
- ≡ swiftly 副 早急に
1. ship ... promptly
2. return promptly
1. …をすぐに発送する
2. すぐに帰る

379 package [pǽkɪdʒ]
- 名 荷物、パッケージ商品、一括案
1. address a package
2. package tour
3. benefits package
1. 荷物の宛先を書く
2. パッケージ[パック]旅行
3. 福利厚生

380 distribution [dìstrəbjú:ʃən]
- 名 流通、配布
- 派 distribute 動 〜を流通させる、〜を配布する
  - distributor 名 流通[販売]業者
1. distribution system
2. distribution center
1. 流通システム
2. 流通センター

仕入れ・在庫

381 make room for ...
- …のために場所を空ける、…に席を譲る

There is an **additional charge** for overnight delivery. (翌日配達には、**追加料金**がかかります)	派生語を攻略しよう。 「品詞問題」では、派生語がカギ。動詞addを軸に、「品詞」と「意味」を押さえてね。
Please make sure to ship this order **no later than** January 31. (必ず1月31日までに今回の注文品を発送してください)	選択肢にあれば、迷わずマーク！ no later thanが正解であることが多い。〈no later than＋日付〉の形を見抜こう。
We **ship** all items **promptly** after your order has been confirmed. (ご注文を確認後、すべての商品をすぐに発送します)	「ちょうど」の意味も重要。 begin promptly at 11:00で、「11時ちょうどに始まる」。
Please review the procedures on how to **address a package** for shipping. (発送する荷物の宛先の書き方についての手順を見直してください)	「ひとまとめ」でイメージ。 ここから「荷物」や「パッケージ商品」の意味になる。動詞pack（〜を包む）も一緒に暗記しよう。
The company has cut back on expenses by improving its **distribution systems**. (その会社は、**流通システム**を改善することで、経費を削減しています)	「配布」の意味もチェック。 「配布」では、動詞フレーズのdistribute flyers（チラシを配布する）を押さえておこう。
Sales staff must **make room for** the new spring items. (販売員は、春物の新商品のために場所を空けなければなりません)	roomは「場所／スペース」の意味。 パート2では、「なぜ机を移動させているの？」⇒「新人の席をつくるためです」(To make room for a new employee.)といった会話が出る。

Day 15

382 prior
[práɪər]

1. prior approval
2. prior to shipping

形 **前の、事前の**
派 priority 名 優先 (▶602)
= previous 形 前の、以前の (▶308)

1. 事前の承認
2. 発送する前に

383 reasonable
[ríːznəbl]

1. at a reasonable price
2. make a reasonable change

形 **手ごろな、妥当な**
= affordable 形 手ごろな (▶537)

1. 手ごろな価格で
2. 妥当な変更を加える

384 as long as ...

…である限り(は)
参 as far as ... …である限り(は)

✓ 1分でチェック！ 今回学習した単語の意味を言ってみよう。

- ① production
- ② output
- ③ material
- ④ interrupt
- ⑤ equip
- ⑥ attribute
- ⑦ significantly
- ⑧ disappointing
- ⑨ durable
- ⑩ oversee
- ⑪ inspection
- ⑫ cautious
- ⑬ improve
- ⑭ throughout
- ⑮ facility
- ⑯ institution
- ⑰ standard
- ⑱ additional
- ⑲ no later than
- ⑳ promptly
- ㉑ package
- ㉒ distribution
- ㉓ make room for
- ㉔ prior
- ㉕ reasonable
- ㉖ as long as

Employees must obtain **prior approval** before checking inventory. (棚卸しをする前に、従業員は**事前承認**を得なければなりません)	**prior to ...**で「...より前に」。 prior to the conference（会議の前に）のように、toの後ろは名詞か動詞の〜ing形が続く。
We offer goods and services **at a reasonable price**. (弊社は**手ごろな価格で**商品やサービスを提供しています)	TOEICの登場人物は、「お買い得品」が大好き！ パート4《セール案内》やパート7《商品広告》でも出る。「リーズナブル」も最近よく聞くカタカナ語。
All items will be shipped immediately **as long as** they are in stock. (在庫が**ある限り**、すべての商品をすぐに発送いたします)	**as long as**は「時・条件」。 as far as I know（私の知る限りでは）のas far asは、「範囲・程度」を表す。

答え

- ① 生産、製造
- ② 生産(高)
- ③ 材料、素材、資料
- ④ 〜を中断する
- ⑤ 〜を備え付ける
- ⑥ 〜の結果であると考えられる
- ⑦ 著しく、かなり
- ⑧ 期待はずれの
- ⑨ 耐久性のある
- ⑩ 〜を監督する
- ⑪ 検査
- ⑫ 用心深い、注意深い
- ⑬ 〜を改善する
- ⑭ 〜の至る所に、〜の間中
- ⑮ 施設、設備
- ⑯ (公共の)機関
- ⑰ 基準
- ⑱ 追加の
- ⑲ 〜までに
- ⑳ すぐに
- ㉑ 荷物、パッケージ商品
- ㉒ 流通、配布
- ㉓ 〜のために場所を空ける
- ㉔ 前の、事前の
- ㉕ 手ごろな、妥当な
- ㉖ 〜である限り(は)

Day 16 交渉・契約／計画

交渉・契約

385 agreement
[əgríːmənt]

名 **合意、契約**
派 agree 動 同意する
　 agreeable 形 喜んで同意する、気分のよい
≡ contract 名 契約(書)(▶119)

1. reach an agreement on ...
2. sign an agreement

1. …に関して合意に達する
2. 契約を結ぶ

386 compromise
[kάmprəmàɪz]

名 **妥協(案)**
動 妥協する

1. reach a compromise

1. 妥協する

387 engage in ...

…に従事する、…にかかわる
参 engage 動 従事する
派 engagement 名 従事、約束

1. engage in discussions
2. engage in talks

1. 話し合いをする
2. 話し合いをする

388 advance
[ədvǽns]

形 **事前の**
名 進歩、前進
動 〜を進める、昇進する

1. advance notice
2. advance copy

1. 事前の通知
2. 新刊見本

389 expire
[ɪkspáɪər]

動 **(契約・免許などの)期限が切れる**
派 expiration 名 期限切れ、終了

提携、共同開発、売買契約などは、基本的にうまくいく。社員はすごく優秀なんだろうな。

The two companies have **reached an agreement on** joint development. （両社は、共同開発**に関しての合意に達しました**）	**agreementの前後を意識して！** 空所では、agreementの前後のreachかonが問われる。agreementを見たら、ピンと来てね！
The executive office will have to **reach a compromise** before making a decision on that matter. （経営陣は、その件に関する決定を下すまで、**妥協しなければなりません**）	**TOEICは、ときどき「妥協」する。** TOEICはポジティブなテストなので、cut costs without compromising quality（品質を犠牲にしないでコストカットする）のようなフレーズで妥協を示す。
JTV Trade has **engaged in discussions** on a tie-up with NR Group. （JTV貿易社は、NRグループとの提携について**話し合いを行いました**）	**受け身も頻出。** be engaged in...（…に従事している）の形でも出る。
Employees who want to cancel their contracts have to give their boss **advance notice**. （契約解除を希望する従業員は、上司に**事前の通知**を行わなければなりません）	ゲームボーイが進歩したのがゲームボーイ「アドバンス」。in advance（▶600）のフレーズも重要。
The contract with Crown Consulting will **expire** at the end of this month. （クラウン・コンサルティング社との契約は、今月末に**期限が切れます**）	**TOEICでは契約がよく切れる。** expireが選択肢にあれば、即マーク！名詞フレーズのexpiration date（有効期限）も出る。

Day 16

390 collaborate
[kəlǽbərèit]

動 協力する
派 collaboration 名 協力
= cooperate 動 協力する

1 collaborate on ...
1 …を共同で行う

391 affiliate
[əfílièit]

動 提携する
名 支社
派 affiliation 名 提携
= associate 動 提携する、〜を関連づける
名 仲間

1 affiliate with ...
1 …と提携する

392 manufacturer
[mǽnjəfæktʃərər]

名 製造業者、メーカー
派 manufacture 動 〜を作る
　 manufacturing 名 製造(業)
= maker 名 メーカー

1 automobile manufacturer
1 自動車メーカー

計画

393 proposal
[prəpóuzl]

名 提案(書)、企画案
派 propose 動 〜を提案する
= suggestion 名 提案、忠告(▶774)

1 approve a proposal
2 alternative proposal
1 提案を承認する
2 代替案

394 transaction
[trænzǽkʃən]

名 取引

1 business transaction
2 conduct a transaction
1 商取引
2 取引を行う

395 vote
[vóut]

動 投票する
名 投票

1 vote on an agreement
2 cast a vote
1 契約について採決する
2 投票を行う

The two companies have agreed to **collaborate on** software development. (両社は、ソフトウェアの開発を共同で行うことで合意しました)	「コラボ」はcollaborationの省略形。 〈collaborate on＋仕事〉で「仕事を共同で行う」、〈collaborate with＋人〉で「人と協力する」の意味。
The CEO finally decided to **affiliate with** Delta Trade. (CEOは、ようやくデルタ貿易社と提携することに決めました)	「アフィリエイト広告」のaffiliate。 Vietnam affiliate（ベトナム支社）のように、「支社」の意味でも出る。
Ms. Young is negotiating a contract with some **automobile manufacturers**. (ヤングさんが自動車メーカーと契約の交渉をしています)	「メーカー」は和製英語！ 英語ではmanufacturerを使うことが多い。

The sales manager has **approved the** new **proposal**. (販売部長は、新しい提案を承認しました)	TOEICの会議では、「提案」はたいてい通る。 TOEICワールドはポジティブなので、提案は基本的に却下されない。
The sales department is meeting to discuss **business transactions** over the Internet. (営業部は、ネット上での商取引について話し合うために集まる予定です)	**Q** transactionをほかの単語で言い換えると？ **A** deal（▶719）、またはtrade（▶568）が答えられたらOK。
The board of directors will **vote on the** merger **agreement**. (役員会は、合併契約について採決します)	TOEICでも会社の方針を決める際に、役員会で「投票」を行うことがある。

Day 16

396 frequently
[fríːkwəntli]

副 **頻繁に**、しばしば
派 frequent 形 頻繁な、しばしば起こる
　　frequency 名 頻発、しばしば起こること

397 mandatory
[mǽndətɔ̀ːri]

形 **義務的な**、強制的な
派 mandate 動 〜を命令する
＝ obligatory 形 義務的な、強制的な(▶465)

398 acquire
[əkwáɪər]

動 **〜を買収する**、〜を獲得する
派 acquisition 名 買収、獲得

① acquire a company　　　① 会社を買収する

399 measure
[méʒər]

名 **対策**、手段、基準
動 〜を測る、〜を評価する

① take measures　　　① 対策を講じる

400 convention
[kənvénʃən]

名 **会議**、大会
派 conventional 形 従来の(▶690)
　　convene 動 (会議などを)開く

① annual convention　　　① 年次総会

✓ 1分でチェック！　今回学習した単語の意味を言ってみよう。

- ① agreement
- ② compromise
- ③ engage in
- ④ advance
- ⑤ expire
- ⑥ collaborate
- ⑦ affiliate
- ⑧ manufacturer
- ⑨ proposal
- ⑩ transaction
- ⑪ vote
- ⑫ frequently
- ⑬ mandatory
- ⑭ acquire
- ⑮ measure
- ⑯ convention

Product development managers must attend meetings **frequently** to present ideas for new products. (新製品についての考えを述べるため、商品開発マネージャーは頻繁に会議に出席しなければなりません)	動詞との相性を見て！ 「語彙問題」の空所で出る。動詞attendとのセットで暗記。現在形の動詞と一緒に使われるので、時制の目印にもなるよ。
Your attendance at the shareholders' meeting next month is **mandatory**. (来月の株主総会への出席が義務づけられています)	「義務」を示す難ワード。 例文のような「会議」や「セミナー」、「社内規則」のトピックで出る。
The board members approved the proposal for **acquiring the** telecom **company**. (役員会は、通信会社を買収する提案を承認しました)	「M & A」のAは？ 経済ニュースで耳にするM & Aは、mergers and acquisitions（合併と買収）の略。
The plant manager **took measures** to increase production. (工場長は、増産するための対策を講じました)	TOEICのスコア表にも出る！ 受験後に送られてくる公式認定証には、スコア以外にABILITIES MEASURED（能力評価）という項目がある。
The **annual convention** will be held next month. (年次総会は、来月開催される予定です)	**Q** ほかに「会議」の意味を持つ単語といえば？ **A** meeting、またはconference。

答え

- ① 合意、契約
- ② 妥協（案）
- ③ 〜に従事する
- ④ 事前の
- ⑤ 期限が切れる
- ⑥ 協力する
- ⑦ 提携する
- ⑧ 製造業者、メーカー
- ⑨ 提案（書）
- ⑩ 取引
- ⑪ 投票する、投票
- ⑫ 頻繁に
- ⑬ 義務的な
- ⑭ 〜を買収する
- ⑮ 対策
- ⑯ 会議、大会

Day 17 連絡／立場・役割ほか

連絡

401 accessible [æksésəbl]
形 利用できる、到達できる
参 access 名 接近 動 〜に接近する
≡ available 形 利用できる（▶085）

402 under construction [kənstrʌ́kʃən]
工事中で
参 construction 名 建設（工事）

403 relocate [rìːlóʊkeɪt]
動 〜を移転させる、移転する
派 relocation 名 移転
≡ move 動 〜を移転させる
① relocate a factory to ... ① …に工場を移転させる

404 retirement [rɪtáɪərmənt]
名 退職
派 retire 動 退職する
① retirement party ① 退職記念パーティー

405 inform [ɪnfɔ́ːrm]
動 〜に知らせる
派 information 名 情報
　 informative 形 有益な（▶621）
≡ notify 動 〜に通知する（▶460）
① inform A of B ① AにBを知らせる

立場・役割

406 assume [əs(j)úːm]
動 （責任・義務）を引き受ける、〜と思い込む
派 assumption 名 引き受けること、推定
≡ take on ... …を引き受ける
① assume responsibility for ... ① …についての責任を負う
② assume a new role ② 新しい役割を担う

仕事の立場・役割に関するフレーズが出る。社員はみんな熱心で、有望で、評価も高い。

Due to repair work, staff parking is not **accessible**. (補修工事のため、従業員用駐車場は**利用できません**)	-ible=-ableは「できる」 〈access(アクセスする)＋ible(できる)〉からイメージしよう。「工事」や「施設」の説明では、accessibleを選んでOK。
The main office building is currently **under construction**. (本社ビルは、現在**工事中**です)	**Q** under considerationの意味は？ **A** 「検討中で」。underには「進行中で」の意味もある。
Mr. Dixon has announced plans to **relocate the factory to** Hungary. (ディクソン氏は、ハンガリーに**工場を移転させる**計画を発表しました)	TOEICでは、オフィスやお店がよく移転する。 〈re(再び)＋locate(置く)〉=「置き直す」⇒「移転させる」とイメージしよう。
A **retirement party** for Mr. Tyson will be held next Friday. (来週の金曜に、タイソンさんの**退職記念パーティー**が開かれます)	「送別会」もよく開かれる。 TOEICワールドの退職者は、会社に長年貢献してきた有能な人ばかり。
The president **informed** employees **of** the factory closures. (社長は、従業員に工場の閉鎖**を知らせました**)	notifyと意味も用法も同じ。 〈inform[notify]＋A of B〉で「AにBを知らせる」。Aには「人」、Bには「モノ・コト」がくる。
Ms. Leslie will **assume responsibility for** new product development. (レスリーさんは、新製品の開発についての**責任を負う**ことになります)	**Q** フレーズ1を別のフレーズで言い換えると？ **A** take responsibility for ….

Day 17

407 extremely
[ɪkstríːmli]

副 極めて、とても
派 extreme 形 極端な

1 extremely diligently
1 とても熱心に

408 secretary
[sékrətèri]

名 秘書

409 committed
[kəmítɪd]

形 熱心に取り組む、献身的な
派 commit 動 ～に全力を傾ける
　commitment 名 献身、約束
　committee 名 委員会 (▶437)

1 be committed to doing
1 ～することに熱心に取り組む

410 supervise
[súːpərvàɪz]

動 ～を監督する
派 supervisor 名 監督者 (▶188)
　supervision 名 監督
≡ oversee 動 ～を監督する (▶368)

1 supervise staff
2 supervise a project
1 スタッフを監督する
2 プロジェクトを監督する

411 monitor
[mɑ́ːnətər]

動 ～を監視する
名 (PCなどの)モニター

1 monitor employee performance
2 monitor the quality of products
1 社員の仕事ぶりを監視する
2 製品の品質を監視する

412 recently
[ríːsntli]

副 最近(になって)
派 recent 形 最近の
≡ lately 副 最近

1 recently got promoted
1 最近昇進した

All sales representatives have worked **extremely diligently** to achieve their quotas. (営業担当者は全員、ノルマを達成するために、**とても熱心に**働きました)	〈副詞＋副詞〉のフレーズは盲点！ 〈-ly＋-ly〉のパターンが出るよ。副詞は、①動詞、②形容詞、③副詞、④文全体を修飾できる。
The chairman of the board has his **secretary** manage his schedule. (会長は、**秘書**に自分のスケジュールを管理してもらっています)	TOEICワールドでは、秘書がよく登場。 例文の、〈使役動詞have＋人＋動詞の原形〉で「人に~してもらう」のパターンも覚えてね。
Ms. Sato **is committed to** completing the project on schedule. (サトウさんは、そのプロジェクトを予定通りに終え**ようとに熱心に取り組んでいます**)	toの後ろがポイント！ 〈be committed to＋(doing)〉のパターン。toの後の空所は、動詞の原形ではなく動名詞を選ぼう。
Maria Nakamura has closely **supervised** the sales **staff** at the Osaka branch. (マリア・ナカムラは、大阪支社の販売**スタッフ**をしっかりと**監督しています**)	「監督」ワードの別バージョン。 TOEICでは管理職の役割が出る。overseeと同様、〈super(上から)＋vise(見る)〉＝「~を監督する」と語源からイメージしよう。
Senior staff are responsible for **monitoring** and evaluating **employee performance**. (主任には、**社員の仕事ぶりを監視して評価**する責任があります)	動詞の意味に注意！ 「パソコンのモニター」や「モニター募集中！」など、名詞で使われることが多いよね。
Clare Forster **recently got promoted** to area manager. (クレア・フォースターは**最近、**エリアマネージャーに**昇進しました**)	〈recently＋空所〉が出る。 recentlyは「過去時制」を示すキーワード！「文法問題」では、選択肢から動詞の「過去形」を選べば正解。

Day 17

413 succeed
[səksíːd]

動 ～のあとを継ぐ、成功する
派 success 名 成功
　　successful 形 成功した (▶313)
　　succeeding 形 続いて起こる

① succeed A as B　　① BとしてAのあとを継ぐ

414 assess
[əsés]

動 ～を評価する
派 assessment 名 評価
＝ evaluate 動 ～を評価する (▶189)

① assess a performance　　① 業績を評価する

415 assure
[əʃúər]

動 ～を保証する、～を請け合う
派 assured 形 確実な
　　assurance 名 保証、確信

416 involved
[ɪnvɑ́ːlvd]

形 関係している、巻き込まれた
参 involve 動 ～を関係させる

① be involved with ...　　① …に関わっている

417 shareholder
[ʃéərhòʊldər]

名 株主
＝ stockholder 名 株主

① shareholders' meeting　　① 株主総会

評価

418 earn
[ə́ːrn]

動 ～を得る、(お金など)を稼ぐ
派 earnings 名 収入

① earn respect　　① 尊敬を得る
② earn one's degree　　② 学位を取得する
③ earn a living　　③ 生活費を稼ぐ

Ms. Webster **succeeded** Tim Morris **as** vice-president of the company. （ウェブスターさんは、会社の副社長としてティム・モリス**のあとを継ぎました**）	〈succeed＋前置詞〉の2パターン。 succeed in …で「…に成功する」、succeed to …で「…のあとを継ぐ」。
The department manager has **assessed the performance** of his subordinates. （課長は部下の**業績を評価しました**）	「環境アセスメント」でおなじみ。TOEICワールドでは、仕事の「評価」の文脈で使われる。
The producers have been **assured** that Mike's team can finish the work within a week. （プロデューサーたちは、マイクのチームが1週間以内にその仕事を遂行できると**保証されました**）	〈assure＋人＋that …〉（人に…を保証する）が基本形。例文はこの受け身だね。
Mr. Sato **is** directly **involved with** the programming of the security system. （サトウさんは、直接セキュリティーシステムのプログラミング**に関わっています**）	「仕事」や「人」と関わるときに使う。「事故に巻き込まれる」は、be involved in the accidentのようにinを使う。
The managing director has to attend the **shareholders' meetings**. （取締役社長は、**株主総会**に出席しなければなりません）	〈share（株）＋holder（持っている人）〉＝「株主」。 shareholders' luncheon（株主の昼食会）のように、TOEICではshareholders'（株主の～）の形で出ることが多い。
Mr. Wagner has **earned** the **respect** of government bureaucrats. （ワーグナーさんは、官僚たちの**尊敬を集め**ています）	目的語に注目！ TOEICでは「尊敬」や「評判」など、〈earn＋いいモノ〉のパターンが定番。

Day 17

419 valuable
[vǽljuəbl]

形 **貴重な**
派 value 名 価値 動 〜を評価する

1. valuable contribution
2. valuable goods

1. 貴重な貢献
2. 貴重品

420 by oneself

ひとりで、独力で

421 accomplished
[əkɑ́:mplɪʃt]

形 **完成した、熟達した**
派 accomplish 動 〜を達成する
　　accomplishment 名 達成、業績
= experienced 形 熟達した

1. accomplished expert

1. 熟練した専門家

422 promising
[prá:məsɪŋ]

形 **有望な**
派 promise 名 約束 動 〜を約束する

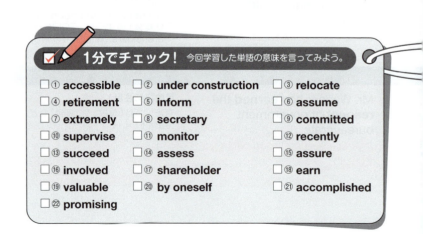

1分でチェック！ 今回学習した単語の意味を言ってみよう。

- ① accessible
- ② under construction
- ③ relocate
- ④ retirement
- ⑤ inform
- ⑥ assume
- ⑦ extremely
- ⑧ secretary
- ⑨ committed
- ⑩ supervise
- ⑪ monitor
- ⑫ recently
- ⑬ succeed
- ⑭ assess
- ⑮ assure
- ⑯ involved
- ⑰ shareholder
- ⑱ earn
- ⑲ valuable
- ⑳ by oneself
- ㉑ accomplished
- ㉒ promising

Ms. Byers is expected to make a **valuable contribution** to our company in the future. (バイヤーズさんは将来、会社に**貴重な貢献**をしてくれるでしょう)	**Q** valuable goodsを1語で言うと？ **A** valuablesが正解。名詞で「貴重品」の意味もあり、通常複数形で使う。
Engineers are unable to achieve results **by themselves**. (エンジニアは、**ひとりでは**成果をあげられません)	パート5では「再帰代名詞」が出まくり！ oneselfの部分が空所で問われる。選択肢の中から、-selfや-selvesを選ぼう！
Mr. Lopes is an **accomplished expert** in computer chip manufacturing. (ロペスさんは、コンピューターチップの製造の**熟練した専門家**です)	TOEICワールドは、いい人ばかり。 人をほめるケースが多い。experiencedのほかに、skilledでも言い換え可能。
Ms. Douglas is the more **promising** of the two. (ダグラスさんは、2人のうちの**有望な**方です)	《求人》トピックだと、promising candidate（有望な候補者）のフレーズも出る。

答え

- ① 利用できる、到達できる
- ② 工事中で
- ③ 〜を移転させる
- ④ 退職
- ⑤ 〜に知らせる
- ⑥ 〜を引き受ける
- ⑦ 極めて、とても
- ⑧ 秘書
- ⑨ 熱心に取り組む
- ⑩ 〜を監督する
- ⑪ 〜を監視する
- ⑫ 最近(になって)
- ⑬ 〜のあとを継ぐ、成功する
- ⑭ 〜を評価する
- ⑮ 〜を保証する
- ⑯ 関係している
- ⑰ 株主
- ⑱ 〜を得る、〜を稼ぐ
- ⑲ 貴重な
- ⑳ ひとりで、独力で
- ㉑ 完成した、熟達した
- ㉒ 有望な

Day 18 求人／資格・条件ほか

求人

423 accountant [əkáʊntnt]
1 experienced accountant

名 会計士
派 account 名 口座 動 占める (▶222)
1 経験豊富な会計士

424 specialize [spéʃəlàɪz]
1 specialize in ...
2 specialized course

動 専門にする
派 special 形 特別な
1 …を専門にする
2 専門科目[課程]

425 attached [ətǽtʃt]
1 attached document

形 添付の
派 attach 動 ～を添付する、～を貼り付ける
　　attachment 名 添付ファイル、付属品
1 添付の書類

426 enclose [ɪnklóʊz]

動 ～を同封する

427 conduct [kəndʌ́kt]
1 conduct an interview
2 conduct a survey
3 conduct a training seminar

動 ～を行う
= do 動 ～をする、～を行う
1 面接を行う
2 調査を行う
3 研修セミナーを行う

428 candidate [kǽndədèɪt]

名 候補者、志願者
= applicant 名 応募者 (▶095)

求人、アポ、面接など、「採用」ワードは頻出。仕事の条件や制度の言及も多いよ。

The company is in search of an **experienced accountant**. (その会社は**経験豊富な会計士**を探しています)	**Q** TOEICで頻出の職業①plumber、②pharmacist、③editorの意味は? **A** ①「配管工」、②「薬剤師」、③「編集者」。
Trust Marketing is seeking someone who **specializes in** statistical surveys. (トラスト・マーケティング社は、統計調査**を専門にする**人物を探しています)	**inの部分が空所で問われる!** フレーズの一部が空所というのは、パート5の定番。知っていれば即答できるよ。
Please find the **attached documents** for your reference. (参考までに、**添付の書類**をご覧ください)	**倒置パート1。** 例文の倒置バージョン、Attached please find the documents for your reference.も出る。
Enclosed are related documents and a reference letter. (関連書類と推薦状**を同封しています**)	**倒置パート2。** Related documents and a reference letter are enclosed.が元の文。「添付」「同封」関連の文は倒置が多い。
The human resources division will **conduct interviews** within two weeks. (人事部は2週間以内に**面接を行う予定です**)	**「目的語」が設問のターゲット!** フレーズ1〜3の目的語(interviewなど)が空所になる問題には注意しよう。
Candidates with three or more years of sales experience will be considered first. (3年より長い営業経験のある**志願者**を優先的に考慮します)	**「就職」「受賞」「選挙」トピックで出まくり!** 「就職」での鉄板フレーズideal candidate(理想的な候補者)やsuccessful candidate(合格者、当選者)も押さえておこう。

Day 18

429 opening
[óʊpnɪŋ]
名 (仕事の)空き、欠員、開店

1. job opening
2. grand opening sale

1. 仕事の空き、求人
2. 開店セール

430 opportunity
[à:pərt(j)ú:nəti]
名 機会
= chance 名 機会

1. employment opportunity

1. 就職[雇用]の機会

資格・条件

431 motivated
[móʊtəvèɪtɪd]
形 やる気のある
派 motivate 動 〜をやる気にさせる
　 motive 名 動機
　 motivation 名 動機(づけ)

1. motivated candidate

1. やる気のある志願者

432 reference
[réfərəns]
名 照会先、参照
参 refer to ... …を参照する(▶578)

433 be eligible for ...
[élədʒəbl]
…の資格がある
= be entitled to ... …を得る資格がある
　　　　　　　　　(▶184)

434 fulfill
[fʊlfíl]
動 〜を満たす、〜を実行する
= meet 動 〜を満たす

1. fulfill a requirement
2. fulfill a duty
3. fulfill a plan

1. 必要な条件を満たす
2. 義務を果たす
3. 計画を実行する

There are currently no **job openings**.
(現在、**求人**は行っておりません)

《求人》や《顧客サービス》トピックで出る。
フレーズ1のJOB OPENINGは、パート7の《求人広告》の見出しになる。

For **employment opportunities** at our company, please send your résumé to kimnorton@e-acrobat.com.
(弊社への**就職の機会**をお求めなら、kimnorton@e-acrobat.comに履歴書をお送りください)

Q offer an opportunityの意味は？

A 「チャンスを与える」(▶342)。have an opportunity to do(〜するチャンスを得る)のフレーズも重要。

We are looking for a **motivated candidate** for the position.
(私たちはそのポストにふさわしい、**やる気のある志願者**を探しています)

motivatedは設問のターゲット！
形容詞のほかに、動詞motivateの受身形be motivated by …(…が動機[理由]である)も狙われるよ。

Those applying for the position have to submit a résumé and two **references**.
(このポストに応募する方は、履歴書と**照会先**を2件提出しなければなりません)

転職時に求められる。
「照会先」とは、応募者がどんな人物・人柄なのかを確認できる連絡先。元職場の上司になってもらうことが多い。

Regular employees **are eligible for** 20 paid holidays a year.
(正社員は、年間20日間の有給休暇**を取得する資格があります**)

forのあとには、paid holiday(有給休暇)やmaternity leave(産休)などがくる。

Successful candidates must **fulfill the requirements** for sales manager.
(合格者は、販売部長に**必要な条件を満たし**ていなければなりません)

〈ful(十分に)＋fill(満たす)〉
パート5の設問ターゲット。フレーズの目的語(requirementなど)を目印にfulfillを選ぼう。

Day 18

435 benefit
[bénəfit]

1. employee benefits
2. benefit a firm

名 **福利厚生**、利益
動 **〜のためになる**
派 beneficial 形 有益な

1. 従業員の福利厚生
2. 会社に利益をもたらす

436 fluent
[flúːənt]

1. fluent in ...

形 **流ちょうな**
派 fluency 名 流ちょうさ

1. …に流ちょうな

437 committee
[kəmíti]

1. hiring committee

名 **委員会**
派 committed 形 献身的な (▶409)
　　commitment 名 献身、約束

1. 採用委員会

438 highly
[háɪli]

1. highly experienced lawyer

副 **非常に**

1. 非常に経験豊富な弁護士

制度

439 leave
[líːv]

1. paid leave
2. be on leave
3. leave a message

名 **休暇**
動 **去る、〜を残す**

1. 有給休暇
2. 休暇中で
3. 伝言を残す

440 personnel
[pə̀ːrsənél]

1. sales personnel
2. personnel department
3. personnel resources

名 **社員、人事部**
= staff 名 スタッフ、社員
　 employee 名 従業員 (▶287)

1. 販売員
2. 人事部
3. 人材

Employee benefits include 14 paid holidays per year. (従業員の福利厚生には、年間14日間の有休休暇が含まれます)	「福利厚生」とは、従業員が受けられる給与以外のメリットのこと。家賃補助、保険、年金、有休休暇などが好例。
Candidates must be **fluent in** Spanish. (応募者はスペイン語が流ちょうな方に限ります)	TOEICワールドでも語学力は重要。 例文は、《条件》トピックの必須表現。グローバル企業が多いので、社員には高い語学力が求められる。
Applicants are asked to come in for an interview with the **hiring committee**. (応募者は、採用委員会の面接に来ることが求められます)	**Q** ①search committee、②planning committeeの意味は? **A** ①「調査委員会」、②「計画委員会」。委員会の名前から、文のトピックが推測できるよ。
B & G Corp. plans to hire an international staff of **highly experienced lawyers**. (B & G社は、非常に経験豊富な弁護士の国際スタッフの採用を計画しています)	「採用」「受賞」「調査」トピックで出る。 「語彙問題」だけでなく、「品詞問題」の選択肢でもよく目にする。experiencedとペアで覚えよう。
Use of **paid leave** is limited to 18 days in a calendar year. (有給休暇の使用は、年18日に限定されます)	名詞「休暇」を覚えよう! leave the office(職場を離れる)から、「休暇」の意味は連想できるね。
All **sales personnel** are required to submit their monthly sales reports by the first of the month. (すべての販売員は毎月1日までに、月例販売報告書を提出しなければいけません)	会社の部署名を覚えよう! もう一度department(▶186)のコメントをチェック。

441 introduce
[ìntrəd(j)úːs]

動 〜を導入する、〜を紹介する
派 introduction　名 導入、紹介

442 provide
[prəváid]

動 〜を提供する、〜を供給する
派 provider　名 供給者、プロバイダー
= supply　動 〜を供給する（▶177）

1. provide training
2. provided that ...

1. 研修を行う
2. もし…ならば…

443 follow
[fáːlou]

動 〜に従う、〜に続く
派 following　形 次の　前 〜に続いて

1. follow a policy
2. A is followed by B

1. 方針に従う
2. AのあとにBが続く

444 intensive
[inténsiv]

形 集中的な
派 intense　形 激しい
　　intensity　名 激しさ
　　intensify　動 〜を強める

1. intensive training

1. 集中的な研修

職場環境

445 over the past ... years

過去…年間にわたって

1. over the past 5 years

1. 過去5年間にわたって

446 by the time ...

…するときまでには

200

The company has **introduced** flex-time to improve staff motivation. (その会社では、社員のやる気を伸ばすため、フレックスタイム制**を導入しました**)	**Q** introduce a new productの意味は？ **A** 「新商品を売り出す」。
D-Net Corp. **provides training** for learning computer programming. (Dネット社では、コンピューター・プログラミングを習得するための**研修を行います**)	「品詞問題」で出る。 フレーズ2のprovided that（▶468）は、「語彙問題」の不正解選択肢になることが多い。選ばない方が無難。
All employees are required to **follow the** company **policies**. (すべての社員は、会社の**方針に従う**ことが要求されます)	パート6での指示文でもおなじみ。 Questions ○○-×× refer to the following e-mail.（設問○○-××は次のメールに関するものです）は、見たことあるはず。
New recruits are put through a two-week **intensive training** program. (新入社員は、2週間の**集中的な研修**プログラムを受けさせられます)	新人のサポートも充実！ TOEICワールドの企業は、どこも新入社員研修をしっかり行う。いきなり現場へ出されることはない。
Employee's base salaries have decreased **over the past 5 years**. (**過去5年間にわたって**、従業員の基本給は下がっています)	「現在完了」と相性がいい。 twice in the last ... years（過去…年間で2度）も「現在完了」の目印。これらを見たら、「現在完了」を選ぼう！
By the time he retires, Mr. Stewart will have worked for 20 years. (**退職するときまでには**、スチュワートさんは、20年間その会社で働いたことになります)	by the timeは、「未来完了」〈will+have+過去分詞〉の目印。「文法問題」の定番なので、即答しよう。

Day 18

447 turnover
[tə́ːrnòʊvər]

名 離職率[数]、売上高

1. employee turnover
1. 社員の離職率

448 organize
[ɔ́ːrɡənàɪz]

動 ~を準備する、~をまとめる、~を組織する
派 organization 名 組織
= arrange 動 ~を準備する(▶029)

1. organize a company outing
2. organize a meeting
1. 社員旅行を準備する
2. 会議を企画[組織]する

449 found
[fáʊnd]

動 ~を設立する
派 founder 名 創業者
   foundation 名 設立、基礎、財団法人
= establish 動 ~を設立する(▶284)

450 adjacent to ...
[ədʒéɪsnt]

…に隣接した
参 adjacent 形 隣接した
= next to ... …の隣に(▶009)

✓ 1分でチェック！ 今回学習した単語の意味を言ってみよう。

- ① accountant
- ② specialize
- ③ attached
- ④ enclose
- ⑤ conduct
- ⑥ candidate
- ⑦ opening
- ⑧ opportunity
- ⑨ motivated
- ⑩ reference
- ⑪ be eligible for
- ⑫ fulfill
- ⑬ benefit
- ⑭ fluent
- ⑮ committee
- ⑯ highly
- ⑰ leave
- ⑱ personnel
- ⑲ introduce
- ⑳ provide
- ㉑ follow
- ㉒ intensive
- ㉓ over the past ... years
- ㉔ by the time
- ㉕ turnover
- ㉖ organize
- ㉗ found
- ㉘ adjacent to

The new merit-based pay system has led to a low **employee turnover**.
（新しい能力給のおかげで、社員の離職率は低くなっています）

離職率の改善にも積極的！
TOEICワールドの企業は、離職率の改善や社員のモチベーションアップのために努力する。

Ms. Bolocco **organized the** annual **company outing**.
（ボラッコさんは、毎年恒例の社員旅行を準備しました）

Q NPO（非営利組織）を省略しないで言うと？

A non-profit organization。TOEICでもたまに出るよ。

Edward Consulting was **founded** in the early 1960s.
（エドワード・コンサルティング社は、1960年代初頭に設立されました）

まぎらわしいfound。
find（～を見つける）の過去形・過去分詞形もfound。どちらの意味かは、文脈から判断しよう。

Our headquarters is located at 555 Elly Street, **adjacent to** City Hall.
（本社は、市役所に隣接したエリー通り555番地にあります）

an adjacent building（隣接するビル）のように、名詞の前に置くこともある。

答え

- ① 会計士
- ② 専門にする
- ③ 添付の
- ④ ～を同封する
- ⑤ ～を行う
- ⑥ 候補者、志願者
- ⑦ 空き、欠員、開店
- ⑧ 機会
- ⑨ やる気のある
- ⑩ 照会先
- ⑪ ～の資格がある
- ⑫ ～を満たす
- ⑬ 福利厚生、～のためになる
- ⑭ 流ちょうな
- ⑮ 委員会
- ⑯ 非常に
- ⑰ 休暇、去る、～を残す
- ⑱ 社員、人事部
- ⑲ ～を導入する
- ⑳ ～を提供する、～を供給する
- ㉑ ～に従う
- ㉒ 集中的な
- ㉓ 過去～年間にわたって
- ㉔ ～するときまでには
- ㉕ 離職率[数]
- ㉖ ～を準備する
- ㉗ ～を設立する
- ㉘ ～に隣接した

Day 18

Day 19 ルール／禁止・罰金

ルール

451 undergo [ʌ̀ndərgóu]
動 ～を受ける、～を経験する
参 undergo-underwent-undergone
1. undergo a checkup — 健康診断を受ける
2. undergo a repair — 修理が行われる
3. undergo a change — 変化する

452 reimburse [rìːmbə́ːrs]
動 ～を払い戻す
派 reimbursement 名 払い戻し
= refund 動 ～を払い戻す(▶219)
1. reimburse expenses — 経費を払い戻す

453 encourage [ɪnkə́ːrɪdʒ]
動 ～を推奨する、～を促す
派 encouragement 名 推奨、励まし
1. be encouraged to do — ～することが推奨される
2. encourage ... to do — …に～するよう勧める

454 in accordance with ... [əkɔ́ːrdns]
…に従って
= in compliance with ... …に従って(▶509)

455 protective [prətéktɪv]
形 保護する
派 protect 動 ～を保護する
　 protection 名 保護
1. protective clothing — 防護服

456 abide by ... [əbáɪd]
…に従う、…を守る
参 abide 動 守る
= comply with ... …に従う(▶467)
　 conform to ... …に従う
1. abide by the rules — 規則に従う
2. abide by a contract — 契約を守る

社内ルールは出まくり。キチっとした職場をイメージするといいかも。禁止・制限表現に注意！

All employees have to **undergo a** medical **checkup** this month. （すべての従業員は今月、**健康診断を受け**なければなりません）	「目的語」がポイント。 あとに続く名詞（目的語）の意味が取れればOK。多義語の場合、フレーズでざっくり覚えるのがコツ。
Travel **expenses** will be **reimbursed** within four weeks. （**出張費**は4週間以内に**払い戻**されます）	「経費」ワードは、TOEICの大好物。 経費の精算では、「請求期限」や「上限金額」がポイント。「数字」を意識してね。
New hires **are encouraged to** attend the training seminars. （新入社員は研修セミナーへ参加**することが推奨されています**）	パート4では、What does the speaker encourage listeners to do?（話し手は聞き手に何をすることを勧めていますか？）の設問でおなじみ。
Managers are required to act **in accordance with** company policy. （部長は、会社の方針**に従って**行動しなければいけません）	**Q** in comparison with …の意味は？ **A** 「…と比べると」。〈in＋名詞＋with〉の形に注目し、一緒に覚えておこう！
Factory workers must wear **protective clothing** at all times. （工場で働く方は、常に**防護服**を身につけなければなりません）	TOEICは「工場」や「作業現場」好き。 工場の装備では、protect gear（防護服）やprotective headgear（ヘルメット）なども頻出。
It's important to **abide by the rules** of the company. （会社の**規則に従う**ことは大事です）	**Q** 「規則を破る」を英語で言うと？ **A** 正解はbreak a rule。violate（▶659）もチェック。

Day 19

457 procedure
[prəsíːdʒər] ❗発音

名 **手順**、手続き
派 proceed 動 進む (▶207)
process 名 過程 (▶555)

1. procedure for seminars
2. safety procedure

1. セミナーの手順
2. 安全手順

458 instead of ...

…の代わりに
参 instead 副 代わりに

459 permission
[pərmíʃən]

名 **許可**
派 permit 動 ～を許可する 名 許可(証)

1. permission from a supervisor
2. grant permission to do
3. without permission

1. 上司の許可
2. ～する許可を与える
3. 許可なく

460 notify
[nóʊtəfàɪ]

動 **～に通知する、～に告知する**
派 notice 名 通知 (▶257)

461 overtime
[óʊvərtàɪm]

副 **時間外に**
形 **時間外の**

1. work overtime
2. overtime allowance

1. 残業する
2. 残業手当

462 instructions
[ɪnstrʌ́kʃənz]

名 [複数形で] **説明書、指示**
派 instruct 動 ～に指示する、～に教える
instructor 名 インストラクター、講師

1. follow the instructions
2. instruction manual

1. (説明書の)指示に従う
2. 取扱説明書

The human resources director will review the **procedures for** training **seminars**. (人事部長が、研修セミナーの手順を見直します)	**process**との違いに注意！ procedureは具体的な（仕事の）「手順・順序」、processは（目的に至る）「過程・道筋」の意味。
Employees are encouraged to use public transportation **instead of** driving to work. (従業員は自動車通勤の代わりに、公共交通機関を利用するよう推奨されています)	「語彙問題」の常連ワード。 副詞insteadも選択肢によく出る。文脈をつかんでから解答しよう。
Permission from your supervisor is required to receive reimbursement of travel expenses. (出張費の払い戻しを受けるには、上司の許可が必要です)	permission＝OK！ 同じOKでも、名詞permitは「許可を与える書面」を指す。例えば、parking permitで「駐車許可証」。
Please refrain from using the elevator until you are **notified**. (告知があるまでは、エレベーターのご使用はお控えください)	notifyの用法をチェック。 notify A of B（AにBを知らせる）と受け身〈A＋be動詞＋notified (of B)〉を押さえよう。Aには「人」がくる。
Employees are asked to refrain from **working overtime**. (従業員は、残業するのを控えてください)	時間オーバーで「時間外」。 TOEICワールドの企業では、残業をすれば残業手当がちゃんとつく。
Please **follow the instructions** exactly when using these devices. (これらの機器をご使用になる際は、きちんと説明書の指示に従ってください)	manualで言い換え可能。 instructionsの方がカタイ感じ。TOEICワールドでは、説明書に従うのがセオリー。

Day 19

463 participate
[pɑːrtísəpèɪt]

動 参加する
派 participation 名 参加
　 participant 名 参加者
＝ attend 動 ～に参加する（▶093）

1. participate in a workshop
1. 講習会に参加する

464 automatically
[ɔ̀ːtəmǽtɪkəli]

副 自動的に
派 automatic 形 自動的な
　 automated 形 自動化された

1. renew automatically
1. 自動更新する

465 oblige
[əbláɪdʒ]

動 ～を義務付ける、
　 ～の願いをかなえる
派 obligation 名 義務
　 obligatory 形 義務的な
＝ mandatory 形 義務的な（▶397）

1. be obliged to do
2. oblige one's request
1. ～することが義務付けられている
2. ～の頼みを聞き入れる

466 regulations
[règjəléɪʃənz]

名 [複数形で] 規則、規制
派 regulate 動 ～を規制する
＝ rule 名 規則、ルール

1. safety regulations
2. under new regulations
3. rules and regulations
1. 安全規則
2. 新しい規制の下では
3. 規則

467 comply
[kəmpláɪ]

動 従う
派 compliance 名 順守（▶509）

1. comply with rules and regulations
1. 規則に従う

468 provided that ...

もし…ならば
参 provide 動 ～を提供する（▶442）

Those who want to **participate in the workshop** have to register in advance. (**講習会に参加**したい方は、事前に登録しなければなりません)	**Q** participateをフレーズで言い換えると？ **A** take part in。
This contract will **renew automatically** every year unless terminated in advance. (この契約は、事前に解除されないと毎年**自動更新します**)	renewとセットで覚えよう！ 受け身のbe automatically renewed（自動的に更新される）も注意しよう。
All new recruits **are obliged to** undergo on-the-job training. (新入社員は全員、現場研修を受ける**ことが義務付けられています**)	must doのカタイ言い方。 カンタンな英語表現で言い換えると、覚えやすいよ。
The new **safety regulations** come into effect this week. (新しい**安全規則**は、今週から施行されます)	例文のcome into effectは、「（規則・法律などが）施行される、効力を発する▶662」。こちらも重要。
All employees must **comply with** the company's **rules and regulations**. (すべての従業員は、会社の**規則に従わ**なければなりません)	「コンプライアンス」の動詞形。 コンプライアンスとは、企業が守るべき「規則やモラル」のこと。ビジネス分野の必須ワード。
We will ship your order within 5 days, **provided that** payment has been confirmed. (お支払いが確認できれ**ば**、ご注文の品を5日以内に発送します)	=ifと考えてもOK。 厳密に言うと、if only …（ただ…でさえあれば）に近い。

Day 19

469 basis
[béɪsɪs]
名 基準、基礎
1. on a monthly basis — 月単位で、毎月

470 regret
[rɪgrét]
動 ～を残念に思う、～を後悔する
名 後悔
1. We regret to inform you that ... — 申し訳ありませんが、…

471 except
[ɪksépt]
前 ～を除いて、～以外に
派 exception 名 例外
exceptional 形 例外的な、とても優れた
exceptionally 副 例外的に、非常に

禁止・罰金

472 authorize
[ɔ́ːθəràɪz]
動 ～に権限を与える、～を許可する
派 authorized 形 公認の
authorization 名 許可、権限
authorities 名 (行政)当局、権力(▶573)
1. be authorized to do — ～する権限が与えられている

473 restrict
[rɪstríkt]
動 ～を制限する
派 restriction 名 制限
= limit 動 ～を制限する(▶260)
1. restrict access — アクセスを制限する

474 in the event of ...
(万一)…の場合には

475 fine
[fáɪn]
動 ～に罰金を科す
名 罰金

Employee salaries are paid **on a monthly basis**. (従業員の給与は、**月単位で**支払われます)	**basisが空所で出る** on a daily basis（毎日）やon a weekly basis（毎週）などのバリエーションも押さえてね。
We regret to inform you that we are now experiencing delays in shipping. (**申し訳ありませんが**、現在出荷が遅れています)	謝罪の定番フレーズ。 We regret any inconvenience you have experienced.（ご迷惑をおかけし申し訳ございません）も同じく定番。
The customer service center is open 24 hours a day **except** on Sundays. (カスタマー・サービス・センターは、日曜日**を除いて**24時間営業しております)	**withoutとの違いが問われる。** withoutはnot having（〜なしで、持ってないので）、exceptはexcluding（〜を除いて）の意味。日本語で考えるとごっちゃになるので注意。
Only managers **are authorized to** access the personal information database. (部長だけに個人情報のデータベースにアクセス**する権限が与えられています**)	派生語を意識しよう。 「品詞問題」の常連なので、派生語がポイント。パート7などで意味を取るときは、＝be permitted（許可される）と考えるとカンタン。
Access to Zeta's Web site is **restricted**. (ゼータ社のウェブサイトへの**アクセスは制限されています**)	「プチ禁止」のニュアンス。 例えば、ウェブへのアクセスをpermit（許可する）、restrict（制限する）、prohibit（禁止する）というように、関連づけて覚えてね。
In the event of computer trouble, restart the computer without turning off the power. (PCトラブル**の場合には**、電源を落とさずに再起動してください)	使い方に注意。 〈In the event of＋名詞（句）〉、〈in the event that＋S＋V〉の用法が大事。
Drivers of illegally parked cars will be **fined**. (違法駐車のドライバーには、**罰金が科せられます**)	「すばらしい」の意味だけじゃない！ 名詞fineのフレーズ、pay a $20 fine（20ドルの罰金を支払う）もチェックしよう。

476 exceed
[ɪksíːd]

動 ~を超える
派 excess 名 超過
excessive 形 過度の

1 exceed the weight limit
2 exceed expectations

1 重量制限を超える
2 予想を上回る

477 avoid
[əvɔ́ɪd]

動 ~を避ける

1 avoid doing

1 ~することを避ける

478 laboratory
[lǽbərətɔ̀ːri]

名 研究所, 実験室

1分でチェック！　今回学習した単語の意味を言ってみよう。

- ① undergo
- ② reimburse
- ③ encourage
- ④ in accordance with
- ⑤ protective
- ⑥ abide by
- ⑦ procedure
- ⑧ instead of
- ⑨ permission
- ⑩ notify
- ⑪ overtime
- ⑫ instructions
- ⑬ participate
- ⑭ automatically
- ⑮ oblige
- ⑯ regulations
- ⑰ comply
- ⑱ provided that
- ⑲ basis
- ⑳ regret
- ㉑ except
- ㉒ authorize
- ㉓ restrict
- ㉔ in the event of
- ㉕ fine
- ㉖ exceed
- ㉗ avoid
- ㉘ laboratory

Packages **exceeding the weight limit** are subject to an overweight fee. （重量制限を超える荷物には、超過料金がかかります）	迷ったらexceedingを選ぼう。 Packages are exceeding the weight limit.（能動）なので、exceedingが正解。「文法問題」では、〜ing（現在分詞）と〜ed（過去分詞）が問われるよ。
Please **avoid** us**ing** cell phones in this building. （この建物では、携帯電話の使用**をお控え**ください）	「メガフェプス」＋動名詞。 動詞mind、enjoy、give up、avoid、finish、escape、postpone、suggestのあとには「動名詞」がくる。それぞれの最初の1字から、megafeps（メガフェプス）と覚えてね。
Employees are not allowed to enter the **laboratory** without authorization. （従業員は許可なく、**研究所**に入ることは許されません）	短縮形はlab。 lab equipmentで「実験器具」、computer labで「コンピューター室」という意味。

答え

- ① 〜を受ける、〜を経験する
- ② 〜を払い戻す
- ③ 〜を推奨する
- ④ 〜に従って
- ⑤ 保護する
- ⑥ 〜に従う、〜を守る
- ⑦ 手順
- ⑧ 〜の代わりに
- ⑨ 許可
- ⑩ 〜に通知する、〜に告知する
- ⑪ 時間外に、時間外の
- ⑫ 説明書、指示
- ⑬ 参加する
- ⑭ 自動的に
- ⑮ 〜を義務付ける
- ⑯ 規則、規制
- ⑰ 従う
- ⑱ もし〜ならば
- ⑲ 基準、基礎
- ⑳ 〜を残念に思う
- ㉑ 〜を除いて
- ㉒ 〜に権限を与える
- ㉓ 〜を制限する
- ㉔ 〜の場合には
- ㉕ 〜に罰金を科す
- ㉖ 〜を超える
- ㉗ 〜を避ける
- ㉘ 研究所

Day 20 経済／市場

経済

479 implement
[ímpləmènt]

- 動 ～を実行する
- 名 道具
- = carry out ... …を実行する（▶653）
  - execute 動 ～を実行する（▶731）
  - perform 動 ～を実行する（▶264）

1. implement a policy — 政策を実行する
2. implement changes — 改革を実行する
3. implement a strategy — 戦略を実行する

480 downturn
[dáʊntə:rn]

- 名（景気、経済などの）**悪化、下降**
- = recession 名 不景気

1. economic downturn — 景気の悪化
2. downturn in sales — 売り上げの下落

481 revenue
[révənù:]

- 名 **収入**

1. tax revenue — 税収
2. rise in revenue — 増収
3. main source of revenue — 主な財源

482 economic
[èkəná:mɪk]

- 形 **経済の**
- 派 economical 形 経済的な（▶318）
  - economy 名 経済
  - economics 名 経済学

1. economic growth — 経済成長（率）
2. economic expansion — 景気拡大
3. economic policy — 経済政策

483 rapidly
[rǽpɪdli]

- 副 **急速に**
- 派 rapid 形 速い
- = quickly 副 速く

1. increase rapidly — 急増する
2. grow rapidly — 急成長する

経済ワードは、市場動向や会社紹介が中心。売り上げ好調でイケイケな企業が多いのが特徴。

The state government has decided to **implement a** new economic **policy**. (州政府は、新しい経済**政策を実行する**ことに決めました)	**-mentだけど動詞。** 語尾の例外に注意。「品詞問題」では、名詞implementation（実施）も出る。
Automobile production has fallen due to the **economic downturn**. (**景気悪化**のため、自動車の生産量は減少しています)	**TOEICワールドは、基本的に好景気。** 「経済ニュース」などで、たまに不景気の話題が出ることもある。
In the recession of 2016, the government's **tax revenue** decreased by 12 percent. (2016年の不況下で、政府の**税収**は12%減少しました)	**Q** revenueは政府や会社の「収入」。では、個人の「収入」は？ **A** earnings(▶418)、またはincome。
Malaysia's **economic growth** this year is expected to exceed 2.5 percent. (今年のマレーシアの**経済成長率**は、2.5%を超える見込みです)	**TOEICでは、専門知識は不要！** TOEICに難しい経済用語は出ない。英語力を測るテストで、経済の知識を問うテストではないので。
Costs for raw materials have **increased rapidly** due to higher crude oil prices. (原油価格高騰のため、原材料費が**急増して**います)	**パート5のカギは「副詞」。** 〈動詞＋副詞〉パターンでは、副詞が空所で問われたよね(▶319)。

Day 20

484 leading
[líːdɪŋ]

形 **一流の、主要な**
派 lead 動 ～を率いる
　　leader 名 指導者

1. leading manufacturer
2. leading product
3. leading actress

1. 大手メーカー
2. 主力商品
3. 主演女優

485 in preparation for ...
[prèpəréɪʃən]

…に備えて
参 preparation 名 用意、準備
派 prepare 動 ～を用意する

486 shortly
[ʃɔ́ːrtli]

副 **まもなく、すぐに**
派 short 形 短い、不足した
　　shorten 動 ～を短くする
= soon 副 すぐに

1. shortly after ...

1. …の直後に

487 emphasis
[émfəsɪs]

名 **強調、重視**
派 emphasize 動 ～を強調する
= stress 名 強調（▶680）

1. put emphasis on ...
2. with an emphasis on ...

1. …を重視する
2. …を重視しながら

488 raise
[réɪz]

動 **～を上げる**
名 **昇給**

1. raise the interest rate
2. raise money
3. salary raise

1. 金利を引き上げる
2. 資金を集める
3. 昇給

489 thoroughly
[θə́ːrouli] ❗発音

副 **徹底的に**
派 thorough 形 徹底的な

1. thoroughly review
2. thoroughly analyze

1. ～を徹底的に見直す
2. ～を徹底的に分析する

Brown Ceramics is one of the **leading manufacturers** of superconductors in North America. （ブラウンセラミックス社は、北米における超伝導体の**大手メーカー**のひとつです）	先頭を走っているイメージ。 フレーズ1以外にも、leading companyやleading firmが出る。
In preparation for the new project, Jeff & Associates established a branch office in Tokyo. （新規プロジェクト**に備えて**、ジェフ＆アソシエイツ社は東京に支店を設立しました）	「事業拡大」のトピックで登場。 パート5では、「新規事業に備えて」や「顧客ニーズの増加に備えて」など、景気のいい話で使われる。
The New York market fell 2 percent **shortly after** the opening on Monday. （月曜に開場した**直後**、ニューヨーク市場は2%下落しました）	shortlyが空所で問われる。 〈shortly after＋名詞〉以外に、〈shortly after＋主語＋述語〉のパターンもある。
Tony Corp. **puts** strong **emphasis on** the customer needs for new products. （トニー社は、新製品に対する顧客ニーズをとても**重視しています**）	put (emphasis) onの形を見抜こう！ 「品詞問題」ではemphasisの部分が空所。選択肢にはemphasizedやemphasizingが並ぶが、名詞を選べばOK。
Metropolitan Bank **raised the interest rate** it charges for home equity loans to 7.5 percent. （メトロポリタン銀行は、住宅担保ローンの**金利**を7.5%に**引き上げました**）	自動詞、他動詞を見分けよう！ 空所の直後に目的語（名詞）があれば、他動詞raiseが正解。自動詞rise（上がる）を選んではダメ。
The committee **thoroughly reviewed** the development plans for the downtown park district. （委員会は、中心街にある公園区域の開発計画を**徹底的に見直しました**）	パート5の最重要副詞。 be thoroughly reviewedやbe thoroughly analyzedなど、受け身にも対応できるようにしよう。

490 formally
[fɔ́ːrməli]

副 正式に
派 formal 形 正式な
= officially 公式に、正式に

1. formally announce — ～を正式に発表する
2. formally decide — ～を正式に決める

491 unfavorable
[ʌnféɪvərəbl]

形 好ましくない
⇔ favorable 形 好ましい

1. unfavorable conditions — 好ましくない状況

492 consecutive
[kənsékjətɪv]

形 連続した
派 consecutively 副 連続して

1. for two consecutive years — 2年連続で

493 whole
[hóʊl]

名 全体
形 全体の
= entire 形 全体の (▶247)

1. as a whole — 全体として
2. on the whole — 全体的に見ると
3. for a whole year — まる1年

494 inevitable
[ɪnévətəbl]

形 避けられない

1. It is inevitable that ... — …は避けられない。

495 state-of-the-art
[stéɪt əv ði άːrt]

形 最新式の
= latest 形 最新の (▶546)
up-to-date 形 最新式の

1. state-of-the-art technology — 最新技術
2. state-of-the-art facility — 最先端施設

Delta's latest software update was **formally announced** last week. (デルタ社の最新ソフトウェアのアップデートが先週正式に発表されました)	〈副詞＋動詞〉パターンの定番！ be formally announcedは、489のコメント内のフレーズと同じ受け身だね。
Structural reforms should be implemented during **unfavorable** economic conditions. (好ましくない経済状況においては、構造改革が実行されるべきです)	un-は「否定」を表す（▶287）。 favorable⇔unfavorable、expected⇔unexpected、fortunately⇔unfortunately。un-ありなしのセットで覚えよう。
Prices have climbed **for two consecutive years**. (物価は2年連続で上昇しています)	**Q** フレーズをin a rowを使って言い換えると？ **A** for two years in a rowが正解。in a row（▶017）には「連続して」の意味もある。
The economic recession has had a huge impact on the society **as a whole**. (経済不況は、全体として社会に大きな影響を与えています)	allとの違いが出る。 例えば、5つのプロジェクト「全部」だとall the projects、あるプロジェクト「全体」だとthe whole projectのように使う。
It is inevitable that the unemployment rate will rise due to the economic recession. (景気後退のため、失業率が上がるのは避けられません)	〈It is＋形容詞＋that〉パターン。 It is probable that ...（おそらく…だろう ▶311）もこの形だったね。
The exhibit will display **state-of-the-art** mobile phone technology. (展覧会では、最新の携帯電話技術を展示します)	TOEICは新しモノ好き。 登場人物は、latest book（新刊本）やup-to-date data（最新のデータ）など、新しいものに目がない。

496 aim
[éim]
動 **目指す、~を向ける**
名 目標、ねらい

1. aim to do — ~することを目指す

497 award
[əwɔ́ːrd] ❗発音
名 **賞**
動 (賞など)**を与える**
= prize 名 賞(▶239)

1. receive an award — 賞を受賞する
2. awards ceremony — 授賞式
3. award a prize — 賞を授与する

498 altogether
[ɔːltəɡéðər]
副 **全部で**、まったく

499 temporary
[témpərèri]
形 **一時の、臨時の**
⇔ permanent 形 永続する

1. temporary worker — 臨時社員
2. temporary staff — 臨時社員

市場

500 sharply
[ʃɑ́ːrpli]
副 **急激に**
派 sharp 形 鋭い
　　sharpen 動 ~を鋭くする

1. rise sharply — 急上昇[急増]する
2. fall sharply — 急落する

501 profitable
[prɑ́ːfətəbl]
形 **利益になる、もうかる**
派 profit 名 利益(▶314)

1. profitable market — 利益の高い市場
2. profitable business — もうかる商売

YouMart **aims to** expand its sales in the Asian market. (ユーマートは、アジア市場で販売を拡大することを目指しています)	to doが空所。 不定詞を取る動詞は「未来」のニュアンスを持つ。hope to do（～したいと思う）やdecide to do（～しようと決める）などが好例だね。
Mr. Kim has become the first Korean economist to **receive the award**. (キムさんは、その賞を受賞した最初の韓国人経済学者になりました)	名詞と動詞、両方大事！ 形容詞award-winning（受賞した）も覚えておこう。an award-winning commercialで「賞を獲得した広告」。
Altogether, six companies agreed to collaborate on the development of new products. (全部で6社が、新製品の開発に共同で取り組むことに合意しました)	altogetherが空所で出る。 例文のように、〈(Altogether),＋数字〉で始まっていれば間違いない。
The use of **temporary workers** has increased over the past few years. (この数年間で、臨時[派遣]社員を使うことが増えてきています)	人材派遣会社「テンプスタッフ」は、temporary staffの略。permanent staffだと「正社員」の意味。
Sales of electric vehicles have **risen sharply** in recent years. (電気自動車の売り上げは、この数年で急増しています)	動詞との相性を見よう。 「語彙問題」は、意味からは解けないケースが多い。副詞は動詞とのセットで暗記しよう。
International communication companies around the world have been expanding their business into more **profitable markets**. (世界中の国際的な通信会社が、より利益の高い市場へと事業を拡大しています)	〈profit＋able〉でイメージ！ パート5では、比較級や最上級といっしょに使われることが多い。

Day 20

502 dominant
[dá:mənənt]

形 支配的な、有力な
派 dominate 動 〜を支配する

1. dominant share — 圧倒的なシェア
2. dominant role — 主要な役割
3. dominant figure — 有力な人物

503 boost
[bú:st]

動 〜を増加させる、〜を押し上げる
名 後押し、上昇
= increase 動 〜を増やす (▶505)

1. boost sales — 売り上げを伸ばす
2. boost demand — 需要を高める
3. boost profits — 利益を押し上げる
4. economic boost — 経済推進力

504 exclusive
[ɪksklú:sɪv]

形 独占的な、高級な
派 exclusively 副 独占的に
exclude 動 〜を排除する (▶200)

1. exclusive rights — 独占権
2. exclusive restaurant — 高級レストラン

1分でチェック！ 今回学習した単語の意味を言ってみよう。

- ① implement
- ② downturn
- ③ revenue
- ④ economic
- ⑤ rapidly
- ⑥ leading
- ⑦ in preparation for
- ⑧ shortly
- ⑨ emphasis
- ⑩ raise
- ⑪ thoroughly
- ⑫ formally
- ⑬ unfavorable
- ⑭ consecutive
- ⑮ whole
- ⑯ inevitable
- ⑰ state-of-the-art
- ⑱ aim
- ⑲ award
- ⑳ altogether
- ㉑ temporary
- ㉒ sharply
- ㉓ profitable
- ㉔ dominant
- ㉕ boost
- ㉖ exclusive

Anderson Manufacturing has a **dominant share** of the North America copy machine market.
（アンダーソン製作所は、北米のコピー機市場で圧倒的なシェアを誇っています）

dominant market share（圧倒的な市場シェア）は、「売上No. 1」ということ。

T-Mart **boosted** its **sales** this year by more than 20 percent.
（T-マートは今年、20％以上売り上げを伸ばしました）

「下からグッと押し上げる」イメージ。
名詞で「後押し、上昇」の意味もあるので、どちらが出ても対応できるようにしておこう。

SA Group has obtained the **exclusive rights** to distribute Tigra Inc. watches in Europe.
（SAグループは、ヨーロッパでティグラ社の腕時計を販売する独占権を獲得しました）

選択肢で見たら、即答！
正解になる確率が高い。「独占」⇒「ほかを排除する」とイメージしてね。

答え

- ① ～を実行する
- ② 悪化、下降
- ③ 収入
- ④ 経済の
- ⑤ 急速に
- ⑥ 一流の、主要な
- ⑦ ～に備えて
- ⑧ まもなく、すぐに
- ⑨ 強調、重視
- ⑩ ～を上げる、昇給
- ⑪ 徹底的に
- ⑫ 正式に
- ⑬ 好ましくない
- ⑭ 連続した
- ⑮ 全体、全体の
- ⑯ 避けられない
- ⑰ 最新式の
- ⑱ 目指す、～を向ける
- ⑲ 賞、～を与える
- ⑳ 全部で
- ㉑ 一時の、臨時の
- ㉒ 急激に
- ㉓ 利益になる、もうかる
- ㉔ 支配的な、有力な
- ㉕ ～を増加させる、後押し
- ㉖ 独占的な、高級な

Day 21 経営／社会・行政ほか

経営

505 reduce [rɪdúːs]
- 動 ～を減らす、減る
- 派 reduction 名 減少
- ＝ cut down on ... …を減らす
- ⇔ increase 動 ～を増やす、増える 名 増加

1. reduce expenses — 支出を減らす
2. reduce inventory — 在庫を減らす

506 competitive [kəmpétətɪv]
- 形 競争の、競争力のある
- 派 compete 動 競争する (▶282)
  compétition 名 競争
  competitor 名 ライバル会社

1. competitive price — 低価格
2. competitive business — 競争の激しいビジネス
3. competitive with ... — …に対抗する

507 allocate [æləkèɪt]
- 動 ～を割り当てる
- 派 allocation 名 割り当て、配分

1. allocate a budget — 予算を割り当てる
2. allocate resources — 資源[資産]を配分する

508 fiscal [fískl]
- 形 会計の

1. fiscal 2017 — 2017(会計)年度
2. fiscal year — 会計年度

509 in compliance with ...
- …に従って
- 参 compliance 名 (規則などの)順守、コンプライアンス
- 派 comply 動 従う (▶467)

ボランティアや環境問題など、社会への意識がすこぶる高い。「前向き」ワードが出る。

AK & K Inc. has made a positive change to **reduce expenses**. （AK&K社は、**支出を減らす**ために積極的な改革を進めています）	TOEICワールドは、ムダなことが大嫌い。 reduce the cost（コストを削減する）やreduce the budget（予算を削減する）など、とことん効率化を図る。
Takagi Industries provides high-tech products at **competitive prices**. （タカギ工業は、**低価格**でハイテク製品を提供しています）	負けず嫌いなcompetitive！ 「他社と競争しても負けない価格」⇒「低価格」。一方、competitive salaryだと、「他社に負けない給与」⇒「高給」の意味だね。
The city council has agreed to **allocate** 20 percent of **its budget** for public works. （市議会は、公共事業に**予算**の20%を**割り当てる**ことに同意しました）	**Q** ①「予算配分」、②「資源の配分」を英語で言うと？ **A** ①budget allocation、②resource allocation。
The company lowered its sales forecast for **fiscal 2017**. （その会社は、**2017年度**の売上予測を下方修正しました）	パート5〜7の必須単語。 会計年度は、日本では4月スタート、アメリカでは10月スタートの会社が多い。
Businesses must operate **in compliance with** laws and regulations. （企業は法令**に従って**運営しなければなりません）	「社内規定」のトピックで登場。 「法令」のほかに、「要求」や「取り決め」にも使う。in compliance with demands from clientsで「クライアントの要求に従って」の意味。

Day 21

510 innovative
[ínəvèɪtɪv]

形 革新的な
派 innovate 動 ～を革新する
innovation 名 革新

1. innovative technology
2. innovative solution

1. 革新的な技術
2. 革新的な解決策

511 issue
[íʃuː]

動 (命令など)を出す、～を発行する
名 問題、(雑誌の)号、発行
= release 動 ～を発表する(▶752)
名 発表

1. issue a statement
2. issue a bill
3. address an issue
4. the May issue

1. 声明を出す
2. 請求書を発行する
3. 問題に取り組む
4. 5月号

512 productivity
[pròʊdʌktívəti]

名 生産性
派 produce 動 ～を生産する 名 農作物
production 名 生産(高)(▶359)
productive 形 生産的な

1. increase productivity
2. productivity of an employee

1. 生産性を上げる
2. 従業員の生産性

513 cost
[kɔ́(ː)st]

名 費用、経費
動 (お金・費用)がかかる

1. labor costs
2. production costs
3. additional costs
4. estimate the cost
5. at no cost

1. 人件費
2. 生産コスト
3. 追加費用
4. 費用を見積もる
5. 無料で

社会・行政

514 enforce
[ɪnfɔ́ːrs]

動 ～を実施する、～を施行する
派 enforcement 名 実施、施行
= implement 動 ～を実行する(▶479)

1. enforce a regulation
2. enforce a contract

1. 規制を実施する
2. 契約を履行する

The company has developed several **innovative technologies** used in its unique products. (その会社は、自社独自の製品向けに使われる**革新的な技術**を開発しています)	「品詞問題」は語尾を見よ！ -ateは「動詞」、-ionは「名詞」、-iveは「形容詞」を表す。例文は〈形容詞＋名詞〉のパターン。
The CEO of Dall Industries is expected to **issue a statement** regarding its merger with U.S. Electronics. (ドール工業のCEOは、U.S.電子との合併に関して、**声明を発表する**予定です)	「シュー」っと、出てくる感じ。 ここから、「出す、発行する」の意味になる。パート3〜7で出まくりワード。
Workplace health programs **increase** employee **productivity**. (職場の健康プログラムは、従業員の**生産性を向上させます**)	派生語を整理しよう。 produceの派生語は「品詞問題」の常連。名詞トリオの①productivity、②production、③product（製品）の違いもチェックしてね。
Many companies relocate their factories to South America to cut **labor costs**. (多くの企業が**人件費**を削減するために、工場を南米に移転します)	動詞の用法に注意。 〈cost(＋人)＋金額〉で「(人に)〜かかる」。The seminar costs $50 per person.（そのセミナーは1人、50ドルかかります）。
Toronto City has tried to **enforce** new environmental **regulations** over the last five years. (トロント市は過去5年間にわたって、新しい環境**規制を実施し**ようとしてきました)	規則や契約と相性がいい。 〈en(〜の状態にする)＋force(力)〉＝「力がある状態にする」⇒「実施する」のニュアンス。

515 fund-raising
[fʌ́nd rèɪzɪŋ]
形 資金集めの

1. fund-raising campaign — 1. 資金集めの運動

516 statement
[stéɪtmənt]
名 声明、発言、明細書
派 state 動 ～について述べる (▶773)

1. release a statement — 1. 声明を出す
2. receive a statement — 2. 明細書を受け取る
3. billing statement — 3. 請求書

517 public
[pʌ́blɪk]
名 一般人
形 公共の、上場した

1. be open to the public — 1. 一般公開される
2. public library — 2. 公共〔公立〕図書館
3. public relations — 3. 広報活動
4. go public — 4. 株式を公開する

518 coverage
[kʌ́vərɪdʒ]
名 報道、範囲
派 cover 動 ～を報道する、～を覆う (▶353)

1. media coverage — 1. マスコミ報道
2. health insurance coverage — 2. 健康保険(の補償範囲)
3. expand coverage — 3. (携帯などの)サービスエリアを拡大する

519 approve
[əprúːv]
動 ～を承認する、～に賛成する
派 approval 名 承認 (▶118)

1. approve a plan — 1. 計画を承認する
2. approve a budget — 2. 予算を承認する

520 phase
[féɪz]
名 段階
= stage 名 段階、舞台

1. the first phase — 1. 第1段階

A local citizens' group has launched a **fund-raising campaign** for the charity. （市民団体は慈善のために、**資金集めの運動**を始めました）	TOEICには、「慈善活動」トピックも多い。 charity（慈善行為）やvolunteer（ボランティア）といった、おなじみの単語が出る。
The mayor is expected to **release a** public **statement** today about his re-election campaign. （市長は再選を目指す選挙運動について、本日公式**声明を発表する**予定です）	文脈から意味を取ろう。 フレーズ1〜3のように、意味の違いがポイント。フレーズで暗記するのがベスト。
The London Opera House **was open to the public** from July 10 to August 31. （ロンドンオペラハウスは、7月10日から8月31日まで**一般公開されました**）	＝peopleの意味。 the general public（一般人）は盲点。private（私的な）⇔publicの対比に加えて、派生語publication（出版 ▶716）やpublicity（公開、宣伝 ▶756）もチェックしよう。
The presidential election in November got a lot of **media coverage**. （11月の大統領選挙は、大きく**マスコミで報道**されました）	「覆う」が基本のイメージ。 ここから広げて、「範囲」や「報道」の意味を覚えよう。
The state government has **approved the plan** to reduce the budget deficit. （州政府は、財政赤字を削減する**計画を承認**しました）	「承認する」＝OKのこと。 大学受験だと「賛成する」の意味が大事。TOEICでは「承認する」が出まくり。
The Lincoln Library has completed **the first phase** of renovations. （リンカーン図書館は、修復の**第1段階**を終えました）	「語彙問題」での出題歴アリ。 the shipping phase of your order（ご注文いただいた商品の発送段階）のように、具体的な事柄にも注意。

Day 21

521 impose
[ɪmpóʊz]

動 ～を課す
派 imposition 名 課すこと、税金

1. impose A on B
1. AをBに課す

環境

522 preserve
[prɪzə́ːrv]

動 ～を保護する、～を保存する
名 自然保護地域
派 preservation 名 保護、保存

1. preserve the environment
1. 環境を保護する

523 conserve
[kənsə́ːrv]

動 ～を保護する、～を節約する
派 conservation 名 保護、節約
＝ preserve 動 ～を保護する（▶522）

1. conserve forests
2. conserve gasoline
1. 森林を保護する
2. ガソリンを節約する

524 consumption
[kənsʌ́mpʃən]

名 消費
派 consume 動 ～を消費する
　　consumer 名 消費者

1. reduce consumption
2. fuel consumption
1. 消費を減らす
2. 燃料消費

525 sustainable
[səstéɪnəbl]

形 持続可能な、地球に優しい
派 sustain 動 ～を持続する

1. sustainable energy
1. 持続可能なエネルギー

526 environmental
[ɪnvàɪərnméntl]

形 環境の
派 environment 名 環境
　　environmentally 副 環境に(関して)

1. environmental pollution
2. environmental conservation
1. 環境汚染
2. 環境保護

The government will **impose** duties **on** imports of foreign cars. （政府は、関税を外車の輸入に課す予定です）	受け身A be imposed on B（AがBに課される）にも注意。例文の別バージョン、Duties will be imposed on imports …も大事。
The two local governments have come together to **preserve the environment**. （2つの地方自治体は、環境を保護するために協力しています）	-serveの意味は「とっておく」。〈pre（前もって）＋serve〉＝「前もってとっておく」⇒「保存する」。
Dixon & Dixon has initiated a plan to **conserve forests**. （ディクソン＆ディクソン社は、森林を保護する計画に着手しました）	TOEICワールドは、「エコ活動」にも積極的！社内では、リサイクルのためにごみの分別を徹底しているところも多い。
The supermarket chain is trying to **reduce the consumption** of plastic bags. （そのスーパー・チェーンは、ビニール袋の消費を減らそうとしています）	**Q** plastic bagは「ビニール袋」。ではplastic bottleは？ **A**「ペットボトル」。
Institute members are devoted to developing **sustainable energy** technologies. （研究所員は、持続可能なエネルギー技術の開発に専念しています）	環境問題のキーワード。「持続可能なエネルギー」は、太陽光や風など、自然の力を利用して作られるエネルギーのこと。
The company is making an effort to tackle **environmental pollution**. （その会社は、環境汚染に取り組もうと努力しています）	副詞攻略はハイスコアへの近道。This product is (environmentally) friendly.（この製品は環境に優しい）のように、-ly＋-ly〈副詞＋形容詞〉パターンも出る。

Day 21

527 severe
[sɪvíər] ❗発音
1 severe damage

形 **深刻な**、厳しい
= serious 形 重大な、真剣な
1 深刻な被害

ホテル

528 accommodate
[əká:mədèɪt]
1 accommodate ... guests
2 accommodate one's request
3 accommodate one's schedule

動 **(人)を収容する、〜を受け入れる**
派 accommodation 名 宿泊施設
1 …人の客を収容する
2 〜からの要求に応える
3 〜のスケジュールに（予定を）合わせる

529 in addition to ...

…に加えて
参 addition 名 追加（▶376）

530 complex
[kà:mpleks]
1 commercial complex
2 office complex
3 complex task

名 **複合施設**
形 **複雑な** [kà:mpléks]
1 商業複合施設
2 オフィスビル
3 複雑な作業

531 reputation
[rèpjətéɪʃən]
1 earn a reputation

名 **評判、名声**
1 評判を得る

532 renowned
[rɪnáʊnd]
1 renowned hotel
2 renowned architect

形 **有名な**
派 renown 名 有名、名声
= famous 形 有名な
  distinguished 形 有名な（▶229）
1 有名なホテル
2 有名な建築家

The hurricane caused **severe damage** in Miami. (ハリケーンは、マイアミに深刻な被害をもたらしました)	「深刻な」の意味を覚えよう！ 「彼はお金にシビア」の「シビア」は、「厳しい」の意味。でも、TOEICでは「深刻な」のほうが重要。
This hotel **accommodates** up to 150 **guests**. (このホテルには、最大150人までの客を収容[が宿泊]できます)	パート3、4、7の言い換えで出まくり フレーズ1はhold、フレーズ2はfulfill(▶434)やoblige(▶465)で言い換えられる。
In addition to the beautiful beach, the hotel offers a wide variety of leisure activities. (美しい海岸に加え、そのホテルはさまざまなレジャー活動を提供しています)	新形式の重要フレーズ。 文頭のIn addition,は、「さらに、その上」と追加の意味を示す。「文章挿入問題」を解くとき、これがヒントになる。
The hotel connects the amusement park with the "Town Mall" **commercial complex**. (そのホテルは、アミューズメントパークと商業複合施設「タウンモール」を結んでいます)	「シネコン」はcinema complexの略。 もともとは、「いろいろなモノが1つにまとまる」の意味。complex⇒facilities（施設）の言い換えを意識しよう。
Edwin Hotel has **earned an** excellent **reputation** among its guests. (エドウィンホテルは、宿泊客からすばらしい評判を得ています)	〈（動詞）＋目的語〉のパターンが出る。 空所のearn(▶418)は、reputationを目印にして即答しよう。
Some of California's most **renowned hotels** are in Laguna Beach. (カリフォルニアで最も有名なホテルの何軒かは、ラグナ・ビーチにあります)	**Q** renownedを左ページの2語以外で言い換えると？ **A** well-known(▶229)、notable(▶305)、prominent(▶750)が言えればOK。

533 require
[rɪkwáɪər]

動 ～を必要とする、～を要求する
派 requirement 名 必要条件

1. be required to do
2. required documents

1. ～することが求められている
2. 必要書類

534 renovation
[rènəvéɪʃən]

名 改装、修理
派 renovate 動 ～を改装する

1. undergo renovations
2. be closed for renovations

1. 改装する
2. 改装のため休業している

レストラン

535 suburb
[sʌ́bəːrb]

名 郊外

1. in the suburbs of ...

1. …の郊外に

536 fully
[fúli]

副 完全に、十分に
派 full 形 完全な、いっぱいの

1. be fully booked
2. be fully qualified for ...

1. 予約でいっぱいである
2. …に十分な資格がある

537 affordable
[əfɔ́ːrdəbl]

形 手ごろな値段の
派 afford 動 ～する余裕がある
　　affordability 名 値ごろ感
　　affordably 副 手ごろに
= reasonable 形 手ごろな (▶383)

1. at an affordable price
2. affordable hotel

1. 手ごろな値段で
2. 手ごろな値段のホテル

Hotel guests **are required to** pay for their rooms in advance. (宿泊客は、前もって部屋代を支払うことが求められています)	require thatに注意。 〈require that+S+V〉の場合、Vには「動詞の原形」がくる。〈required that+S+V〉でも、Vは「過去形」でなく、「動詞の原形」だよ。
Brown's Inn in Saint Paul was **undergoing renovations** when we visited. (セントポールのブラウンズ・インは、私たちが訪れたときに改装していました)	**Q** renovationとreformの違いは？ **A** renovationは建物の「改装」、reformは制度や組織の「改革」を表す。「家のリフォーム」は、英語的には間違い。
The newly opened restaurant is located **in the suburbs** of Milan. (新しくオープンしたレストランは、ミラノの郊外にあります)	suburbは都市の周辺地域にある住宅地。いわゆる「ベッドタウン」のこと。
The restaurant **is fully booked** for Saturday night. (そのレストランは、土曜の夜は予約でいっぱいです)	fullyとbooked、どちらも空所で出る！ フレーズ1の別バージョン、be already fully booked（すでに予約でいっぱいである）も要注意。
At Ken's Steak House, you can enjoy delicious meals **at an affordable price**. (ケンズ・ステーキハウスでは、手ごろな値段でおいしい料理が楽しめます)	プラスイメージの「安い」。 cheapは、「安っぽい」のマイナスイメージ。

Day 21

538 range
[réɪndʒ]

名 幅、範囲
動 及ぶ

1. a wide range of ...
2. price range
3. range from A to B

1. 幅広い…
2. 価格帯
3. AからBに及ぶ

2分でチェック！ 今回学習した単語の意味を言ってみよう。

- ① reduce
- ② competitive
- ③ allocate
- ④ fiscal
- ⑤ in compliance with
- ⑥ innovative
- ⑦ issue
- ⑧ productivity
- ⑨ cost
- ⑩ enforce
- ⑪ fund-raising
- ⑫ statement
- ⑬ public
- ⑭ coverage
- ⑮ approve
- ⑯ phase
- ⑰ impose
- ⑱ preserve
- ⑲ conserve
- ⑳ consumption
- ㉑ sustainable
- ㉒ environmental
- ㉓ severe
- ㉔ accommodate
- ㉕ in addition to
- ㉖ complex
- ㉗ reputation
- ㉘ renowned
- ㉙ require
- ㉚ renovation
- ㉛ suburb
- ㉜ fully
- ㉝ affordable
- ㉞ range

The restaurant offers **a wide range of** seasonal dishes.
（そのレストランは、**幅広い**季節限定料理を提供しています）

力（能力・知識）などの及ぶ「範囲」の意味。フレーズ1の応用 a wide range of pricesだと、「幅広い価格帯」だね。

答え

- ① ～を減らす、減る
- ② 競争の、競争力のある
- ③ ～を割り当てる
- ④ 会計の
- ⑤ ～に従って
- ⑥ 革新的な
- ⑦ ～を出す、～を発行する、問題
- ⑧ 生産性
- ⑨ 費用、経費
- ⑩ ～を実施する、～を施行する
- ⑪ 資金集めの
- ⑫ 声明、発言、明細書
- ⑬ 一般人、公共の、上場した
- ⑭ 報道、範囲
- ⑮ ～を承認する
- ⑯ 段階
- ⑰ ～を課す
- ⑱ ～を保護する
- ⑲ ～を保護する
- ⑳ 消費
- ㉑ 持続可能な
- ㉒ 環境の
- ㉓ 深刻な
- ㉔ ～を収容する
- ㉕ ～に加えて
- ㉖ 複合施設、複雑な
- ㉗ 評判、名声
- ㉘ 有名な
- ㉙ ～を必要とする
- ㉚ 改装
- ㉛ 郊外
- ㉜ 完全に、十分に
- ㉝ 手ごろな値段の
- ㉞ 幅、範囲、及ぶ

新形式で出るフレーズ　パート6編

空所に1文を入れる「文挿入問題」をはじめとする、文脈問題で必須の「接続副詞」の役割をする表現です。順接➡、逆説⬌のように、5つのパターンを記号イメージとともに覚えていきましょう。

➡ 順接　前のことがらから予想されることを、あとの文で述べる。

□ therefore	それゆえに
□ thus	それゆえに、だから
□ after all	結局(のところ)
□ eventually	結局(のところ)
□ as a result	結果として
□ in consequence	その結果 ❶ consequenceは「結果」の意味。
□ accordingly	したがって ❶ according to ...は「…にしたがって」。

⬌ 逆説　前のことがらから予想されることとは逆の結果を、あとの文で述べる。

□ however	しかしながら
□ nevertheless	それにもかかわらず
□ on the other hand	これに反して、他方では ❶ on the one handは「一方では」。
□ in contrast	対照的に、その一方
□ conversely	逆に

➕ 追加　前のことがらに、あとのことがらを付け加える。

☐ in addition	さらに、その上 ❗ in addition to ...は「…に加えて」。
☐ additionally	さらに、その上
☐ moreover	さらに、その上
☐ furthermore	さらに、その上
☐ besides	さらに、その上

➖ 言い換え　前のことがらを、別の表現で言い換える。

☐ in other words	言い換えると、つまり
☐ that is	すなわち
☐ that is to say	すなわち
☐ in short	要するに
☐ in a word	要するに、ひとことで言えば
☐ in conclusion	要するに

+α 例　前に述べたことがらについて、具体的な例を示す。

☐ for example	例えば
☐ for instance	例えば ❗ instanceは「例」の意味。

単語対策 プラス 接尾辞で得点アップ!

パート5や6の「品詞問題」では、選択肢の品詞の見極めが生命線です。品詞を接尾辞から見抜けると、解答のスピードが各段にアップします。

名詞をつくる接尾辞

-tion / -sion	reservation(予約)、tension(緊張)
-ance / -ence	acceptance(受け入れ)、reference(照会先)
-ity	productivity(生産性)
-ness	business(仕事)
-ment	payment(支払い)、agreement(合意)

動詞をつくる接尾辞

-en	strengthen(強化する)
-fy	modify(変更する)、notify(通知する)
-ize	organize(組織する)、apologize(謝罪する)

形容詞をつくる接尾辞

-able/-ible	available(利用できる)、accessible(到達できる)
-ous	various(さまざまな)
-ic, -ical	public(公共の)、economical(経済的な)
-ive	effective(効果的な)、comprehensive(総合的な)
-ful	careful(注意深い)、successful(成功した)

副詞をつくる接尾辞

-ly	recently(最近)、thoroughly(徹底的に)

ひっかけに使われる接尾辞

動詞の-ment ←名詞と混同	implement(実行する)
形容詞の-ly ←副詞と混同	costly(高価な)、friendly(親しい)

リーディングセクション

パート7（読解問題）
で出る単語

539 terms ▶▶▶ 777 probably

ターゲットは**239**語

Part 1
Part 2
Part 3
Part 4
Part 5&6
Part 7

パート7の単語対策

- 問題数は54問。
- メールや広告などの文書を読んで、その内容に関する設問に答える。
- 前半は文書が1つ、後半は2〜3つの文書を読む問題が出題される。

■ 攻略のポイント

文書の【ジャンル】から攻略しよう！

パート7では、文書の【ジャンル】が攻略のカギです。定番の《メール》、《広告》、《通知》に加え、《記事》や《オンラインチャット画面》なども出題されます。2〜3つの文書（マルチプルパッセージ）では、《メール》+《通知》や《広告》+《ウェブサイト》+《メール》のように、これらの文書が組み合わされます。

パート7の頻出文書

メール	①問い合わせ	Day 22	通知	①社内通知	Day 26
	②返信	Day 22		②公共のお知らせ	Day 27
	③注文・交渉	Day 22		③工事の案内	Day 27
	④クレームへの謝罪	Day 23	報告書	—	Day 27
	⑤業務連絡	Day 23	記事	①経済・市場	Day 28
ウェブサイト	—	Day 23		②合併・買収	Day 29
広告	①求人	Day 24		③再編・取り組み	Day 29
	②サービス案内	Day 24		④環境・エネルギー	Day 29
	③製品紹介	Day 25	プレスリリース	—	Day 30
	④お知らせ	Day 25	記入用紙	—	Day 30

■ 単語の覚え方

文書の【ジャンル】ごとに、単語・フレーズを「グループ」で覚えましょう。Day 22を見てください。ジャンルは【メール】での《問い合わせ》です。《問い合わせ》で多いのは、質問や依頼、要望のメールです。

「商品の支払い条件」(payment terms)や「仕様」(specifications)についての質問は、ビジネスでは欠かせません。また、「出荷日を早めてほしい」(expedite delivery date)や「総額」(total amount)を確認したい、「ある情報を知らせてほしい」(acknowledge)など、依頼や要望についての表現も押さえておきましょう。

■ 各文書の特徴

(1) メール
　もっとも多く出題される文書。商品・サービスに関する《問い合わせ》や「注文》、《クレームへの謝罪》などのメールが登場します。

(2) ウェブサイト
　ウェブ広告、ショッピングサイトやホテルなどの予約画面などが出題されます。サイト上から何ができるのか、誰に向けてのものなのかを把握してください。

(3) 広告
　《求人》では、資格や経験などの「条件」や「申込方法」、《サービス案内》《製品紹介》では、それらの「内容・特徴」が出題のポイントになります。

(4) 通知
　「社内向け」と「社外向け」の2パターン。社員向けの通知では《社内通知》と《工事案内》、社外だと、不特定多数に向けての《公共のお知らせ》が出ます。

(5) 報告書
　新製品などのアンケート結果をまとめた、社内向けの《報告書》が定番です。文章に加え、図表などの資料が使われることもあります。

(6) 記事
　「株式市場」、「金融」、「企業の活動」、「環境」などテーマは多様で、若干ハイレベル。語彙力が問われるジャンルです。

(7) プレスリリース
　「新規事業への参入」や「新製品の発表」などの公式発表が出ます。「会社案内」が多いのも特徴です。

(8) 記入用紙（フォーム）
　「アンケート」や「申込用紙」が出題されます。タイトルを見れば、どういった内容のものかがわかります。文字数が少ないので、攻略しやすいジャンルです。

Day 22 メール

問い合わせ(メール①)

539 terms [tə́ːrmz]
名 [複数形で]**条件、観点、用語**

1. payment terms
2. terms and conditions
3. in terms of quality
4. economic terms

1. 支払条件
2. 取引条件
3. 品質の観点から
4. 経済用語

540 specifications [spèsəfɪkéɪʃənz]
名 [複数形で]**仕様(書)**
派 specific 形 特定の
　　specify 動 ～を明確に述べる(▶580)

1. product specifications

1. 製品仕様(書)

541 expedite [ékspədàɪt]
動 **～を早める**
= accelerate 動 ～を加速させる(▶726)

1. expedite delivery date

1. 出荷日を早める

542 amount [əmáʊnt]
名 **量、(金)額**
動 **達する**

1. the total amount of ...
2. a large amount of ...
3. past due amount
4. amount to one million dollars

1. …の総額[総量]
2. 大量[多量]の…
3. 支払期限を過ぎた未払額
4. 100万ドルに達する

543 acknowledge [əknɑ́ːlɪdʒ]
動 **～を知らせる**、～を認める
派 acknowledgement 名 通知、承認

1. acknowledge receipt of ...

1. …を受け取ったことを知らせる

注文に関するやりとりメールは大事。トピックを押さえて、何がポイントかを見抜こう。

This e-mail is to inquire about your standard **payment terms**. (このメールで、標準の支払条件についてお尋ねいたします)	「範囲の限定」がもとの意味。 約束などの範囲を限定⇒「条件」、ものの見方の範囲を限定⇒「観点」、とイメージしてね。
Please send us the **product specifications** for the new computer. (新しいコンピューターの製品仕様書を私たちに送ってください)	TOEICでは「仕様」の意味を押さえる。 「彼は、ハイスペックだ」と言えば、イケメン・高学歴・高収入のことだけどね。
Could you **expedite the delivery date**? (出荷日を早めていただけますか？)	ビジネスはスピード命！ 飛行機の遅延や待ち合わせでの遅刻など、何かと遅れることの多いTOEIC。でも、発送は急がせる。
I would like to confirm **the total amount of** my order. (私が注文した商品の総額を確認したいのですが)	「注文」トピックで出る。 「量」の意味では、quantityで言い換え可能。動詞の用法、amount toは盲点だね。
Please **acknowledge receipt of** this e-mail. (このメールを受け取りましたらお知らせください)	let me knowのニュアンス。 「知らせる、認める」以外にも、「〜に感謝する」の意味も出る。acknowledge financial supportで「資金援助に感謝する」。

Day 22

544 price
[práɪs]

- 名 価格、値段
- 動 ～に値段をつける

1. wholesale price — 卸売価格
2. discounted price — 割引価格
3. price list — 価格表
4. reduce the price — 値段を下げる

返信（メール②）

545 response
[rɪspɑ́:ns]

- 名 反応、返答
- 派 respond 動 返答する
- respondent 名 回答者

1. in response to ... — …に回答して
2. survey responses — 調査への回答

546 latest
[léɪtɪst]

- 形 最新の
- ＝ up-to-date 形 最新(式)の (▶495)

1. latest catalog — 最新のカタログ
2. latest technology — 最新のテクノロジー
3. at the latest — いくら遅くても

547 policy
[pá:ləsi]

- 名 方針

1. return policy — 返品規定
2. change in policy — 方針の変更

548 relevant
[réləvənt]

- 形 関係のある
- ＝ related 形 関係のある (▶596)
- ⇔ irrelevant 形 無関係の

1. relevant information — 関連情報
2. relevant work experience — 関連した実務経験
3. be relevant to ... — …に関係のある

549 separate
[sépərət]

- 形 別々の、分かれた
- 動 ～を分ける [sépəreɪt]
- 派 separately 副 別々に

1. separate shipment — 別々の発送

Could you let us know the **wholesale price** and the minimum order volume? (卸売価格と最低発注量をお知らせいただけますか？)	priceフレーズは出まくり！ ほかに、「お手頃価格」の意味で、reasonable price（▶383）やaffordable price（▶537）も鉄板！
This e-mail is **in response to** your inquiry about our new hair drier. (新製品のヘアドライヤーについてのお問い合わせに、メールで回答します)	返信メールと言えばコレ！ メールの冒頭「～に回答します」は、This e-mail is in response to ...かI'm writing in response to ...の2パターン。
We will send the **latest** catalog as per your request. (ご請求いただいたとおり、最新のカタログをお送りします)	late（遅い）やlater（あとで）と混同しないように。
We offer a 30-day **return policy** on all items. (弊社では、すべての商品に対して30日間の返品規定を提供しております)	日本語の「ポリシー」と同じ！ TOEICは「返品」好き。「返品規定」とは、返品をするときのルールのこと。
We can send any **relevant information** immediately. (関連情報をすぐにお送りします)	〈名詞＋形容詞〉の形もチェック！ information relevant to tour itinerary（旅行スケジュールに関する情報）のように、名詞のあとにも置かれる。
Your order will be delivered in two **separate shipments**. (ご注文の品は、2回に分けての発送でお届けします)	ダブル、トリプルパッセージで常連！ 「オンラインショッピング」での、発送方法に関する説明で出る。

Day 22

550 status
[stéɪtəs]
1. order status
2. social status

名 状況、地位
1. 注文状況
2. 社会的地位

551 digit
[dídʒɪt]
1. 5-digit code

名 桁
派 digital 形 デジタルの
1. 5桁のコード

552 post
[póʊst]
1. post ... online
2. post a list
3. assume a post

動 〜を掲載する、〜を貼る
名 地位、職、柱
1. …をネットで公開する
2. リストを貼り出す
3. 就任する

553 alternatively
[ɔːltə́ːrnətɪvli] ❶発音

副 あるいは、その代わりに
派 alternative 形 代わりの 名 代案 (▶195)

554 tuition
[t(j)uː(ː)íʃən]
1. tuition fee
2. pay one's tuition

名 授業料
1. 授業料
2. 授業料を払う

555 process
[práːses]
1. process an order
2. production process

動 〜を処理する
名 処理、過程
1. 注文を処理する
2. 製造工程

Please click here for your **order status**. (お客さまの**ご注文状況**に関しては、こちらをクリックしてください)	TOEICでは「状況」が大事。 「オンラインショッピング」だと、shipping status（出荷状況）も頻出。
Please enter your **5-digit** confirmation **code**. (5桁の確認**コード**を入力してください)	《記入用紙》でも出る。 商品番号や暗証番号などを求められる場面で使われる。
Your review will be **posted online** within three days. (お書きいただいたレビューは、3日以内に**ネットで公開**されます)	付箋の「ポストイット」から、「貼る」の意味はイメージできるよね。
Please call us at 555-2187. **Alternatively**, you may send your information to us by e-mail. (555-2187までお電話ください。**あるいは**、お申し込み内容をメールでお送りください)	「追加（代案）」が始まる目印。 パート6の空所でも狙われる。前後の文脈をとらないと解けないので、注意しよう！
Thank you for your inquiry about the **tuition fee** for our business communication skills class. (ビジネス・コミュニケーション能力講座の**受講料**について、お問い合わせいただきありがとうございます)	例文は、返信メールの定型文。 「問い合わせ」への返信メール冒頭では、Thank you for your inquiry about ...が定型パターン。
Orders are **processed** the next business day. (**ご注文**は、翌営業日に**処理**されます)	プロセスチーズの「プロセス」。 ナチュラルチーズを加工処理するので、プロセスチーズと言う。

Day 22

556	**track** [trǽk]	動 ～を追跡する 名 跡、小道、線路
	① track an order	① 注文を追跡する

注文・交渉（メール③）

557	**dispatch** [dɪspǽtʃ]	動 ～を発送する、～を派遣する 名 発送、派遣 ≡ ship 動 ～を発送する（▶107）
	① dispatch an order	① 注文品を発送する
558	**deliver** [dɪlívər]	動 ～を配達する、～を述べる 派 delivery 名 配達
	① deliver one's order ② deliver a speech ③ deliver a lecture	① 注文の品を配達する ② スピーチする ③ 講演する
559	**handling** [hǽndlɪŋ]	名 取り扱い 派 handle 動 ～を扱う
	① handling costs	① 取扱手数料
560	**outstanding** [àʊtstǽndɪŋ]	形 未払いの、傑出した
	① outstanding balance ② outstanding employee	① 未払い額[金] ② 優秀な社員
561	**contact** [kάːntækt]	動 ～に連絡する 名 連絡
562	**in person**	本人が直接に

You can **track your order** by entering your order number. (ご注文番号を入力すると、注文が追跡［配送状況が確認］できます)	例文は、「注文状況」の確認方法。 tracking number（問い合わせ番号［追跡番号］）のフレーズも一緒に覚えてね。
We will **dispatch your order** within three days of receipt of payment. (送金受領後、3日以内に注文品を発送します)	パート7ではshipの言い換えで出る。 〈dispatch＋人〉で「派遣する」の意味。dispatch a technicianだと、「技術者を派遣する」の意味だね。
Your order will be **delivered** within two days. (ご注文の商品は2日以内に配達いたします)	**Q** 名詞フレーズdelivery dateの意味は？ **A** 正解は「配達日」。
All **handling costs** are included in the price. (価格には、すべての取扱手数料が含まれています)	パート7では言い換えを見抜け！ handling costsは、handling chargeやhandling feeで言い換えられる。
You have an **outstanding balance** dating back to April. (4月以降の分が未払いになっています)	良くも悪くも、「目立っている」。 「未払い金」も「優秀社員」も、ほかより目立って見えるよね。
For further information, please **contact** us by e-mail. (詳細に関しては、メールでご連絡ください)	連絡先や連絡方法は文書の最後を見よう！ 設問では、連絡を取る「理由」が問われる。ここでは、「より詳しい情報を知るため」。
You can pick up your tickets **in person** at the box office. (チケット売り場で、本人が直接チケットを受け取ることができます)	「求人募集」のやりとりでも出る。 求人では、conduct an interview in person（直接会って面接する）のフレーズに注意。

Day 22

563 make sure

～を確認する、確実に～する
= ensure 動 ～を確実にする（▶571）

1. make sure to do
1. 必ず～する

1分でチェック！ 今回学習した単語の意味を言ってみよう。

- ① terms
- ② specifications
- ③ expedite
- ④ amount
- ⑤ acknowledge
- ⑥ price
- ⑦ response
- ⑧ latest
- ⑨ policy
- ⑩ relevant
- ⑪ separate
- ⑫ status
- ⑬ digit
- ⑭ post
- ⑮ alternatively
- ⑯ tuition
- ⑰ process
- ⑱ track
- ⑲ dispatch
- ⑳ deliver
- ㉑ handling
- ㉒ outstanding
- ㉓ contact
- ㉔ in person
- ㉕ make sure

Please **make sure to** ship the product we ordered within seven days.
(7日以内に注文した商品を**必ず発送して**ください)

「依頼」や「指示」のフレーズ。
注文では「依頼」（必ず～して）、説明書では「指示」（～を確認して）の意味で出るよ。

答え

- ① 条件、観点、用語
- ② 仕様（書）
- ③ ～を早める
- ④ 量、(金)額、達する
- ⑤ ～を知らせる
- ⑥ 価格、値段
- ⑦ 反応、返答
- ⑧ 最新の
- ⑨ 方針
- ⑩ 関係のある
- ⑪ 別々の
- ⑫ 状況、地位
- ⑬ 桁
- ⑭ ～を掲載する、地位、職
- ⑮ あるいは
- ⑯ 授業料
- ⑰ ～を処理する、処理、過程
- ⑱ ～を追跡する
- ⑲ ～を発送する
- ⑳ ～を配達する、～を述べる
- ㉑ 取り扱い
- ㉒ 未払いの、傑出し
- ㉓ ～に連絡する
- ㉔ 本人が直接に
- ㉕ ～を確認する、確実に～する

Day 22

Day 23 メール／ウェブサイト

クレームへの謝罪（メール④）

564 apologize [əpɑ́ːlədʒàɪz]
動 謝る
派 apology 名 謝罪
① apologize for ...
① …のことで謝罪する

565 investigate [ɪnvéstəgèɪt]
動 ～を調査する
派 investigation 名 調査

566 compensate [kɑ́ːmpənsèɪt]
動 （人）に補償する
派 compensation 名 補償、給与
① compensate ... for loss
① …に損失を補償する

567 accept [əksépt]
動 ～を受け入れる
派 acceptance 名 受け入れ、合格
　acceptable 形 受け入れ可能な
① accept an apology
② accept credit cards
③ accept an order
① 謝罪を受け入れる
② クレジットカートが使える
③ 注文を受ける

業務連絡（メール⑤）

568 trade [tréɪd]
名 商売、貿易、業界
動 ～を取引する
① trade show
② trade magazine
① 見本市
② 業界誌

569 complaint [kəmpléɪnt]
名 苦情、クレーム
派 complain 動 苦情を言う
① receive a complaint
② make a complaint about ...
③ customer complaints
① 苦情を受ける
② …のことで苦情を言う
③ 顧客の苦情

PC関連ワードを意識しよう。閲覧、参照、検索など、ふだん使っている表現を確認してね。

We **apologize for** the late delivery. (配送が遅れてしまい**申し訳ございませんでした**)	「謝罪の理由」は設問で出る。 文頭のapologize forやsorry forを見逃すな。この直後に、「謝罪の理由」が述べられる。
We are currently **investigating** what happened. (現在、何が起こったのかを**調査しています**)	**Q** lookを使った、「調査する」の意味のフレーズは？ **A** look into ...が正解。
You will be partly **compensated for** any **loss**. (いかなる**損失に対しても一部補償されます**)	「補償内容」も設問のターゲット！ 「何が補償されるか」の設問では、You will be compensated for ...（…に対して補償されます）やWe will compensate for ...（…に対して補償します）のforのあとに答えがある。
Please **accept our** sincerest **apologies** for the inconvenience. (ご不便をおかけしてしまい、心から**おわび申し上げます**)	謝罪の理由3トップ。 商品・サービスの①「欠陥」、②「在庫切れ」、③「発送ミス」。

Ms. Sato wants to arrange a meeting concerning the **trade show** with you. (サトウさんは、**見本市**に関しての打ち合わせを調整したがっています)	「見本市」とは、新商品をアピールする展示会のこと。東京ビッグサイトで開催される「東京モーターショー」が有名だね。
We have **received complaints** from customers about our printing service. (顧客から、印刷サービスについて**苦情を受けました**)	「クレーム」はclaimじゃない！ 英語のclaimは「主張」という意味で、「苦情」の意味はない。

Day 23

570 courtyard
[kɔ́ːrtjɑ̀ːrd]

名 中庭
= patio 名 中庭、テラス

571 ensure
[ɪnʃúər]

動 ～を確実にする、～を保証する
= make sure 確実に～する（▶563）

572 venue
[vénjuː]

名 会場

1. alternative venue
2. concert venue

1. 代わりの会場
2. コンサート会場

573 authority
[əθɔ́ːrəti]

名 権威(者)、権力
参 authorities 名 当局（▶472）
派 authorize 動 ～に権限を与える
　 author 名 作者、著者

1. authority on ...
2. leading authority

1. …の権威(者)
2. 第一人者

ウェブサイト

574 retrieve
[rɪtríːv]

動 ～を取り出す、～を取り戻す

1. retrieve information
2. retrieve a file

1. 情報を取り出す
2. ファイルを取り出す

575 view
[vjúː]

動 ～を見る
名 景色、意見
派 viewer 名 視聴者

1. view a Web page
2. spectacular view
3. point of view

1. ホームページを見る
2. 壮大な眺め[景色]
3. 視点

The office party will be held in the **courtyard** on May 10. (オフィスパーティーは、5月10日に**中庭**で開催されます)	パート1の《風景写真》でも出る！ TOEICワールドの会社は、オフィスでちょっとしたパーティーを開く。
We need to take steps to **ensure** that this project is a success. (私たちは、この事業の成功**を確実にする**方策を講じる必要があります)	sureから意味を取ろう！ 〈en（〜の状態にする）＋sure（確実な）〉＝「確実な状態にする」⇒「確実にする」。
Park Hall is the **alternative venue** for the annual convention. (パークホールが、年次会議の**代わりの会場**です)	Q venueをほかの語で言い換えると？ A place（▶049）やsite（▶271）。venueは「会議場」、「イベント会場」、「スタジアム」など、大きめの会場をイメージしてね。
Mr. Garcia, an **authority on** economics, will give a speech at the luncheon. (経済**学の権威**であるガルシア氏が、昼食会でスピーチをします)	講演者は設問のターゲット！ 名前のあとで、「肩書」、「経歴」、「著作」が紹介される。特に「肩書」や「経歴」は設問で狙われやすい。
You can **retrieve information** from our Web site. (ウェブサイトから**情報を取り出す**ことができます)	パソコントラブルで出まくり！ 「更新したデータを保存し忘れた」、「自分のPCからデータが開けない」、そんなときに使われる。
Please install F-Player to **view the** entire **Web page**. (ホームページの全体**を見る**には、Fプレーヤーをインストールしてください)	基本イメージは「見る」。 〈re（再び）＋view〉＝「見直す」（▶329）、〈inter（お互い）＋view〉＝「面接する」（▶096）。

576 browse
[bráʊz]

動 ～を閲覧する、商品を見て回る
派 browser 名 ブラウザー

577 verify
[vérəfàɪ]

1. verify a password
2. verify information

動 ～を確認する、～を検証する
派 verification 名 確認、検証

1. パスワードを確認する
2. 情報を検証する

578 refer
[rɪfə́ːr]

1. refer to ...

動 参照する、言及する
派 reference 名 参照、照会先 (▶432)

1. …を参照する、…に言及する

579 directory
[dəréktəri]

1. online directory
2. company directory
3. office directory

名 名簿、住所録

1. 検索サイト
2. 社員名簿
3. オフィス案内

580 specify
[spésəfàɪ]

動 ～を指定する、
　～を明確に述べる
派 specific 形 特定の

1. specify a folder

1. フォルダを指定する

581 login
[lɔ́(ː)gìn]

動 ログインする
名 ログイン

We recommend Internet Discoverer 10 to **browse** the Web site. (ウェブサイト**を閲覧する**には、「インターネット・ディスカバラー10」をお勧めします)	パート1では、「見て回る」の意味で出る。 People are browsing in the store.（人々が店内で商品を見て回っている）にも対応できるようにね。
Press the "ENTER" key after **verifying your password**. (**パスワードを確認**後、ENTERキーを押してください)	confirmのお堅いバージョン。 「正しいかどうか確認する」という意味。PCのセキュリティー関連で使われることが多い。
Please **refer to** the following Web site for more information. (さらなる情報については、次のウェブサイト**をご参照**ください)	「ご覧ください」はコレ！ パート7の指示文、Questions ○○-×× refer to the following e-mail. にも使われている。
ECast offers an **online directory** of 14,000 accountants nationwide. (ECastは、全国1万4千人の会計士の**検索サイト**を提供しております)	「オフィス案内」は、新形式の「図表」で出る。 office directoryは、パート3や4の「図表問題」で登場。ビル入り口にある、「1F：A社」、「2F：B社」と書かれた案内板をイメージしてね。
Specify the folder where you want the graphic applications to be installed. (グラフィック・アプリケーションをインストールしたい**フォルダを指定して**ください)	「明確に述べる」の意味もチェック。 パート7では、The contract specifies that ...（契約書には…と明記されています）のように使われる。
You can **login** with the ID and password you received from your provider. (プロバイダから提供されたIDとパスワードで**ログイン**できます)	「ログイン」は、IDとパスワードを使って、ネットワークなどに接続すること。簡単に言えば、「ネットに接続すること」。

Day 23

582 content
[ká:ntent]

名 内容、中身

1. digital content
2. table of contents

1. デジタルコンテンツ
2. (本などの)もくじ

1分でチェック! 今回学習した単語の意味を言ってみよう。

- ① apologize
- ② investigate
- ③ compensate
- ④ accept
- ⑤ trade
- ⑥ complaint
- ⑦ courtyard
- ⑧ ensure
- ⑨ venue
- ⑩ authority
- ⑪ retrieve
- ⑫ view
- ⑬ browse
- ⑭ verify
- ⑮ refer
- ⑯ directory
- ⑰ specify
- ⑱ login
- ⑲ content

This company produces **digital content** for libraries.
(この会社は、図書館向けの**デジタルコンテンツ**を作っています)

「デジタルコンテンツ」とは、デジタル形式でつくられた文章、画像、音楽などのこと。

答え

- ① 謝る
- ② 〜を調査する
- ③ 〜に補償する
- ④ 〜を受け入れる
- ⑤ 商売、貿易、業界
- ⑥ 苦情、クレーム
- ⑦ 中庭
- ⑧ 〜を確実にする、〜を保証する
- ⑨ 会場
- ⑩ 権威(者)
- ⑪ 〜を取り出す、〜を取り戻す
- ⑫ 〜を見る、景色、意見
- ⑬ 〜を閲覧する
- ⑭ 〜を確認する、〜を検証する
- ⑮ 参照する、言及する
- ⑯ 名簿、住所録
- ⑰ 〜を指定する、〜を明確に述べる
- ⑱ ログインする
- ⑲ 内容、中身

Day 23

Day 24 広告

求人（広告①）

583 recruit [rɪkrúːt]
- 動 ～を採用する、～を募集する
- 名 新入社員
- 派 recruitment 名 採用
1. recruit staff — スタッフを募集する
2. new recruit — 新入社員

584 familiar [fəmíljər]
- 形 精通している
- 派 familiarity 名 精通、よく知っていること
- familiarize 動 ～を慣れ親しませる
1. be familiar with ... — …に精通している

585 background [bǽkgràʊnd]
- 名 経歴
1. professional background — 職歴

586 minimum [mínɪməm]
- 形 最小限の、最低限の
- 名 最小限
- 派 minimize 動 ～を最小限にする
- ⇔ maximum 形 最大限の
1. minimum requirements — 最小限の必要条件

587 interpersonal [ìntərpə́ːrsənl]
- 形 対人関係の
1. interpersonal communication — 対人コミュニケーション

588 essential [ɪsénʃəl]
- 形 必要不可欠な
- 派 essence 名 本質、性質
- ≒ indispensable 形 不可欠の（▶332）

広告では、「例外」を探そう。求人の条件やセールの注意点などがテスト・ポイント！

We are **recruiting staff** for a new project. (われわれは新規プロジェクトのためにスタッフを募集しています)	recruiterは「採用担当者」。 リクルーターは、就活や転職のときにお世話になる「企業の担当者」のことだね。
D-Mart is looking for someone who **is familiar with** store management. (D-マートは、店舗経営に精通している人物を探しています)	「採用条件」は設問で問われる。 「店舗経営」以外にも、「言語」や「ソフトウェア」の能力が求められることが多い。
We are seeking supervisors with a **professional background** in public relations. (弊社では、広報の職歴を有する管理職を探しています)	**Q** 「職歴」をほかのフレーズで言い換えると？ **A** work experienceやjob historyが正解。
Applicants must meet the **minimum requirements** for the sales position. (応募者は、営業職の最小限の必要条件を満たさなければなりません)	「応募条件」を示す目印。 minimum requirementsの近くに、「条件」が書いてある。設問で問われたら、ピンポイントで読み取ろう！
Interpersonal communication skills are necessary to succeed in sales. (販売業務で成功するには、対人コミュニケーション能力が必要です)	「コミュニケーション能力」は必須スキル。 verbal communication skills（口頭によるコミュニケーション能力）やwritten communication skills（文書によるコミュニケーション能力）も出る。
Prior work experience in the food industry is **essential**. (過去の食品業界での実務経験が必要です)	《求人広告》で出る経験フレーズ。 essentialやnecessaryは、「経験の条件」をサーチする目印！

Day 24

589 desirable
[dɪzáɪərəbl]

形 望ましい
派 desire 動 ～を強く望む

590 challenging
[tʃǽlɪndʒɪŋ]

1. challenging assignment
2. challenging task

形 やりがいのある
1. やりがいのある任務
2. やりがいのある仕事

591 suitable
[súːtəbl]

1. suitable applicant
2. suitable for a post

形 適切な、ふさわしい
派 suitably 副 適切に
　　suit 動 ～に適合する
1. 適切な応募者
2. その役職にふさわしい

592 vacancy
[véɪkənsi]

1. have a vacancy

名 空き
派 vacant 形 空いている
1. 空きがある

593 orientation
[ɔ̀ːriəntéɪʃən]

1. new employee orientation

名 説明会
1. 新人研修

594 portfolio
[pɔːrtfóʊlioʊ]

名 ポートフォリオ、作品集、金融資産

595 readily
[rédəli]

1. readily available

副 すぐに
派 ready 形 準備ができている
1. すぐに入手できる

Customer service experience is **desirable** but not necessary. (カスタマーサービスの経験があれば望ましいが、必須ではありません)	preferredのニュアンス。 こちらも《求人広告》で出る「経験」ワード。essentialやrequiredと違って、絶対条件ではない。
You will be given a **challenging assignment**. (あなたにはやりがいのある任務が与えられます)	前向き好きなTOEICらしい単語。 challengingは、worthwhileやsatisfyingで言い換え可能。
All **suitable applicants** take a written test before the final decision is made. (適切な応募者は全員、最終決定がされる前に筆記試験を受けることになります)	**Q** suitableをほかの語で言い換えると？ **A** proper（▶212）やappropriate（▶331）でOK。
We **have** several **vacancies** in our finance department. (経理部で欠員が出ています)	「何もない」イメージ。 リスニングではvacant seat（空席）やvacant street（人けのない通り）が出る。vacant＝empty＝unoccupiedで覚えてね。
You will be assigned to the sales department after the **new employee orientation**. (新人研修のあとで、あなたは営業部に配属されます)	オリエンテーションは、主に新人向けの説明会。大学でも行われるので、参加経験者は多いかも？
Please send your **portfolio** to the address below. (ポートフォリオを下記の住所まで送ってください)	「書類ファイル」のイメージ。 《求人広告》では、クリエイターが使う「作品集」のほか、「くわしい履歴書」に近い意味で使う。自己PRがつまった「ファイル」のイメージ。
The required forms are **readily available** at the front desk. (必要書類は、フロントデスクですぐに入手できます)	《求人広告》の最後は「申込方法」。 採用担当者の名前や電話番号、メールアドレスが目印になる。例文は、トリッキーなパターン。

Day 24

596 related
[rɪléɪtɪd]

形 **関連した**
= relevant 形 関連した（▶548）

1. related to ...
2. related facilities

1. …に関連した
2. 関連施設

597 duty
[d(j)úːti]

名 **義務、職務、税**

1. Duties include ...
2. on duty
3. duty free

1. …する義務がある。
2. 勤務中に［で］
3. 免税、無税

598 industrious
[ɪndʌ́striəs]

形 **勤勉な**
= diligent 形 勤勉な

サービス案内（広告②）

599 description
[dɪskrípʃən]

名 **説明**、描写
派 describe 動 〜を説明する

1. give ... a description

1. …に説明する

600 in advance

前もって
= beforehand 副 あらかじめ

1. book tickets in advance
2. well in advance

1. 前もってチケットを予約する
2. 十分前もって

601 existing
[ɪgzístɪŋ]

形 **既存の**

1. existing customers
2. existing budget

1. 得意客
2. 現在の予算

The candidate must have 3 years work experience in a field **related to** mechanical engineering. (候補者は、機械工学に関連した分野で3年の実務経験がなければなりません)	求人条件の3トップ。 ①working experience(職歴)、②degree(学位)、③qualification(資格 ▶183)。
Duties include preparing proposals and responding to customer inquiries. (提案書の作成や顧客からの問い合わせに回答する義務があります)	業務内容の説明で出る。 on duty⇔off duty(非番で)も押さえておきたいフレーズ。
Takei Products is in search of a person who is **industrious** in his work. (タケイプロダクツ社は、仕事に勤勉な人物を探しています)	industrial(産業の)と混同してはダメ。 「勤勉な」人物を欲しがるのは、どこの会社も一緒だね。
We will **give** you **a** full **description** of our services. (弊社のサービスを余すところなく説明いたします)	《サービス案内》では、例外項目に注目! 文書の最後に、「○○はサービス対象外」とあれば、設問のターゲット。
Members can book tickets **in advance**. (会員は前もってチケットを予約することができます)	「予約する」と相性抜群! フレーズ1のほかに、reserve(▶142)やplace an order(▶049)と一緒に使われる。
Z-Motors will send **existing customers** a discount voucher for their new product line. (Zモーターズ社は、得意客に新しい製品ラインの割引券を送ります)	**Q** 「得意客」はexisting customers。では「見込み客」は? **A** potential customers(▶656)。

Day 24

602 priority
[praió(:)rəti] ❗発音

名 優先（事項）、優先順位

1. priority ticket
2. number one priority

1. 優先チケット
2. 最優先事項

603 secure
[sɪkjúər]

動 〜を確保する
形 安全な
派 security 名 安全、安心

1. secure a seat
2. secure data

1. 席を確保する
2. 安全なデータ

604 premium
[príːmiəm]

形 高級な、割増しの
名 保険料、割増（料金）

1. premium price

1. 割増価格、プレミアム価格

605 beverage
[bévərɪdʒ] ❗発音

名 飲料

1. beverage maker

1. 飲料メーカー

606 merchandise
[mə́ːrtʃəndàɪz]

名 商品
＝ goods 名 商品

1. carry merchandise
2. display merchandise
3. sample merchandise

1. 商品を扱っている
2. 商品を陳列する
3. サンプル商品

607 appliance
[əpláɪəns]

名 電化製品

1. household appliances
2. appliance repairperson

1. 家庭用電化製品
2. 家電の修理工

You can buy **priority tickets** from TICKET.com. (優先チケットは、チケット・ドット・コムで購入できます)	発音〈プライオリティ〉に注意。 TOEIC勉強の「プライオリティ」を高めよう！
Please contact us immediately to **secure your seats** early. (早めに席を確保するには、すぐにご連絡ください)	動詞secure＝getでイメージ！ secure a prize（賞を獲得する）のように、secureは「手に入れる」でOK。用法も同じで、〈secure＋人＋モノ〉〈secure＋モノ＋for＋人〉で、「人（のため）にモノを手に入れる」の意味。
We sell products at **premium prices** to only regular customers. (常連のお客さまだけに、プレミアム価格の製品をお売りしています)	「高級」なイメージ。 「プレミアムビール」でお馴染み。TOEICでは、insurance premium（保険料 ▶645）にも注意！
Beverage maker Crystal Water is conducting an advertising campaign. (飲料メーカーのクリスタルウォーター社は、広告キャンペーンを実施中です)	TOEICワールドには、アルコールがない。 パーティーでも、酒やたばこは出ない。そのかわりに、beverageの出番が多い。
We **carry** a variety of brands of **merchandise**. (弊社は様々なブランドの商品を取りそろえています)	複数形のsをつけてはダメ。 merchandiseは、不可算名詞（数えられない名詞）なのでsがつかない。goodsやitemsにはsがつくよ。
Find the best **household appliances** at E-Shoppers. (Eショッパーズで、最高の家庭用電化製品を見つけてください)	applianceを具体的に言うと？ 「電子レンジ」、「洗濯機」、「冷蔵庫」のこと。car⇒vehicleのように、言い換えで狙われるぞ！

Day 24

608 garment
[gáːrmənt]
1. garment shop

名 **衣服**
= clothes 名 衣服
1. 衣料品店

609 ingredient
[ɪŋgríːdiənt]
1. use ingredients
2. locally grown ingredient

名 **材料**
1. 材料を使う
2. 地元で採れた食材

610 premises
[prémɪsɪs]
1. on the premises

名 [複数形で]**敷地**、施設
1. 敷地内で

611 superior
[su(ː)píəriər] ❗発音
1. be superior to ...

形 **優れた**
名 上司
⇔ inferior 形 劣った
1. …より優れている

612 packaging
[pǽkɪdʒɪŋ]
1. packaging design
2. included in packaging

名 **パッケージ、梱包**
派 pack 動 〜を梱包する
1. パッケージデザイン
2. 同梱されている

613 picturesque
[pìktʃərésk] ❗発音
1. picturesque beach

形 **絵のように美しい**
1. 絵のように美しいビーチ

614 spacious
[spéɪʃəs]
1. spacious suites

形 **広々とした**
1. 広々としたスイートルーム

Last month, we opened a new **garment shop** on Palm Street. (先月、パーム通りに新しい**衣料品店**をオープンしました)	**Q** garmentをほかの語で言い換えると？ **A** clothesやapparelでOK。ほかに、「服装」のattire（▶647）もチェック。
We are proud that we **use** only the freshest **ingredients**. (私たちは、新鮮な**材料**のみ**を使っている**ことを誇りにしています)	「レストランのオープン広告」で出る。 広告では、シェフや料理の紹介とともに、材料の素晴らしさが述べられる。
An athletic gym has been built **on the premises** of Bay Hotel. (アスレチックジムは、ベイホテルの**敷地内に建てられました**)	「敷地内の施設」が問われる。 ホテルなどの敷地に何があるのかを読み取ろう！ プールやトレーニングジムが好例。
ZGate's new laptop computer **is superior to** its competitors' products. (ZGate社の新しいラップトップコンピューターは、競合他社の製品**より優れています**)	《広告》では新製品をアピール。 他社製品や旧モデルとの比較が出る。名詞superiorには「上司」の意味もある。
We offer attractive **packaging design** for products. (弊社は、製品の魅力的な**パッケージデザイン**を提供しています)	商品のデザインにも言及。 設問に関係するので、デザインの特徴を意識すること。
Guests can enjoy relaxing on the **picturesque beach** at Regal Resort Hotel. (リーガル・リゾートホテルでは、**絵のように美しいビーチ**でおくつろぎいただけます)	《広告》では、大げさな表現が出る。 リゾートホテルの広告では、「海の見える部屋」(ocean view room)もアピール。
Most of the rooms are **spacious** Asian-style suites. (ほとんどの部屋は、**広々とした**アジア風のスイートルームです)	TOEICワールドは、ホテルの部屋が広い！ 好条件でリッチな部屋だけど、トラブルを抱えている点が特徴。

615 amenity
[əménəti]

名 アメニティ、設備

616 enrollment
[ɪnróʊlmənt]

名 登録、登録者数、入学
派 enroll 動 〜に登録する
= registration 名 登録（▶159）

1 enrollment in ...

1 …への登録

2分でチェック！ 今回学習した単語の意味を言ってみよう。

- ① recruit
- ② familiar
- ③ background
- ④ minimum
- ⑤ interpersonal
- ⑥ essential
- ⑦ desirable
- ⑧ challenging
- ⑨ suitable
- ⑩ vacancy
- ⑪ orientation
- ⑫ portfolio
- ⑬ readily
- ⑭ related
- ⑮ duty
- ⑯ industrious
- ⑰ description
- ⑱ in advance
- ⑲ existing
- ⑳ priority
- ㉑ secure
- ㉒ premium
- ㉓ beverage
- ㉔ merchandise
- ㉕ appliance
- ㉖ garment
- ㉗ ingredient
- ㉘ premises
- ㉙ superior
- ㉚ packaging
- ㉛ picturesque
- ㉜ spacious
- ㉝ amenity
- ㉞ enrollment

The hotel has a wide variety of amenities such as three swimming pools.
（そのホテルでは3面のプールなど、様々な設備を用意しています）

「アメニティ」は、宿泊施設のサービスのこと。
石けんやシャンプーなどの消耗品だけでなく、プールや駐車場も含む。

Enrollment in the art class is limited to 20 students.
（アートクラスへの登録は、20名までとなっています）

TOEICの体験クラスは大人気！
キャンセル待ちやクラス増になるほどの人気で、リピーターも多い。

答え

- ① 〜を採用する、新入社員
- ② 精通している
- ③ 経歴
- ④ 最小限の、最低限の
- ⑤ 対人関係の
- ⑥ 必要不可欠な
- ⑦ 望ましい
- ⑧ やりがいのある
- ⑨ 適切な、ふさわしい
- ⑩ 空き
- ⑪ 説明会
- ⑫ ポートフォリオ
- ⑬ すぐに
- ⑭ 関連した
- ⑮ 義務、職務、税
- ⑯ 勤勉な
- ⑰ 説明
- ⑱ 前もって
- ⑲ 既存の
- ⑳ 優先(事項)、優先順位
- ㉑ 〜を確保する、安全な
- ㉒ 高級な、割増しの
- ㉓ 飲料
- ㉔ 商品
- ㉕ 電化製品
- ㉖ 衣服
- ㉗ 材料
- ㉘ 敷地
- ㉙ 優れた
- ㉚ パッケージ、梱包
- ㉛ 絵のように美しい
- ㉜ 広々とした
- ㉝ アメニティ、設備
- ㉞ 登録、登録者数

Day 25 広告

製品紹介（広告③）

617 retain [rɪtéɪn]
動 ～を保管する、～を保持する
派 retention 名 保存、保持
≒ keep 動 ～を保つ、～を保持する
1 retain the instructions — 説明書を保管する
2 retain employees — 従業員を引き止めておく

618 store [stɔ́ːr]
動 ～を保管する、～を保存する
派 storage 名 保管、倉庫
1 store data — データを保管する

619 upgrade [ʌ́pɡrèɪd]
動 ～をアップグレードする、～を改良する
名 アップグレード
1 upgrade software — ソフトウェアをアップグレードする
2 upgrade customer service — 顧客サービスを改善する

620 searchable [sə́ːrtʃəbl]
形 検索可能な
派 search 動 ～を探す、～を検索する
1 searchable database — 検索可能なデータベース
2 be searchable by ... — …で検索可能である

621 informative [ɪnfɔ́ːrmətɪv]
形 有益な、ためになる、情報の
派 inform 動 ～に知らせる（▶405）
　　information 名 情報
≒ instructive 形 有益な、役に立つ
1 informative guide — 有益なガイドブック

622 technical [téknɪkl]
形 専門的な、技術的な
派 technique 名 技術
　　technician 名 技術者、専門家
1 technical support — 技術サポート

> 製品紹介では、特徴や注意項目がポイント。「目立つ点」を意識するとグッド。

The instructions should be **retained** for future reference. (説明書は、あとで参照できるように**保管**しておいてください)	keepのフォーマル版。 〈re(後ろへ)＋tain(保つ)〉=「後ろに隠し持つ」⇒「保管する」。
A large amount of product **data** is **stored** in the Cloud. (大量の製品**データ**は、クラウドに**保存**されています)	もともとの意味は「貯蔵場所」。 動詞の「保管する」も名詞の「お店」も、「貯蔵」からイメージを広げて覚えよう！
You need to **upgrade** your **software** to the latest version. (最新バージョンにソフトウェアをアップグレードする必要があります)	improve（▶371）に近いニュアンス。 PC関連以外にも、「サービス」や「機器」などの改良にも使われる。
SeeK is an online **searchable database** of architecture. (シークは、オンライン上で建築に関する検索ができるデータベースです)	〈動詞＋able〉で「形容詞」！ available（利用できる ▶085）、reliable（信頼できる ▶351）、sustainable（持続可能な ▶525）も復習しておこう。
This is an **informative guide** for mobile phone users. (これは携帯電話の利用者にとっての**有益**なガイドブックです)	usefulで言い換えてもOK。 informative presentationなら、「ためになるプレゼン」の意味。
Technical support for your new laptop is provided free for the first 90 days. (新しいノート型パソコンの**技術サポート**は、最初の90日間は無料で提供いたします)	困ったときのtechnician。 TOEICワールドでは、コピー機がよく故障する。なので、オフィスに「技術者」がよく来る。

Day 25

623 withstand
[wɪðstǽnd]

動 ～に耐える、～に抵抗する

① withstand temperatures of ...　　① …の温度に耐える

624 outfit
[áʊtfìt]

動 ～を装備する
名 用具、洋服

① be outfitted with ...　　① …が装備されている

625 packet
[pǽkət]

名 包み、書類一式

① information packet　　① 資料集
② in one packet　　② 一括で

626 function
[fʌ́ŋkʃən]

動 機能する
名 機能
派 functional 形 機能的な

① function properly　　① 正常に機能する
② basic function　　② 基本的機能

627 superb
[su(:)pə́ːrb]

形 素晴らしい

① superb performance　　① 素晴らしい性能
② superb restaurant　　② 高級レストラン

628 assorted
[əsɔ́ːrtɪd]

形 多彩な、各種取りそろえた
派 assort 動 ～を取りそろえる
　 assortment 名 詰め合わせ

① assorted sizes　　① 多彩なサイズ
② assorted chocolates　　② チョコレートの詰め合わせ

This product is designed to **withstand temperatures of** up to 200 degrees. (本製品は、200度まで**の温度に耐える**ように設計されています)	《説明書》では、製品の特徴を見抜け。 設問のターゲットは、もちろん特徴。ここでは、「耐熱性の高さ」だね。
This car **is outfitted with** air bags and anti-lock brakes. (この車には、エアバッグとアンチロック・ブレーキが装備されています)	名詞では、「用具・洋服」の意味。 camping outfitなら、「キャンプ用品」。
Please read the enclosed **information packet** before attending the investing seminar. (投資セミナーに参加する前に、同封の**資料集**をお読みください)	携帯電話の「パケット割」でおなじみ。 pack(包む)から、イメージを広げて理解しよう。
The reply button doesn't seem to be **functioning properly**. (返信ボタンが**正常に機能していないよう**です)	動詞と名詞が同型。 TOEICはこのパターンが大好き。ほかに、place(「置く」、「場所」)やwater(「水をやる」、「水」)などがあるよ。
HT's smartphone has **superb** video **performance**. (HT社のスマートフォンは、**素晴らしい映像性能**を誇っています)	発音〈スパーブ〉に注意。 super(素晴らしい)を知っていれば、意味の推測はカンタン。すごくほめている感じがするね。
Buy binder clips in **assorted sizes** and colors with free shipping at Wallshops.com. (送料無料の**様々なサイズ**や色のバインダークリップをウォールショップス・コムでお買い上げ下さい)	お菓子の「アソートパック」からイメージ。 「多彩な」だと、a variety ofやvarious(▶315)で言い換えられる。

629 utilize
[júːtəlàɪz]

動 ～を利用する
= make use of ... …を使用[利用]する

630 utensil
[juː(ː)ténsl] ❶発音

名 器具、用品

1 kitchen utensils
1 台所用品

631 device
[dɪváɪs]

名 機器、装置
= apparatus 名 装置(▶266)
  appliance 名 電化製品(▶607)
  equipment 名 機器、装置(▶363)

1 storage device
2 security device
1 記憶装置
2 防犯装置

お知らせ(広告④)

632 field
[fíːld]

名 分野、野原

1 in the field of ...
2 wheat field
1 …の分野で
2 小麦畑

633 faculty
[fǽkəlti]

名 教授陣

1 faculty member
1 教員

634 broadcast
[brɔ́ːdkæst]

動 ～を放送する
名 放送
参 broadcast-broadcast-broadcast

1 broadcast an event
2 national broadcast
1 イベントを放送する
2 全国放送

Sensing Technology was **utilized** in the development of the touch panel. (センシング[検出]技術は、タッチパネルの開発に**利用**されました)	**Q** utilizeをほかの単語で言い換えると？ **A** 正解はuse。utilizeは、フォーマルなuseと覚えておこう。
SpeedCook 2 is the new version of a complete set of **kitchen utensils**. (スピードクック2は、全部そろった**台所用品**一式の新バージョンです)	utensilは、「スプーン」や「お皿」、「お鍋」のこと。kitchenwareで言い換えられる。
The USB **storage devices** are connected to the computer. (そのUSB**記憶装置**は、コンピューターに接続されています)	「電子機器」一般をさす。 タブレットPCやカメラなどの日常的なものから、専門的な医療用機器まで様々。

Ellen Fisher has played an active role **in the field of** cancer research. (エレン・フィッシャーは、がん研究**の分野で**活躍してきました)	《お知らせ》は、ちょっとした情報チラシ。 内容は「イベント」や「講演」、「新規開店」など、集客に関するものが多い。
The new **faculty member**, Theresa Hunter, will give a speech in the lecture hall. (新しい**教員**である、テレサ・ハンターが講堂でスピーチをします)	もともとの意味は「能力」。 「教授」は「教える人」だけど、英語では「能力がある人」のイメージなんだね。
This charity **event** is **broadcast** live in over 15 countries. (このチャリティー**イベント**は、15カ国以上で生**中継**[**放送**]されます)	〈broad（広く）＋cast（投げる）〉＝「広い範囲に知らせる」⇒「放送する」。

Day 25

635 directly
[dərékt̬li]
副 **直接に**
派 direct 形 直接の（▶204）

636 on-site
[á:n-sáit]
形 **現地での、現場での**
① on-site registration　① 現地での登録
② on-site inspection　② 立ち入り検査

637 divide
[dıváıd]
動 **〜を分ける**
派 division 名 分割、部署
① be divided into ...　① …に分かれている

638 drawing
[drɔ́:ŋ]
名 **抽選（会）、くじ引き**
≡ lottery 名 くじ引き

639 lower
[lóuɚ]
動 **〜を下げる**
① lower a price　① 値段を下げる

We offer a money-back guarantee on all products purchased **directly** from our Web site. (弊社のウェブサイトから直接ご購入いただいた商品には、すべて返金保証をお付けしています)	**directory**(▶579)と混同しないように！ directly from ...（…から直接）やdirectly to ...（…に直接）のフレーズも押さえておきたい。
On-site registration is available for the seminar. (そのセミナーは、現地での登録が可能です)	イベントの《お知らせ》で出る。 TOEICに登場するイベントは、セミナーなどの「キャリアアップ系」が多い。
The career development seminar **is divided into** three sessions. (キャリア開発セミナーは、3部に分かれています)	「プログラム」は設問の目印。 「第1部○○、第2部××」のように、セミナーは複数のプログラムを含む。設問に関係するプログラムだけに集中しよう。
Prizes in this year's **drawing** include gift certificates for various local restaurants. (今年の抽選会の景品には、地元のさまざまなレストランのお食事券もあります)	「スケッチ」の意味もある。 animal drawingsは「動物のスケッチ」、pen drawingは「ペン画」の意味。
Yamamoto Electronics is **lowering the price** of all 13-inch laptops. (ヤマモト電機は、すべての13インチのノート型パソコンの値段を下げているところです)	比較級のlowerと区別しよう。 at a lower price（もっと安い値段で）のlowerは、形容詞lowの比較級。

640 **minutes**
[mínəts] ❗発音

名 [複数形で] 議事録

1分でチェック！ 今回学習した単語の意味を言ってみよう。

- ① retain
- ② store
- ③ upgrade
- ④ searchable
- ⑤ informative
- ⑥ technical
- ⑦ withstand
- ⑧ outfit
- ⑨ packet
- ⑩ function
- ⑪ superb
- ⑫ assorted
- ⑬ utilize
- ⑭ utensil
- ⑮ device
- ⑯ field
- ⑰ faculty
- ⑱ broadcast
- ⑲ directly
- ⑳ on-site
- ㉑ divide
- ㉒ drawing
- ㉓ lower
- ㉔ minutes

The minutes of the last meeting were approved on January 17.
(前回の会議の議事録は、1月17日に承認されました)

発音〈ミニッツ〉に注意！
時間の「分」の複数形と同じ発音。「議事録」は、会議の内容や結論などを記録として残したもの。

答え

- ① 〜を保管する
- ② 〜を保管する
- ③ 〜をアップグレードする
- ④ 検索可能な
- ⑤ 有益な
- ⑥ 専門的な、技術的な
- ⑦ 〜に耐える
- ⑧ 〜を装備する
- ⑨ 包み、書類一式
- ⑩ 機能する、機能
- ⑪ 素晴らしい
- ⑫ 多彩な
- ⑬ 〜を利用する
- ⑭ 器具、用品
- ⑮ 機器、装置
- ⑯ 分野、野原
- ⑰ 教授陣
- ⑱ 〜を放送する、放送
- ⑲ 直接に
- ⑳ 現地での、現場での
- ㉑ 〜を分ける
- ㉒ 抽選(会)
- ㉓ 〜を下げる
- ㉔ 議事録

Day 26 通知

社内通知（通知①）

641 adhere to ... [ædhíər]
（規則など）を守る、…にくっつく
1. adhere to the regulations
2. adhere strictly to ...
1. 規則を守る
2. …をきちんと守る

642 payroll [péɪròʊl]
名 従業員名簿、給与
1. on the payroll
2. a monthly payroll
1. 雇われて
2. 月々の人件費

643 allowance [əláʊəns] ❗発音
名 手当、許容
派 allow 動 ～を許す（▶279）
1. housing allowance
2. make allowances for ...
1. 住宅手当
2. …を考慮に入れる

644 pension [pénʃən]
名 年金
1. corporate pension plan
1. 企業年金制度

645 insurance [ɪnʃúərəns]
名 保険
派 insure 動 ～に保険をかける、～を保証する
1. insurance premiums
2. insurance coverage
3. medical insurance
1. 保険料
2. 保険の補償範囲
3. 医療保険

646 incur [ɪnkə́ːr]
動 （費用など）を負担する、（損害など）を被る
1. incur an expense
2. incur an additional fee
1. 経費を負担する
2. 追加料金がかかる

> 社内ルールはわりと細かい。手当や保険などの福利厚生に言及してる点が大事。

All employees are expected to **adhere to the regulations**.
(すべての従業員は、**規則を守る**ことを求められています)

Q adhere toをほかのフレーズで言い換えると?
A abide by(▶456)やcomply with(▶467)が正解。

Our company has over 3,000 people **on the payroll**.
(弊社は、3,000人以上の従業員を**雇用して**います)

もともとは「支払い名簿」の意味。ここから、「従業員名簿」や「給与」の意味に拡大。

The employment contract includes **housing** and childcare **allowances**.
(雇用契約には、**住宅手当**と児童扶養手当が含まれています)

「福利厚生」のトピックで出る。TOEICワールドの企業の「手当」は厚い。いい会社が多いよね。

Employees are required to join the **corporate pension plan**.
(従業員は、**企業年金制度**に加入する必要があります)

《求人広告》の待遇にも出る。福利厚生の詳細は、《社内通知》でも訳アリ。《求人広告》でも、もちろん大事なので掲載される。

Social **insurance premiums** will be deducted from your salary every month.
(社会**保険料**は毎月、給与から差し引かれます)

「社内規定」では、①給与、②経費、③保険の話題が3トップ。どれもお金にかかわるのが特徴。

We will reimburse you for **any expenses** you **incur**.
(**負担した経費**はいかなるものでも、会社が払い戻します)

ネガティブなビジネス語。debts(借金)やloss(損害)など、マイナスイメージの単語と一緒に使われることが多い。

Day 26

647 attire
[ətáɪər]

名 服装
= clothes 名 衣服、服装

1 proper business attire
1 ビジネスにふさわしい服装

648 confidential
[kù:nfədénʃəl]

形 秘密の
= secret 形 秘密の

1 keep ... confidential
2 confidential data

1 …を秘密にしておく
2 機密データ

649 immediately
[ɪmí:diətli]

副 すぐに
派 immediate 形 即座の、直接の
= promptly 副 すぐに (▶378)

1 report ... immediately
2 be immediately available

1 すぐに…を報告する
2 すぐに利用できる

650 timely
[táɪmli]

形 タイムリーな

1 in a timely manner
1 タイミングよく、直ちに

651 submission
[səbmíʃən]

名 提出(物)
派 submit 動 ~を提出する (▶080)

652 administrative
[ədmínəstrèɪtɪv]

形 管理の
派 administer 動 ~を管理する
　　administrator 名 管理者

1 administrative assistant
1 管理[事務]スタッフ

653 carry out ...

…を実行する
参 carry 動 ~を持ち運ぶ
= implement 動 ~を実行する (▶479)

1 carry out work
2 carry out a plan

1 仕事を遂行する
2 計画を実行する

Employees are required to wear **proper business attire** whenever they are in the office. (従業員は、オフィスにいるときは常に**ビジネスにふさわしい服装**をしてください)	「社内規定」や「招待状」で出る。 TOEICワールドでも、最近はオフィスファッションのカジュアル化が進んでいる。
We are required to **keep** client information **confidential**. (われわれは、顧客情報**を秘密にしておか**なければなりません)	例文は「守秘義務」のこと。 プライバシー保護が目的。TOEICには不都合な情報を隠蔽しようとする会社は出てこない。
Any damage to office equipment must be **reported immediately** to your superior. (オフィス備品に対する損害はどんなものでも、上司に**すぐに報告し**なければなりません)	形容詞immediateは盲点！ immediate supervisorは「直属の上司」、immediate areaは「隣接地域」。
Expense reports should be submitted **in a timely manner**. (経費報告書は、**直ちに**提出しなければなりません)	-lyで終わる形容詞。 副詞ではなく、「形容詞」。パート5の「品詞問題」では、副詞に見える「形容詞」が出る。
All **submissions** regarding this project should be sent by e-mail by the end of August. (このプロジェクトに関するすべての**提出物**は、8月末までにメールで提出してください)	「レポート」や「原稿」を指すことが多い。 submission⇒report（レポート）、submission⇒manuscript（原稿）の言い換えに注意！
Please contact my **administrative assistant** for the details. (詳細は、**事務スタッフ**に聞いてください)	administrative assistantは、人事や経理などの非生産部門で働く人たちを指す。
We'll **carry out** the renovation **work** over the next two months. (これから2カ月間にわたって、改修**工事を行います**)	**Q** 名詞carry-onの意味は？ **A** 「機内持ち込み手荷物」。carry-on baggageの略。

Day 26

654 discard
[dɪskáːrd]
動 ~を捨てる、~を処分する
= dispose of ... …を処分する
　 get rid of ... …を取り除く
① discard inventory
① 在庫を処分する

655 anniversary
[ænəvə́ːrsəri]
名 記念日
① celebrate an anniversary
① 記念日を祝う

656 potential
[pəténʃəl]
形 見込みのある、潜在的な
派 potentially 副 潜在的に
= prospective 形 見込みのある
① potential customers
② potential obstructions
① 見込み客
② 障害になる可能性のある物

657 enhance
[ɪnhǽns]
動 ~を高める、~を強める
= improve 動 ~を改善する(▶371)
① enhance a relationship
② enhance work efficiency
① 関係を強化する
② 作業効率を高める

658 punctual
[pʌ́ŋktʃuəl]
形 時間を守る
派 punctually 副 時間どおりに
① be punctual for an appointment
① 約束の時間を守る

1分でチェック！ 今回学習した単語の意味を言ってみよう。

- ① adhere to
- ② payroll
- ③ allowance
- ④ pension
- ⑤ insurance
- ⑥ incur
- ⑦ attire
- ⑧ confidential
- ⑨ immediately
- ⑩ timely
- ⑪ submission
- ⑫ administrative
- ⑬ carry out
- ⑭ discard
- ⑮ anniversary
- ⑯ potential
- ⑰ enhance
- ⑱ punctual

Excessive **inventory** will be **discarded** within 90 days. （余剰**在庫**は、90日以内に**処分**されます）	dis-は「離す」の意味。 〈dis（離す）＋card（カード）〉＝「不要なカードを捨てる」。語源は、トランプの捨て札。
In 2018 our laboratory will **celebrate its** 10th **anniversary**. （2018年に、当研究所は設立10周年記念を祝い[迎え]ます）	《社内通知》では、パーティーや記念日のお知らせが定番。 フレーズ1の言い換え表現、hold a celebration（祝賀会を開く）も覚えておこう。
The executive office decided to work on a marketing strategy targeting **potential customers**. （執行部は、**見込み客**に的を絞ったマーケティング戦略に取り組むことを決定しました）	「将来、○○の可能性がある」といった意味。 「見込み客」なら、今はまだお客さんではないけど、将来、商品を購入してくれそうな人たちのこと。
We need to **enhance our** long-term **relationship** with customers. （われわれは顧客との長期的な**関係を強化**する必要があります）	TOEICが好きなポジティブ系。 2の目のフレーズは、パート4《人物紹介》の業績を紹介する文脈でも使われるよ。
Please **be punctual for** all business **appointments**. （仕事の**約束**の**時間は守って**ください）	**Q** 副詞punctuallyをフレーズで言い換えると？ **A** on time（▶152）。

答え

- ① 〜を守る
- ② 従業員名簿、給与
- ③ 手当、許容
- ④ 年金
- ⑤ 保険
- ⑥ 〜を負担する
- ⑦ 服装
- ⑧ 秘密の
- ⑨ すぐに
- ⑩ タイムリーな
- ⑪ 提出（物）
- ⑫ 管理の
- ⑬ 〜を実行する
- ⑭ 〜を捨てる、〜を処分する
- ⑮ 記念日
- ⑯ 見込みのある、潜在的な
- ⑰ 〜を高める、〜を強める
- ⑱ 時間を守る

Day 27 通知／報告書

公共のお知らせ（通知②）

659 violate [váɪəlèɪt]
- 動 ～を破る、～に違反する
- 派 violation 名 違反
- ≒ break 動 ～を破る、～を壊す
- ① violate a rule
- ① 規則を破る

660 unattended [ʌ̀nəténdɪd]
- 形 ほったらかしの
- ① unattended vehicles
- ② leave ... unattended
- ① 運転手のいない車
- ② …を放置する

661 effects [ɪfékts]
- 名 [複数形で] 所持品
- 参 effect 名 効果、影響（▶330）
- ≒ belongings 名 持ち物
- ① personal effects
- ① 所持品

662 come into effect
- （法律などが）実施される、効力を生じる
- ≒ take effect 効力を生じる

663 designated [dézɪɡnèɪtɪd]
- 形 指定された
- 派 designate 動 ～を指定する
- ① designated area
- ② be designated for ...
- ① 指定の場所
- ② …に指定される

664 property [prɑ́:pərti]
- 名 不動産物件、財産
- ① private property
- ② property for sale
- ③ property manager
- ① 個人物件、私有地
- ② 売り出し中の物件
- ③ 建物の管理人

公共施設でのお知らせは、基本的に「指示」が多い。工事案内が多いのもTOEIC的だね。

If you **violate the rules** listed below, you will be fined. （下記の**規則を破れ**ば、罰金が科されます）	公共施設では、「利用のルール」が示される。 逆に「規則を守る」は、abide by the rule（▶456）やfollow the rules（▶443）だったよね。
Any **unattended vehicles** will be towed immediately. （**運転手のいない車**は、ただちにレッカー移動されます）	掲示で見かける「注意喚起」。 attend（▶093）には、「〜に注意を払う」の意味もある。〈un（〜でない）＋attended（注意が払われている）〉＝「ほったらかしの」。
You are not allowed to bring your **personal effects** into Malaysia without permission. （許可なくマレーシアに**所持品**を持ち込むことは、禁じられています）	effectと混同してはダメ！ sありなしで意味が変わる。belongingsとの言い換えにも対応できるように。
The new regulation will **come into effect** next April. （新しい規則は、来年の4月から**実施されます**）	「動詞」も基本が大事！ 基本動詞の意味を知っているだけではダメ。600点を超えるには、基本動詞を使ったフレーズの知識が必要。
Visitors are encouraged to park in the **designated area**. （訪問客は、**指定の場所**に駐車するようにしてください）	「場所」に関する指示で頻出。 パート5で選択肢にdesignatedがあれば、ほぼ正解。速攻で選んで時間をかせごう。
This building is **private property** and is off-limits to the public. （この建物は**個人物件**ですので、一般人は立ち入り禁止です）	TOEICでは「物件」の意味で出る。 「不動産広告」でのpropertyは、「土地」や「建物」のこと。

Day 27

665 **declare** [dɪkléər]
動 **~を申告する**、~を宣言する
派 declaration 名 申告、宣言

① declare an item
① 物品を申告する

工事の案内（通知③）

666 **otherwise** [ʌ́ðərwàɪz]
副 **別な方法で、さもないと**

① unless otherwise notified
② think otherwise
① 別途告知がない限り
② 別の考えがある

667 **timeline** [táɪmlàɪn]
名 **スケジュール、予定表**
= schedule 名 予定(表) (▶088)

668 **as soon as ...**
…するとすぐに

669 **enlarge** [ɪnlɑ́ːrdʒ]
動 **~を拡大する**
= expand 動 ~を拡大する (▶113)

報告書

670 **anonymous** [ənɑ́:nəməs] ❶発音
形 **匿名の**
派 anonymously 副 匿名で

① anonymous survey
② anonymous book
① 匿名の調査
② 作者不明の本

You must **declare items** purchased abroad when entering the country. (入国の際には、海外で購入した**物品を申告**しなければなりません)	Do you have anything to declare?(申告するものはございますか)は、税関申告書の定番質問。
Please do not use the main elevator **unless otherwise notified**. (別途告知がない限り[あるまでは]、メインエレベーターを使わないでください)	覚えておきたい3つのパターン。 フレーズ1と2のほかに、〈命令文＋Otherwise, ...〉で、「～しなさい。さもないと…」も大事。
The **timeline** of the renovation is subject to change. (改修の**スケジュール**は、変更されることがあります)	予定の変更は、TOEICの定番。 LINEやTwitterを使っている人なら、「タイムライン」は聞いたことがあるはず。
The expansion work will restart **as soon as** the plans have been approved. (計画が承認された**らすぐに**、拡張工事は再開されます)	〈as soon as＋S＋V〉のVに注目！ 「時・条件」を表す副詞節になるので、未来のことでもVは「現在形」。willを使うとバツなので、パート5でよく狙われる。
The main building will be **enlarged** to form the convention hall. (会議場を作るために、本館は**増築される**予定です)	形容詞を動詞に変える魔法のen。 〈en（～の状態にする）＋「形容詞」〉で「動詞」になる。ensure（▶571）やenhance（▶657）もこの仲間。
The **anonymous survey** was conducted to collect data from over 200 electronics manufacturers. (200を超える家電メーカーからデータを集めるため、**匿名の調査**が行われました)	発音〈アナニマス〉に注意。 The survey was conducted anonymously.（調査は匿名で行われました）のように、副詞も出る。

Day 27

671 abridged
[əbrídʒd]

形 要約された
派 abridge 動 〜を要約する
≡ summarized 形 要約された(▶677)

1. abridged version
1. 要約版

672 overall
[óuvərɔ̀ːl]

形 全体の
副 全体としては

1. overall ... rate
2. overall cost
3. overall effects

1. 全体の…率
2. 全体のコスト
3. 全体的な影響

673 chart
[tʃɑ́ːrt]

名 図、表

1. This chart shows ...
2. weather chart

1. この表は…を示している。
2. 天気図

674 appended
[əpéndɪd]

形 添付の
派 append 動 〜を付け加える
≡ attached 形 添付の(▶425)

1. appended table
1. 別表

675 respectively
[rɪspéktɪvli]

副 それぞれ

This report is an **abridged version** of the original one sent out on February 7. （このレポートは、2月7日に送られたオリジナルの**要約版**です）	「略」のイメージ。 子供向けの名作小説って、超短い。これは、オリジナル小説のabridged version。
The **overall** unemployment **rate** in that country is about 7 percent. （その国**全体**の失業率は、約7％です）	**Q** overallをほかの単語で言い換えると？ **A** 正解はcomprehensive（▶338）。
This chart shows how far GN-Motors is behind in the global market. （**この表は**、GNモーターズ社が世界市場でいかに遅れを取っているか**を示しています**）	理解を助ける図やグラフのこと。パート3や4の新形式の「図表問題」では、棒グラフのchartが出る。
The **appended tables** are based on a market survey carried out in San Francisco. （**別表**は、サンフランシスコで実施された市場調査を基にしています）	appendはぶらさがっている感じで、attachedはくっついている感じ。
China Chemical and Bio-TEC Inc. ranked seventh and eighth, **respectively** in sales this year. （チャイナ化学とバイオ・テック社は今年の売り上げで、**それぞれ**7位と8位にランクされました）	対応関係を見抜け！ 例文の対応関係は、チャイナ化学＝7位、バイオ・テック社＝8位。設問のターゲットなので、警戒しよう。

Day 27

Part 7

676 objective
[əbdʒéktɪv]

名 目的、目標
形 客観的な
= object 名 目的
  goal 名 目標

1. main objective — 主な目的
2. achieve *one's* objective — 目標を達成する

677 summarize
[sʌ́məràɪz]

動 ～を要約する
派 summary 名 要約 (▶352)

1. summarize features — 特徴を要約する
2. summarize information — 情報を要約する

678 anticipated
[æntísəpèɪtɪd]

形 予想される、期待される
派 anticipate 動 ～を予想する、～を期待する
  anticipation 名 予想、期待

1. anticipated demand — 予想される需要

679 compile
[kəmpáɪl]

動 ～を集める、～を編集する

1. compile information — 情報をまとめる
2. compile a database — データベース化する

680 stress
[strés]

動 ～を強調する
名 強調、ストレス
= emphasize 動 ～を強調する (▶487)

1. It must be stressed that ... — …を強調して言う
2. ease stress — ストレスを和らげる

681 preliminary
[prɪlímənèri]

形 予備の、準備の
= preparatory 形 予備の

1. preliminary survey — 予備調査
2. preliminary step — 準備段階

The **main objective** of this report is to identify trends in the car market. (このレポートの**主な目的**は、自動車市場の動向を把握することです)	《レポート》の目的は、文頭に注目! What is the purpose of the report?(レポートの目的は何ですか?)など、文書の目的を問う設問は出まくり。
The following three points **summarize** the **features** of the North American market. (以下の3点は、北アメリカ市場の**特徴を要約しています**)	NOT問題と相性がいい! 例文の部分は、設問What is NOT mentioned as ...?(…として言及されていないものはどれですか)で問われる。ここでは「3点」を指摘。こういう場合、選択肢4つのうち、正解はこの3点以外。
The sales plan is based on **anticipated demand**. (販売計画は、**予想される需要**に基づいています)	**Q** 動詞anticipateの言い換え表現は? **A** expect(▶253)、forecast、look forward to(▶087)などが正解。
The study was conducted to **compile information** into a book. (**情報をまとめて**本にするために、その調査は実施されました)	**Q** compileとeditの意味の違いは? **A** どちらも「編集する」だけど、compileは「辞書や資料」、editは「本や雑誌」の編集。
It must be stressed that sales recovered slightly in August due to strong demand. (力強い需要のため、8月はわずかに売り上げが回復したこと**を強調しておきます**)	「緊張」⇒「強調」のニュアンス。 強く主張したいときの必須ワード。動詞のstressはemphasize、名詞のstressはemphasisで言い換えられる。
We have conducted a **preliminary survey** on working conditions. (職場環境に関する**予備調査**を行いました)	pre-から意味をイメージしよう。 preserve(▶522)と同じ接頭辞pre(前もって)。ボキャブラリーを増やすには、接頭辞も大事。

Day 27

682 statistics
[stətístɪks]

名 統計

1 The statistics show that ...

1 統計は…を示している。

1分でチェック！ 今回学習した単語の意味を言ってみよう。

- ① violate
- ② unattended
- ③ effects
- ④ come into effect
- ⑤ designated
- ⑥ property
- ⑦ declare
- ⑧ otherwise
- ⑨ timeline
- ⑩ as soon as
- ⑪ enlarge
- ⑫ anonymous
- ⑬ abridged
- ⑭ overall
- ⑮ chart
- ⑯ appended
- ⑰ respectively
- ⑱ objective
- ⑲ summarize
- ⑳ anticipated
- ㉑ compile
- ㉒ stress
- ㉓ preliminary
- ㉔ statistics

The statistics show that sales of washing machines are experiencing a decline abroad.
(**その統計は**、洗濯機の売り上げが海外で減少していること**を示しています**)

「報告書」「調査書」など、グラフ付き文書で出る。
Data shows that ...(データは…を示している)やPolls indicate that ...(世論調査は…を示している)も同じパターン。

答え

- ① 〜を破る
- ② ほったらかしの
- ③ 所持品
- ④ 実施される、効力を生じる
- ⑤ 指定された
- ⑥ 不動産物件
- ⑦ 〜を申告する
- ⑧ 別な方法で、さもないと
- ⑨ スケジュール、予定表
- ⑩ 〜するとすぐに
- ⑪ 〜を拡大する
- ⑫ 匿名の
- ⑬ 要約された
- ⑭ 全体の
- ⑮ 図、表
- ⑯ 添付の
- ⑰ それぞれ
- ⑱ 目的、目標
- ⑲ 〜を要約する
- ⑳ 予想される、期待される
- ㉑ 〜を集める
- ㉒ 〜を強調する、ストレス
- ㉓ 予備の、準備の
- ㉔ 統計

Day 28 記事

経済・市場（記事①）

683 forefront [fɔ́:rfrʌ̀nt]
名 最前線
1 at the forefront of ... — 1 …の最前線に

684 surpass [sərpǽs]
動 〜を超える
= exceed 動 〜を超える（▶476）
1 surpass expectations — 1 予想を超える

685 prevalent [prévələnt]
形 普及している、流行している
派 prevail 動 普及する、勝つ
= widespread 形 普及している
1 become prevalent — 1 流行する
2 be widely prevalent — 2 広く普及している

686 concern [kənsə́:rn]
名 関心事、心配
動 (人)を心配させる
派 concerned 形 心配して
  concerning 前 〜に関して（▶348）

687 relatively [rélətɪvli]
副 比較的（に）
派 relative 形 比較の、相対的な 名 親戚
1 relatively new — 1 比較的新しい

688 yield [jí:ld] ❗発音
動 〜を生む
名 収益
= produce 動 〜を生み出す、〜を生産する（▶359）
1 yield profits — 1 利益を生む

記事の経済ワードはすごく難しい。でも、コメントを見ながら、楽しんで覚えてね。

Zebra Communications is **at the forefront of** Internet technology. (ゼブラ・コミュニケーションズ社は、インターネット技術**の最前線に**います)	パート5の「語彙問題」でも出る。 「最前線＝最先端」なので、state-of-the-art（▶495）にニュアンスは近い。
Sales of the video game **surpassed** the creators' **expectations**. (そのテレビゲームの売り上げは、制作者の**予想を超えました**)	sur-は「〜を超えて」。 接頭辞を知ってれば、意味はカンタン。surpass predictions（予想を超える）も覚えてね！
Smartphones have **become prevalent** all over the world. (スマートフォンは、世界中で**流行しています**)	TOEICワールドでは、何でも流行る！ 売れない、流行しない、の不人気商品はあまり出ない。
Rising medical costs are an issue of major **concern** for many U.S. consumers. (医療費の上昇は、多くの米国の消費者が大きな**関心**を寄せている問題です)	「問題点」は設問のターゲット。 例文だと、「医療費の上昇」が問題点だね。
TK Fibers Inc. is interested in a **relatively new** field of medical care. (TKファイバーズ社は、医療の**比較的新しい**分野に関心を持っています)	〈(副詞)＋形容詞〉パターン！ パート5では、この「副詞」が狙われる。派生語のフレーズ、be relative to ...（…に関係のある）も覚えよう。
The new system will **yield** greater **profits** due to lower maintenance costs. (メンテナンス費用の低減によって、新システムは大きな**利益を生む**でしょう)	**Q** yield profitsを言い換えると？ **A** make profits、またはgenerate profits。

Day 28

| 689 | **exhibition** [èksəbíʃən] ❶発音 | 名 展示(会) 派 exhibit 動 〜を展示する 名 展示(会) |

| 690 | **conventional** [kənvénʃnəl] ① conventional design ② conventional style | 形 従来の ＝ traditional 形 従来の、伝統的な ① 従来のデザイン ② 従来のやり方 |

| 691 | **individual** [ìndəvídʒuəl] | 名 個人 形 個人の、独特の 派 individually 副 個別に |

| 692 | **alliance** [əláɪəns] ① business alliance ② capital alliance | 名 提携 ＝ union 名 提携、同盟、合併 ① 業務提携 ② 資本提携 |

| 693 | **integrate** [íntəgrèɪt] ① be integrated into ... | 動 〜を統合する 派 integration 名 統合 ① …に統合される、…に組み込まれる |

| 694 | **former** [fɔ́ːrmər] | 名 前者 形 前の 派 formerly 副 以前(は) ⇔ latter 名 後者 形 後の |

| 695 | **share** [ʃéər] ① considerable share | 名 シェア(市場占有率)、役割、株 動 〜を共有する ＝ stock 名 株(▶108) ① かなりのシェア |

The **exhibition** will attract consumers looking for unique designs. (この**展示会**は、変わったデザインを求めている消費者を引きつけるでしょう)	アートの展示会が多い！ 若手デザイナーや奇抜なデザインが紹介されるのが特徴。
The new car design is a challenge to the **conventional** one. (新しい車のデザインは、**従来のデザイン**に対する挑戦です)	新製品の紹介は少しオーバー。 製品の魅力や従来との違いが大げさに述べられる。conventionalは「型にはまっている」イメージ。
The national survey was conducted among **individuals** who view cable TV. (全国調査が、ケーブルテレビを視聴する**個人**を対象に行われました)	「個人」から「個性的」のニュアンス。 individual styleだと「独特の(個性的な)スタイル」。ちなみに、surveyには、表やグラフがつくことが多い。
Hanover, Inc., will establish a **business alliance** with U.K. Metal. (ハノーバー社は、UKメタル社と**業務提携**を結びます)	ANAも加盟する航空会社のグループに、「スター・アライアンス」がある。
The energy division of GLGroup will **be integrated into** Phillips Heavy Industries. (GLグループのエネルギー部門は、フィリップス重工業**に統合されます**)	TOEICワールドでは、企業の統合が出る。 本文と選択肢の言い換えでは、integrateとmerge with …(…と合併する ▶280)が定番。
The **former** is well known for their state-of-the-art sound equipment. (**前者**は、最新の音響装置で有名です)	formerとlatterは、セットで覚える！ A社とB社を紹介したあと、「前者(A社)は～、後者(B社)は～」というように使う。
Bon Publishing has gained **considerable** market **share** over the past 5 years. (ボン出版は、過去5年にわたって、**かなりの市場シェア**を獲得してきました)	TOIEC企業は、「シェア」に敏感。 「企業紹介」では必ず言及。動詞だと、share A with B(AをBと共有する)のカタチで出る。

Day 28

696 growth
[gróuθ]
名 **成長**、発展、増加

① economic growth
① 経済成長

697 labor
[léibər]
名 **労働**

① labor costs
② labor union
① 人件費
② 労働組合

698 constraint
[kənstréint]
名 **制約**
派 constrain 動 (人に)～を強いる
= restriction 名 制約、制限(▶473)

① budget constraints
② legal constraints
① 予算の制約
② 法律の制約

699 assistance
[əsístəns]
名 **援助**
派 assist 動 ～を助ける

① financial assistance
② immediate assistance
① 財政援助
② 緊急援助

700 commodity
[kəmá:dəti]
名 **商品**、日用品

① commodity prices
① 商品価格

701 workforce
[wə́:rkfɔ̀:rs]
名 **全従業員**

702 achieve
[ətʃí:v]
動 **～を達成する**
派 achievement 名 達成、業績
= accomplish 動 ～を達成する(▶421)

① achieve a 10% increase
① 10%の増加を達成する

The organization was established to promote **economic growth**. (その組織は、経済成長を促すために設立されました)	TOEICワールドの経済は右肩上がり。 「成長」以外にも、「増加」の意味で出る。membership growthで「会員数の増加」だね。
Many companies have struggled to cut overall **labor costs**. (多くの会社は、全体的な人件費を削減しようと努力しています)	**Q** 「材料費」を英語で言うと？ **A** 正解はmaterial costs。
The urban development project is subject to state **budget constraints**. (都市開発プロジェクトは、州予算の制約を受けています)	strain（ぴーんと張る）からイメージ。 「張る」から「制約・強制」の意味につなげてね。動詞のconstrainは、force（無理やり〜させる）と同じニュアンス。
The company is applying for temporary **financial assistance**. (その会社は、一時的な財政援助を申請しています)	helpのフォーマルな言い方。 「英＝英」で覚えておくと、選択肢の言い換えトリックが見抜けるよ。
The consulting company has kept an eye on **commodity prices**. (そのコンサルティング会社は、商品価格を注視しています)	「商品」の意味がある3単語、①goods、②items、③productsを復習してね。
The company plans to reduce its **workforce** by 10 percent by the end of next year. (その会社は、来年の末までに全従業員を10％削減する予定です)	「会社の労働力」というニュアンス。 「従業員」といえばstaffやemployee。でも、カタめの文章ではworkforceが出る。
Rao Corporation **achieved a 10% increase** in its sales. (ラオ社は、売り上げの10％の増加を達成しました)	「達成する」シリーズの3トップ。 ①achieve、②accomplish、③attain。「3つのAを達成する」って覚えてね。

Day 28

703 undertake
[ʌ̀ndərtéɪk]

動 ～に着手する、～を引き受ける
参 undertake-undertook-undertaken

1. undertake a review
2. undertake a responsibility

1. 見直しに着手する
2. 責任を引き受ける

704 domestic
[dəméstɪk]

形 国内の
⇔ foreign 形 外国の

1. domestic market
2. domestic product

1. 国内市場
2. 国産品

705 revitalize
[rìːváɪtəlaɪz] ❗発音

動 ～を活性化する、～を再生する

1. revitalize the economy

1. 経済を活性化させる

706 financial
[fənǽnʃl]

形 財政上の
派 finance 名 財務、金融
　　financially 副 財務的に
= fiscal 形 財政上の、会計の (▶508)

1. financial performance
2. financial aid

1. 財務実績
2. 財政援助

707 overwhelmingly
[òʊvərwélmɪŋli]

副 圧倒的に
派 overwhelm 動 ～を圧倒する

1. overwhelmingly approve

1. ～を圧倒的多数で承認する

708 fierce
[fɪərs]

形 激しい

1. fierce competition
2. fierce debate

1. 激しい競争
2. 激しい論争

Minnesota Dairy Inc. **undertook a** comprehensive **review** of its production processes. (ミネソタ乳業は、製造工程の包括的な見直しに着手しました)	under-の意味は「〜の中に」。 〈under+take〉だと、「中に取り入れる」といったニュアンス。ここから「着手する」などの意味になる。
The demand for light metals has been increasing in the **domestic market**. (軽金属の需要が国内市場で高まっています)	**Q** foreign以外の反義語は？ **A** international(国際的な)、またはglobal(全世界の)。
The campaign is designed to **revitalize** the local **economy**. (そのキャンペーンは、地元経済を活性化させることを意図しています)	vitalを見抜け。 vital=life(生命)。〈re(再び+vitalize(命を与える)〉から、「生き返らせる」⇒「活性化する」と連想してね。
Tony Publications' **financial performance** has improved over last year. (トニー出版の財務実績は、昨年と比べて改善しました)	パート5では〈(形容詞)+名詞〉で出る。 形容詞が空所のターゲット。フレーズで覚えれば、楽勝で答えられるね！
City council has **overwhelmingly approved** the budget proposal. (市議会は、その予算案を圧倒的多数で承認しました)	「ドーンと圧倒する」イメージ。 もともとは「やっつける」の意味。TOEICワールドは大げさだったよね。
Domestic companies are facing **fierce competition** from global rivals. (国内企業は、国際的なライバル企業との激しい競争に直面しています)	TOEIC企業は競争でバチバチ！ グローバル競争が当たり前の時代だから、企業は「激しく」バトルする。

709 generate
[dʒénərèɪt]

動 ～を生み出す
= produce 動 ～を生み出す、～を生産する（▶359）

1. generate a product
2. generate a change

1. 製品を生み出す
2. 変化をもたらす

710 supplementary
[sʌ̀pləméntəri]

形 追加の
= additional 形 追加の（▶376）

1. supplementary explanation
2. supplementary budget

1. 補足説明
2. 補正予算

711 ongoing
[ángòʊɪŋ]

形 進行中の

1. ongoing project
2. ongoing reform

1. 進行中のプロジェクト
2. 現在行われている改革

712 resident
[rézədənt]

名 居住者
派 reside 動 住む
　　residential 形 住居の
　　residence 名 住居
= inhabitant 名 居住者、住民

1. local residents

1. 地元住民

713 consistently
[kənsístəntli]

副 一貫して、常に
派 consistent 形 一貫性のある、一致した
　　consistency 名 一貫性

1. consistently produce

1. ～を一貫して生み出す

714 apparently
[əpérəntli]

副 どうやら～らしい
派 apparent 形 明らかな
　　appear 動 現れる、～のように見える

It may take years for Taki Medical to **generate a** new **product**. (タキ・メディカル社が新**製品を生み出す**には数年かかるかもしれません)	製品や利益を「生む」ときに使う。 本文と選択肢では、produceとの言い換えに要注意！
This concludes the **supplementary explanation** of the market entry in the East Asian region. (東アジア地域への進出の**補足説明**を終わらせていただきます)	**Q** additional以外の同義語は？ **A** 正解はextra（追加の、余分な）。
Duke Corporation has joined the **ongoing** tourism **project** in Bangkok. (デューク社は、バンコクで**進行中の**観光**プロジェクト**に参加しています)	「今、やっている」のニュアンス。 go on（▶244）の進行形、be going onからイメージしよう。
Local residents are invited to attend this special event at Turner Library. (**地元住民**は、ターナー図書館のこの特別なイベントへ招かれています)	「イベント」や「工事」のお知らせで出る。 TOEICワールドでは、イベントや工事が多い。近隣の住民へのお知らせは必須だね。
The company **consistently produces** excellent products in the field of chemical industry. (その会社は、化学工業の分野において、優れた製品**を一貫して生産しています**)	企業をほめるときに使う。 形容詞のフレーズ、be consistent with ...（…と一致している）も覚えてね。
LT's mobile is **apparently** suffering from Wi-Fi issues. (**どうやら**、LT社の携帯電話はWi-Fiの問題を抱えている**らしい**)	**Q** 形容詞apparentをほかの語で言い換えると？ **A** clear、obvious、evidentが正解。

Day 28

715 contribution
[kɑ̀:ntrəbjúːʃən]

① make a contribution
② collect contributions

名 **貢献、寄付**
派 contribute 動 貢献する、～を寄付する
① 貢献する
② 寄付を募る

716 publication
[pʌ̀bləkéɪʃən]

① begin publication
② periodical publication

名 **出版(物)、発行**、発表
派 publish 動 ～を出版する
　　publisher 名 出版社
① 創刊する
② 定期刊行物

717 subsidiary
[səbsídièri]

名 **子会社**
派 subsidy 名 助成金
参 headquarters 名 本社(▶099)

2分でチェック！ 今回学習した単語の意味を言ってみよう。

- ① forefront
- ② surpass
- ③ prevalent
- ④ concern
- ⑤ relatively
- ⑥ yield
- ⑦ exhibition
- ⑧ conventional
- ⑨ individual
- ⑩ alliance
- ⑪ integrate
- ⑫ former
- ⑬ share
- ⑭ growth
- ⑮ labor
- ⑯ constraint
- ⑰ assistance
- ⑱ commodity
- ⑲ workforce
- ⑳ achieve
- ㉑ undertake
- ㉒ domestic
- ㉓ revitalize
- ㉔ financial
- ㉕ overwhelmingly
- ㉖ fierce
- ㉗ generate
- ㉘ supplementary
- ㉙ ongoing
- ㉚ resident
- ㉛ consistently
- ㉜ apparently
- ㉝ contribution
- ㉞ publication
- ㉟ subsidiary

The company has **made a** significant **contribution** to research on climate change.
(その会社は、気候変動の調査に大いに**貢献**しました)

前置詞toがポイント。
contribution to ...(…への貢献)や contribute to ...(…に貢献する)のように、名詞も動詞も後ろにtoがつく。

Absolute Science magazine **began publication** in 1971.
(『アブソルート・サイエンス』誌は、1971年に**創刊しました**)

出版物とは、本や雑誌のこと。
monthly publication(月刊誌)や new publication(新刊書)のように、形容詞とのセットも重要。

Trident Group consolidated its affiliate **subsidiary**.
(トライデントグループは、関連**子会社**を統合しました)

Q subsidiaryの反意語、「親会社」を英語で言うと？

A 正解は、parent companyや parent firm。

答え

- ① 最前線
- ② ～を超える
- ③ 普及している
- ④ 関心事、～を心配させる
- ⑤ 比較的(に)
- ⑥ ～を生む
- ⑦ 展示(会)
- ⑧ 従来の
- ⑨ 個人
- ⑩ 提携
- ⑪ ～を統合する
- ⑫ 前者
- ⑬ シェア、～を共有する
- ⑭ 成長
- ⑮ 労働
- ⑯ 制約
- ⑰ 援助
- ⑱ 商品
- ⑲ 全従業員
- ⑳ ～を達成する
- ㉑ ～に着手する
- ㉒ 国内の
- ㉓ ～を活性化する
- ㉔ 財政上の
- ㉕ 圧倒的に
- ㉖ 激しい
- ㉗ ～を生み出す
- ㉘ 追加の
- ㉙ 進行中の
- ㉚ 居住者
- ㉛ 一貫して
- ㉜ どうやら～らしい
- ㉝ 貢献、寄付
- ㉞ 出版(物)、発行
- ㉟ 子会社

Day 29 記事

合併・買収（記事②）

718 commence [kəméns]
動 (〜を)開始する
派 commencement 名 始まり
1 commence negotiations — 交渉を開始する
2 commence immediately — すぐに始まる

719 deal [díːl]
名 取引、契約
動 扱う
1 make a deal — 取引する
2 deal with issues — 問題に取り組む

720 pursue [pərs(j)úː]
動 〜を追求する
派 pursuit 名 追求
1 pursue a merger — 合併を推し進める
2 pursue a career — キャリアを積む

721 mutually [mjúːtʃuəli]
副 相互に
派 mutual 形 相互の
1 mutually beneficial — 相互に利益となる
2 mutually dependent — 相互に依存している

722 complementary [kùːmpləméntəri]
形 補足的な、補完的な
派 complement 動 〜を補足する
＝ supplementary 形 補足的な
1 complementary system — 補完システム
2 complementary food — 補助食品

723 form [fɔ́ːrm]
動 〜を形づくる、〜を組織する
名 記入用紙、形
派 formation 名 構成、成立
1 form a company — 会社を設立する
2 form a relationship — 関係を築く
3 registration form — 登録用紙

> 環境・エネルギーワードにも目を向けよう。TOEICも「エコ」を意識してるよね、絶対。

The two companies are expected to **commence** merger **negotiations** soon. (両社は、近く合併**交渉を開始する**と見られています)	startやbeginと同じ。 自動詞と他動詞の用法がある。自動詞は、The autumn semester commences in September.（秋学期は9月から始まる）のように使う。
AP, Inc. has announced that **the deal** will be **made** in a few days. (AP社は、近日中にその**取引が行われる**と発表しました)	「ディーラー」のdeal。 「自動車ディーラー」なら、聞いたことがあるのでは？「dealをする人＝販売業者」のことだね。
There are complicated reasons that these companies are **pursuing a merger**. (両社が**合併を推し進める**のには、複雑な事情があります)	「すーっと」追いかけるイメージ。 今後の展望や企業理念を述べるときによく使う。
The joint venture would be **mutually beneficial** for the two companies. (合弁会社は、両社にとって**相互に利益となる**でしょう)	ビジネスはプラス思考！ 新事業や合併などに、TOEIC企業は総じて前向き。必ず「相互のメリット」が言及される。
TeleNet Inc. has developed a data **complementary system** with J-Web. (テレネット社は、Jウェブ社とデータ**補完システム**を開発しています)	TOEIC企業は共同開発好き！ 「補完」「補足」は、不足を補うこと。complimentary（▶211）と発音が同じ点に注意しよう。
JK Electronics and Delton Corp. will merge to **form a** new **company**. (JKエレクトロニクス社とデルトン社は、合併して新**会社を設立します**)	もともとは「形」の意味。 映画『トランスフォーマー』のtrans-formerは、〈trans（変える）＋form（形）＋er（～するもの）〉＝「変形するもの」だね。

724 investment
[ɪnvéstmənt]

名 投資
派 invest 動 投資する

1. investment firm
1. 投資会社

再編・取り組み（記事③）

725 restructuring
[rìːstrʌ́ktʃərɪŋ]

名 (組織)再編、改革、リストラ

1. restructuring plan
2. economic restructuring
1. 再建計画
2. 経済改革

726 accelerate
[əksélərèɪt]

動 〜を加速させる、〜を促進する
派 acceleration 名 加速、促進

1. accelerate reform
2. accelerate production
1. 改革を促進する
2. 生産を加速させる

727 downsizing
[dáʊnsàɪzɪŋ]

名 人員削減

1. undergo downsizing
1. 人員を削減する

728 initiative
[ɪníʃətɪv]

名 新しい戦略、主導権

1. marketing initiative
2. international initiative
1. 市場戦略
2. 国際的な主導権

729 incentive
[ɪnséntɪv]

名 報奨金、動機

1. financial incentive
2. incentive fee
1. 奨励金
2. 成功報酬

Zeta Group plans to take over a number of **investment firms**. (ゼータ・グループは、多くの**投資会社**の買収を計画しています)	動詞の使われ方に注意！ invest in ...（...に投資する）の形で出る。前置詞inがポイント。invest in new technologyで「新しい技術に投資する」。
The goal of the company's **restructuring plan** is to keep the factory open. (その会社の**再建計画**の目的は、工場を閉鎖させないことです)	「リストラ＝解雇」ではない。 「再編」の文脈で出るので、意味としてはプラス。TOEICは基本プラス思考だったよね。
The government has **accelerated** budget **reform**. (政府は、財政**改革**を**促進**しています)	アクセルを「ぐっ」と踏むイメージ。 企業がキャッチフレーズで使うワード。ぐんぐん加速する感じで覚えてね。
The board of directors will review the proposal to **undergo downsizing**. (役員会は、**人員を削減する**提案を再検討します)	〈ダウン＋サイズ〉。 単語を分解して意味を取ろう。企業サイズをダウンすると「人員削減」、機器だと「小型化」。
The company released a statement that it would be launching a new **marketing initiative**. (その会社は、新たな**市場戦略**を開始するとの声明を発表しました)	「戦略」に加えて、「主導権」の意味も大事。ビジネス英語として、必須ワード。
The state government announced **financial incentives** for manufacturers who relocate there. (州政府は、その州に移転してくるメーカーへの**奨励金**を発表しました)	インセンティブは、基本「お金」。 「やる気」を促すもの全般を指すが、「お金」と思ってOK。

Day 29

730 grant
[grǽnt]

名 助成金
動 〜を与える、〜を許可する
= subsidy　名 助成金(▶717)

1 research grant
2 take ... for granted

1 研究助成金
2 …を当然のことと思う

731 execute
[éksəkjùːt]

動 〜を実行する
派 execution　名 実行
= implement　動 〜を実行する(▶479)

1 execute a plan

1 計画を実行する

732 findings
[fáɪndɪŋz]

名 [複数形で] 結果

1 research findings

1 調査結果

733 identify
[aɪdéntəfàɪ]

動 〜を特定する、〜であると見分ける
派 identification　名 身分証明

1 identify a customer need

1 顧客ニーズを特定する

734 analyze
[ǽnəlàɪz]

動 〜を分析する
派 analysis　名 分析
　　analyst　名 分析者、アナリスト

1 analyze a market

1 市場を分析する

環境・エネルギー（記事④）

735 diversity
[daɪvə́ːrsəti]

名 多様性
= variety　名 多様性、種類(▶315)

1 a diversity of ...

1 多様な…

Dr. Spielberg received a $150,000 **research grant** last year. (スピルバーグ博士は、昨年、15万ドルの**研究助成金**を受け取りました)	動詞のgrant＝give。 〈grant＋人＋モノ〉か〈grant＋モノ＋to 人〉の形で出る。
The city council is currently deciding whether to **execute the** administrative **plan**. (市議会は行政**計画を実行する**かどうか、現在協議中です)	carry outで言い換えOK。 executeできる人がexecutive（重役 ▶283）だね。
The **research findings** will be shared with people all over the world. (その**調査結果**は、世界中の人々と共有されるでしょう)	**Q** findingsを言い換えると？ **A** 正解はresultsやoutcomes（▶751）。どちらも、sをつけて「複数形」で使う。
Identifying customer needs helps companies develop new products. (**顧客ニーズを特定する**ことは、企業が新製品を開発するのに役立ちます)	「正体をハッキリさせる」が基本イメージ。 IDは、identificationの略。ネットショッピングをするときに、IDが必要なのは、本人であることを特定するためだね。
The Institute for the Economy has **analyzed the** Asian **market**. (経済研究所は、アジア**市場を分析して**います)	「動詞」と「名詞」で混乱してはダメ！ 「動詞」analyze a market⇔「名詞」a market analysisの言い換えは頻出。
Visitors can experience **a wide diversity of** wildlife in California. (お客さまは、カリフォルニアの**多様な野生生物**を体感することができます)	《環境》テーマの必須ワード。 TOEICはエコ・テーマが出る。同義語のvarietyも一緒に覚えよう。

Day 29

736 perspective
[pərspéktɪv]

- 名 見方、視点
- ① perspective on ... — ① …に関する視点
- ② unique perspective — ② 独特な見方

737 stable
[stéɪbl]

- 形 安定した
- 派 stability 名 安定
- ≡ steady 形 安定した (▶309)
- ① stable supply — ① 安定供給

738 saving
[séɪvɪŋ]

- 名 節約、貯金
- ① energy saving — ① エネルギーの節約、省エネ
- ② cost saving — ② コスト削減
- ③ savings account — ③ 預金口座

739 resource
[ríːsɔːrs]

- 名 資源、資金
- ① natural resources — ① 天然資源
- ② human resources — ② 人材、人事
- ③ financial resources — ③ 資金
- ④ energy resources — ④ エネルギー資源

740 shortage
[ʃɔ́ːrtɪdʒ]

- 名 不足
- 派 short 形 短い、不足した (▶486)
- ≡ lack 名 不足
- ① water shortage — ① 水不足
- ② labor shortage — ② 労働力不足

741 widespread
[wáɪdspréd]

- 形 普及した、広範囲に及ぶ
- ① widespread attention — ① 幅広い注目

The survey will provide us with a **perspective on** the state of local forest preservation. （その調査は、地元の森林保護の状態に関する視点を私たちに与えてくれます）	**Q** perspectiveをフレーズで言い換えると？ **A** point of view（▶575）。
Most reports suggest that it will be difficult to maintain a **stable** energy **supply**. （多くの報道によると、エネルギーの安定供給を維持することは困難らしい）	「立つことができる」ニュアンス。〈sta（立つ）＋able（できる）〉＝「安定した」。反意語のunstable（不安定な）もチェック。
Madison Manufacturing is planning to launch a new line of **energy saving** light bulbs. （マディソン製造は、省エネ電球の新製品を発売する予定です）	**Q** savingをほかの語で言い換えると？ **A** economy（▶482）。「経済」のほかに、「節約、倹約」の意味もある。
The extraction of **natural resources** in South America impacts both the economy and the environment. （南米での天然資源の抽出は、経済と環境の両方に影響を及ぼしました）	「資源」「人」「お金」に使う。形容詞resourcefulだと、「資源・資金が豊富な」や「機転がきく」の意味。
The International Association for the Environment has issued a report warning of expected **water shortages**. （国際環境協会は、予想される水不足を警告する報告を発表しました）	TOEICワールドでは、いろいろ不足する。a shortage of energy（エネルギー不足）も出る。
Lately, renewable energy is attracting **widespread** media **attention**. （最近、再生可能エネルギーは、幅広いメディアの注目を集めています）	〈wide（広く）＋spread（広げる）〉なので、「広い」×2。遠くまでばーっと広がっているイメージだね。

Day 29

742 dependence
[dɪpéndəns]

名 依存
派 depend 動 頼る、〜次第である
　　dependent 形 頼っている
⇔ independence 名 自立

① dependence on ...　　① …への依存（度）

743 abundant
[əbÁndənt]

形 豊富な
= rich 形 豊かな

① be abundant in ...　　① …が豊富である

744 endangered
[ɪndéɪndʒərd]

形 絶滅寸前の
派 endanger 動 〜を危険にさらす

① endangered species　　① 絶滅危惧種
② endangered wildlife　　② 絶滅寸前の野生動物

745 recognize
[rékəgnàɪz]

動 〜を認める
派 recognition 名 承認、認識

① be recognized as ...　　① …として認められている

746 efficient
[ɪfíʃənt]

形 効率的な、有能な
派 efficiency 名 効率
　　efficiently 副 効率的に

① efficient use　　① 効率的な使用
② fuel-efficient car　　② 燃料効率のいい車

747 initial
[ɪníʃəl]

形 最初の
名 頭文字
派 initially 副 最初に
　　initialize 動 〜を初期化する

① initial step　　① 最初の一歩

748 obtain
[əbtéɪn]

動 〜を得る、〜を入手する
= get 動 〜を得る

We have to decrease our **dependence on** fossil fuels. (化石燃料**への依存度**を減らさなければなりません)	前置詞onと相性がいい！ 名詞も動詞dependもonと一緒に使われる。パート5でも要注意。
South America **is abundant in** natural resources. (南アメリカは天然資源**が豊富です**)	**Q** abundantをrich以外で言い換えると？ **A** plentiful（▶354）。逆に「乏しい」だと、scarceが出る。
That bird has been designated as an **endangered species**. (その鳥は、**絶滅危惧種**に指定されています)	dangerだけを見てはダメ 「危険な」ではなく、「危険にさらされている」点がポイント。接頭辞en-は「〜の状態にする」だったよね。
Dr. Gwen **is recognized as** an authority in the environmental field. (グウェン博士は、環境分野の権威**として認められています**)	TOEICには「専門家」が出る。 パート7では、ラジオ番組やサイン会で、その道のプロが登場。
The **efficient use** of renewable energy is being promoted in European countries. (再生可能エネルギー**の効率的な使用**が、欧州諸国で推奨されています)	派生語まで全部出まくり！ パート5の「品詞問題」では、派生語に要注意。efficientを軸に、語尾に注意しながらチェックしてね。
Initial steps toward energy independence have been taken in Germany. (エネルギー自給の**最初の一歩**が、ドイツで開始されました)	firstだけが「最初の」じゃない！ PC用語の「初期化する」はinitialize。
The research institute will **obtain** a soil sample for analysis in the national park. (その研究所は国立公園で、分析のために土壌サンプル**を採取します**)	getのフォーマル版。 obtain a certificate（証明書を入手する）やobtain a Master's degree（修士号を取得する）など、カタい表現にピタリ。

Day 29

749 fuel
[fjúːəl]

名 **燃料**

1. fuel costs
2. fossil fuel

1. 燃料コスト
2. 化石燃料

750 prominently
[práːmənəntli]

副 **目立って**

派 prominent 形 目立つ、有名な
= notably 副 特に、目立って

1. be prominently featured
2. be prominently advertised

1. 目立って特集される
2. 目立って宣伝される

751 result
[rɪzʌ́lt]

動 (結果的に)**生じる、起こる**
名 **結果**

1. result in ...
2. as a result of ...

1. …という結果になる
2. …の結果として

2分でチェック！ 今回学習した単語の意味を言ってみよう。

- ① commence
- ② deal
- ③ pursue
- ④ mutually
- ⑤ complementary
- ⑥ form
- ⑦ investment
- ⑧ restructuring
- ⑨ accelerate
- ⑩ downsizing
- ⑪ initiative
- ⑫ incentive
- ⑬ grant
- ⑭ execute
- ⑮ findings
- ⑯ identify
- ⑰ analyze
- ⑱ diversity
- ⑲ perspective
- ⑳ stable
- ㉑ saving
- ㉒ resource
- ㉓ shortage
- ㉔ widespread
- ㉕ dependence
- ㉖ abundant
- ㉗ endangered
- ㉘ recognize
- ㉙ efficient
- ㉚ initial
- ㉛ obtain
- ㉜ fuel
- ㉝ prominently
- ㉞ result

We need to reduce **fuel costs** by 15 percent compared with last year. (昨年と比べて、燃料コストを15%削減する必要があります)	「燃料」いろいろ。 coal（石炭）、oil（石油）、gasoline（ガソリン）などが燃料の代表例。
Solar power generation **is prominently featured** in numerous articles. (太陽光発電が、多くの記事で目立って特集されています)	〈（副詞）＋過去分詞〉で出る。 パート5では、副詞が空所。「語彙問題」で出るので、フレーズでの暗記が効果的。
Air pollution has **resulted in** damage to people's health. (大気汚染は、健康被害をもたらす結果になりました)	〈原因＋result in＋結果〉のロジックを見抜こう！ 例文では、原因＝大気汚染、結果＝健康被害。フレーズ2は文頭でよく使われる。

答え

- ① （〜を）開始する
- ② 取引、扱う
- ③ 〜を追求する
- ④ 相互に
- ⑤ 補足的な、補完的な
- ⑥ 〜を形づくる、用紙
- ⑦ 投資
- ⑧ （組織）再編、改革
- ⑨ 〜を加速させる
- ⑩ 人員削減
- ⑪ 新しい戦略、主導権
- ⑫ 報奨金
- ⑬ 助成金、〜を与える
- ⑭ 〜を実行する
- ⑮ 結果
- ⑯ 〜を特定する
- ⑰ 〜を分析する
- ⑱ 多様性
- ⑲ 見方、視点
- ⑳ 安定した
- ㉑ 節約、貯金
- ㉒ 資源、資金
- ㉓ 不足
- ㉔ 普及した
- ㉕ 依存
- ㉖ 豊富な
- ㉗ 絶滅寸前の
- ㉘ 〜を認める
- ㉙ 効率的な、有能な
- ㉚ 最初の
- ㉛ 〜を得る、〜を入手する
- ㉜ 燃料
- ㉝ 目立って
- ㉞ 生じる、起こる、結果

Day 29

Day 30 プレスリリース／記入用紙ほか

プレスリリース・会社案内

752 release [rɪlíːs]
動 ～を発表する、～を発売する
1. release a statement → 声明を発表する
2. release a new product → 新製品を発売する

753 corporate [kɔ́ːrpərət]
形 企業の
派 corporation 名 企業
1. corporate strategy → 企業戦略
2. corporate policy → 会社の方針

754 donate [dóʊneɪt]
動 ～を寄付する
派 donation 名 寄付(金)
= contribute 動 ～を寄付する(▶715)
1. donate A to B → AをBに寄付する

755 multiple [mʌ́ltəpl]
形 複数の
1. multiple countries → 複数の国
2. multiple sources → 複数の情報源、出資元

756 publicize [pʌ́bləsàɪz]
動 ～を公開する、～を宣伝する
派 publicity 名 公開、宣伝
public 形 公共の(▶517)
1. publicize information → 情報を公開する

757 component [kəmpóʊnənt]
名 部品、構成要素
1. component manufacturing → 部品製造

> プレスリリース＝会社アピール。会社の「ウリ」がテスト・ポイントになるよ。

KG Corporation has **released** an official **statement** concerning the relocation of its headquarters. (KG社は、本社移転に関する公式**声明**を**発表しました**)	《プレスリリース》は、企業の公式発表。 「本社移転」、「業務提携」、「進出・撤退」などが《リリース》の定番。press release（プレスリリース）も押さえておこう。
DT & T Inc. announced a new **corporate strategy** to expand its customer base. (DT&T社は、顧客基盤を拡大する新しい**企業戦略**を発表しました)	「企業」とわかればOK。 パート7では、動詞incorporate（合併する）が盲点ワード。
Hank Group is **donating** one percent of all sales **to** charity. (ハンク・グループでは、全売り上げの1%を慈善事業に**寄付**しています)	**Q** 「収益の一部を寄付します」の「収益」を英語で言うと？ **A** proceeds（▶207）。最後のsまで言えたら完璧！
We are developing products to sell in **multiple countries**. (弊社は、**複数の国**で販売する商品を開発しています)	TOEIC企業はグローバル展開。 《会社案内》では、「売り上げ」や「海外展開」などの事業規模が必須トピック。
Our company is **publicizing information** over the Internet. (弊社は、インターネットを通じて**情報を公開**しています)	**Q** publicizeを言い換えると？ **A** discloseが正解。public information（情報公開）も一緒に覚えておこう。
Component manufacturing has been the core of our business since we were established. (会社の設立以来、**部品製造**は弊社の中核事業です)	「コンポ」（音響機器）でおなじみ。 《会社案内》以外にも、「注文」や「レビュー」など、商品が出てくるところにcomponentアリ。

758 survey
[sə́ːrveɪ]

名 調査
動 ～を調査する [sərvéɪ]

1 release a survey
2 survey respondents

1 調査結果を発表する
2 調査の回答者

759 strengthen
[stréŋkθən]

動 ～を強化する
派 strength 名 強さ、力
= enhance 動 ～を強める (▶657)

1 strengthen a business
2 strengthen a relationship

1 ビジネスを強化する
2 関係を強化する

760 reveal
[rɪvíːl]

動 ～を明らかにする
= unveil 動 ～を明らかにする
⇔ conceal 動 ～を隠す

1 reveal a plan

1 計画を明らかにする

761 worth
[wə́ːrθ]

形 ～の価値がある
名 価値

762 decade
[dékeɪd]

名 10年(間)

1 over the last two decades
2 in the past few decades

1 過去20年間にわたって
2 過去数十年間で

記入用紙

763 consist
[kənsíst]

動 成る、存在する

1 consist of ...

1 …から成る、…で構成される

A survey of business trends was **released** on April 10. (景気動向調査の結果は、4月10日に発表されました)	「アンケート調査」の文書も出る。 「回答者が不満に感じていること」が設問で問われる。アンケートの「マイナス(不満)」をサーチしよう。
AK & K Inc. launched a social networking service in order to **strengthen its** telecommunications **business**. (AK&K社は、通信事業を強化するために、ソーシャルネットワーキングサービスを開始しました)	《プレスリリース》では、強化策を述べる。 強化事業は、企業「ウリ」になるよね。「何を強化したか」も設問のターゲット。
Huber Industry **revealed its plans** to build a new plant in Mexico. (ヒューバー工業社は、メキシコに新工場を建設する計画を明らかにしました)	「ベール」を取る。 revealのvealやunveilのveilは、「ベール(覆い)」のこと。「ベールを取る」から、「明らかにする」の意味に。
TARA Motors has closed a business deal **worth** over 100 million dollars. (タラ自動車は、1億ドル以上の価値のある商取引をまとめました)	〈名詞＋形容詞〉パターン。 例文は、worth以下がdealを後ろから修飾している。worth *doing*(〜する価値がある)のフレーズも頻出。
We have been providing information technology services **over the last two decades**. (弊社は過去20年間にわたって、ITサービスを提供しております)	「数字」の言い換えが出る。 decade⇔ten years、century⇔one hundred yearsの言い換えに慣れておこう。
This questionnaire **consists of** five parts related to health. (このアンケートは、健康に関する5つのパートで構成されています)	＊(アスタリスク)に注目！ 《記入用紙》では、＊などで示された「例外」「条件」をチェックしよう。設問で問われる可能性大！

Day 30

764 recipient
[rɪsípiənt]

名 **受取人**
派 receipt　名 受け取ること、領収書
　　receive　動 ～を受け取る

765 occupation
[à:kjəpéɪʃən]

名 **職業、占有**
派 occupy　動 ～を占有する
= profession　名 職業

766 reverse
[rɪvə́:rs]

形 **裏の、逆の**
動 **～を逆にする**

1. reverse side
2. reverse the situation

1. 裏面
2. 状況を逆転させる

767 grateful
[gréɪtfl]

形 **感謝している**
= thankful　形 感謝している

1. We would be grateful if you could …

1. …していただけると嬉しいのですが。

設問で出る単語

768 indicate
[índəkèɪt]

動 **～を示す**
派 indication　名 指示

769 imply
[ɪmpláɪ]

動 **～を暗示する、～をほのめかす**
派 implication　名 暗示、ほのめかし

770 infer
[ɪnfə́:r]

動 **～を推察する**
派 inference　名 推測

Please fill in the **recipient** information below. (**受取人**の情報を以下にご記入ください)	receiptと混同してはダメ！ 接尾辞-entがつくと、「～する人」の意味になる。
Enter your name, address, and **occupation** in the spaces provided. (名前、住所、**職業**を所定の欄に記入してください)	jobのフォーマル版。 《記入用紙》では、設問に関係のない箇所はスルーしよう。「無視」も大事なテクニック。
You can use the **reverse side** for additional comments. (追加コメントには、**裏面**をご使用ください)	backを使った言い換えに注意！ reverse side=back side。「リバース」も「バック」もカタカナ語だね。
We would be grateful if you could answer this brief questionnaire. (簡単なアンケートにお答えいただけると嬉しいのですが)	「アンケート」お願いの定型文。 《記入用紙》は、定型文(一定の決まった表現)で書かれるものが多い。例文はド定番。
What is **indicated** in the notice? (お知らせでは何が**示**されていますか？)	3つの「i」(indicate、imply、infer)に要注意！ 「難」設問の目印なので、深入りは禁物。見出し番号768～770の設問を甘く見てはダメ。
What is **implied** about Amy Sato? (サトウ・エイミーについて何が**暗示**されていますか？[どんなことがわかりますか？])	「何が暗示？」→「どんなことがわかる？」と考える。 implyを含む設問は、選択肢と本文の比較検討が必須。時間がかかるので、あいまいな選択肢はスルーしよう。
What can be **inferred** from the article? (この記事から何が**推察**できますか？)	推察力を磨こう！ 設問What is the purpose of the article?(この記事の目的は何ですか？)なら、文書「冒頭」に正解アリ。でも、inferを含む例文のような設問には、文書「全体」の推察が必要。

Day 30

771	**intend** [inténd]	動 **〜を意図する**、〜するつもりである 派 intended 形 意図された intention 名 意図
772	**mention** [ménʃən]	動 **〜について述べる** 名 言及 ≡ refer to ... …に言及する(▶578)
773	**state** [stéɪt]	動 **〜について述べる** 名 状態、地位、国家 派 statement 名 声明(▶516)
774	**suggest** [səgdʒést]	動 **〜を提案する、〜を示唆する** 派 suggestion 名 提案(▶393)
775	**true** [trúː]	形 **当てはまる**、本物の
776	**likely** [láɪkli]	副 **おそらく** 形 ふさわしい、ありそうな

For whom is the article **intended**? (この記事は誰を対象にしていると思われますか?)	4つ目の「i」。 「読み手探し」の設問は、それほど難しくない。文書冒頭から、誰に向けられた文書なのかを考えてみよう。
What is NOT **mentioned** in the e-mail? (このメールで述べられていないものは何ですか?)	NOT問題とmentionは相性がいい。 NOTを見たら、文書の「並列」箇所(A, B, and C)を探そう。選択肢の内容と対応しているので、比較検討が楽になるぞ。
What is **stated** about Click & Tip? (クリック&ティップ社についてどんなことが述べられていますか?)	mentionの別バージョン。 ここではClick & Tipがキーワードなので、この会社名を文書の中で探そう。
What is **suggested** about Ms. Victoria? (ビクトリアさんについて何が示唆されていますか?[どんなことがわかりますか?])	「何がわかるか」とシンプルに考える。 suggestやindicateの設問がクリアできると、600点はすぐそこ。
What is **true** about the event? (イベントについて当てはまることは何ですか?)	選択肢の中から、仲間はずれを探そう。 まず、選択肢の「名詞」(ここではevent)を文書中でサーチしよう。その周辺に答えがあるので、選択肢と比較。消去法が効果的だよ。
Who most **likely** is Mr. Woods? (ウッズさんはおそらく誰ですか?[誰だと考えられますか?])	most likelyがあれば、「推測」すること。 Whoの設問では「職業」や「職種」が問われる。はっきり言及されないので、推測してね。

Day 30

777 probably
[prá:bəbli]

副 **おそらく**
= likely 副 おそらく (▶776)

1分でチェック！ 今回学習した単語の意味を言ってみよう。

- ① release
- ② corporate
- ③ donate
- ④ multiple
- ⑤ publicize
- ⑥ component
- ⑦ survey
- ⑧ strengthen
- ⑨ reveal
- ⑩ worth
- ⑪ decade
- ⑫ consist
- ⑬ recipient
- ⑭ occupation
- ⑮ reverse
- ⑯ grateful
- ⑰ indicate
- ⑱ imply
- ⑲ infer
- ⑳ intend
- ㉑ mention
- ㉒ state
- ㉓ suggest
- ㉔ true
- ㉕ likely
- ㉖ probably

Where does Mr. Lee **probably** work?
(リーさんは**おそらく**どこで働いていますか？[いると考えられますか？]）

「あいまい化」の2トップ。「あいまい」なprobablyとlikely。これらがあると、設問は推測しないと解けない。Whereの設問では、冒頭にヒントがある！

答え

- ① 〜を発表する
- ② 企業の
- ③ 〜を寄付する
- ④ 複数の
- ⑤ 〜を公開する
- ⑥ 部品
- ⑦ 調査
- ⑧ 〜を強化する
- ⑨ 〜を明らかにする
- ⑩ 〜の価値がある
- ⑪ 10年(間)
- ⑫ 成る
- ⑬ 受取人
- ⑭ 職業、占有
- ⑮ 裏の、〜を逆にする
- ⑯ 感謝している
- ⑰ 〜を示す
- ⑱ 〜を暗示する
- ⑲ 〜を推察する
- ⑳ 〜を意図する
- ㉑ 〜について述べる、言及
- ㉒ 〜について述べる
- ㉓ 〜を提案する
- ㉔ あてはまる
- ㉕ おそらく
- ㉖ おそらく

Day 30

新形式で出るフレーズ　パート7編

《オンラインチャット画面》では、LINEのようなやりとりが行われます。このタイプの文書では、書きことばではなく、話しことばで書かれます。使われる単語自体はやさしいので、ここでしっかり覚えてしまいましょう。

要望

☐ Let me know.	教えてください。
☐ Can you help me?	手伝ってくれる?
☐ I'd like an update on ...	…の最新情報が欲しいのですが。
☐ Can you do me a favor?	お願いがあるんだけど?
☐ ask ... for input	…に意見を求める ❶ inputは「(意見などの)提供」。

質問

☐ Do you need help with that?	そのお手伝いをしましょうか?
☐ Do you have a minute to do?	〜するお時間をいただけないでしょうか?
☐ What do you want me to do?	私に何をしてもらいたいのですか?
☐ How can I help you?	何かお困りですか?

応答

☐ Absolutely.	全くその通り。／もちろん。
☐ No problem.	問題ありません。／いいよ。
☐ Great.	よかった。／いいね。
☐ Why not?	いいね。／なんで?

☐ Excellent.	素晴らしい！／すごい！
☐ That's good news.	よかったですね。
☐ That's too bad.	それは残念だね。／お気の毒に。
☐ Not yet.	まだなんです。
☐ Thanks for the reminder.	ご忠告ありがとうございます。
☐ I'm in.	その話に乗った。
☐ For your information.	ご参考までに。
☐ That would be great!	それは助かります！
☐ Got it.	わかったよ。 ❗ I got it.の省略形。
☐ Check it up.	確認してください。
☐ One moment, please.	ちょっとお待ちください。
☐ Certainly.	かしこまりました。

スケジュール

☐ I'll be there at ...	…時にそこに行きます。 ❗ atのあとには「時刻」が来る。
☐ Just arrived at ...	…に到着しました。
☐ I'm busy at the moment.	今は忙しいです。
☐ I'm heading to ...	…に向かっています。
☐ be on *one's* way	（目的地への）途中にいる
☐ sooner than expected	思ったよりも早く

☐ **on schedule**	予定通りに
☐ **got to go**	もう行かないといけない

お疲れさまでした！

リニューアル版『全パート単語対策』は、いかがでしたか？
最低3回は繰り返して、記憶に定着させてくださいね。

単語、フレーズ、例文、コメント。
無駄なものはひとつもありません。

コメント部分まで学習すると、テストポイントがはっきりします。
単語やフレーズの出題パターンは、実戦で必ず役立ちます。
600点どころか、730点超えも、難しい話ではないと思います。

使える英語を目指して！

TOEIC®テストには、
仕事で使える英語が満載です。
実は、即戦力の英語そのものなんです。
そして、
テスト勉強を頑張れる人は、学業や仕事でも前進できるはずです。
モチベーションを上げてTOEIC®に取り組み、
最終的にキャリアアップに繋げて下さいね。

本書で、単語対策はバッチリ！

自信がついてきたら、使える英語に応用してみましょう。
本書が少しでもみなさまのお役に立てればと思います。

2016年8月

塚田幸光

Special Contents

本書で取り上げた語句をアルファベット順に掲載しました。数字は見出し語の番号を示し、太字は見出し語、細字は派生語などの関連語であることを表しています。単語の主な意味も載せているので、索引としてだけでなく、全単語の確認テストとしてもお使いいただけます。

A

- □ a good deal of … かなりたくさんの… 356
- □ a great deal of … かなりたくさんの… **356**
- □ a lot of … たくさんの… 168
- □ *A* rather than *B* BよりもむしろA 310
- □ **abide** 守る 456
- □ **abide by …** …に従う **456**
- □ about 約、〜に関して 274,299
- □ **abridge** 〜を要約する 671
- □ **abridged** 要約された **671**
- □ **abroad** 海外に[で] 153
- □ **abundant** 豊富な 354,**743**
- □ **accelerate** 〜を加速させる 541,**726**
- □ acceleration 加速、促進 726
- □ **accept** 〜を受け入れる **567**
- □ acceptable 受け入れ可能な 567
- □ acceptance 受け入れ 567
- □ access 接近、〜に接近する 401
- □ **accessible** 利用できる **401**
- □ **accommodate** (人)を収容する **528**
- □ accommodation 宿泊施設 528
- □ **accompany** 〜に同行する **110**
- □ accomplish 〜を達成する 421,702
- □ **accomplished** 完成した、熟達した **421**
- □ accomplishment 達成、業績 421
- □ **account** 口座、占める 222,423
- □ accountable (説明)責任がある 222
- □ **accountant** 会計士 222,**423**
- □ accuracy 正確さ 322
- □ **accurate** 正確な **322**
- □ accurately 正確に 322
- □ **achieve** 〜を達成する **702**
- □ achievement 達成、業績 702
- □ **acknowledge** 〜を知らせる **543**
- □ acknowledgement 通知 543
- □ **acquire** 〜を買収する **398**
- □ acquisition 買収 398
- □ **adapt** 〜を適合させる 1
- □ **add** 〜を加える 376
- □ addition 追加 376,529
- □ **additional** 追加の **376**,710
- □ additionally さらに、加えて 376
- □ additive 添加物 376
- □ **address** 〜に取り組む、演説、住所 241
- □ **adhere to …** (規則など)を守る **641**
- □ **adjacent to …** …に隣接した **450**
- □ **adjust** 〜を調整する 1
- □ adjustment 調整 1
- □ administer 〜を管理する 652
- □ **administrative** 管理の **652**
- □ administrator 管理者 652
- □ **admission** 入場(料)、入学 **337**
- □ admit 〜を認める 337

A

☐ **adopt**	〜を採用する	185		☐ amount to …	（合計で）…になる	218
☐ adoption	採用	185		☐ analysis	分析	734
☐ **advance**	事前の、〜を進める	388		☐ analyst	分析者、アナリスト	734
☐ **advantage**	利点	252		☐ **analyze**	〜を分析する	734
☐ advertise	〜を宣伝する	326		☐ **anniversary**	記念日	655
☐ advertisement	広告	326		☐ **annual**	年1回の	191
☐ **advertising**	広告	326		☐ **anonymous**	匿名の	670
☐ advice	助言、アドバイス	216		☐ anonymously	匿名で	670
☐ **advisable**	望ましい	216		☐ **anticipate**	〜を予想する	253,678
☐ advise	〜に勧める	216		☐ **anticipated**	予想される	678
☐ advisory	注意報	294		☐ anticipation	予想、期待	678
☐ **affiliate**	提携する、支社	391		☐ **apologize**	謝る	564
☐ affiliation	提携	391		☐ apology	謝罪	564
☐ afford	〜する余裕がある	537		☐ **apparatus**	装置	266,631
☐ affordability	値ごろ感	537		☐ **apparent**	明らかな	714
☐ **affordable**	手ごろな値段の	383,537		☐ **apparently**	どうやら〜らしい	714
☐ affordably	手ごろに	537		☐ appear	現れる	714
☐ **agency**	代理店	197		☐ append	〜を付け加える	674
☐ **agenda**	議題	89		☐ **appended**	添付の	674
☐ agent	代理人、代理店	197		☐ **applaud**	〜を称賛する	231
☐ agree	同意する	385		☐ applause	称賛	231
☐ agreeable	喜んで同意する	385		☐ **appliance**	電化製品	607,631
☐ **agreement**	合意、契約	385		☐ applicant	応募者	95,428
☐ **aim**	目指す、目標	496		☐ application	申込（書）	95
☐ **alliance**	提携	692		☐ **apply**	申し込む	95
☐ **allocate**	〜を割り当てる	507		☐ **appoint**	〜を任命する	101
☐ **allocation**	割り当て、配分	507		☐ appointment	任命、予約	101
☐ **allow**	〜を許す	279,643		☐ **appreciate**	〜を感謝する	300
☐ **allowance**	手当、許容	279,643		☐ appreciation	感謝	300
☐ alter	〜を変える	195		☐ **appropriate**	適切な、妥当な	331
☐ alternate	代わりの、交互の	195		☐ appropriately	適切に	331
☐ **alternative**	代わりの、代案	195,553		☐ **approval**	承認	118,519
☐ **alternatively**	あるいは	195,553		☐ **approve**	〜を承認する	118,519
☐ **altogether**	全部で	498		☐ approximate	おおよその	274
☐ **amenity**	アメニティ、設備	615		☐ **approximately**	約	274
☐ **amount**	量、（金）額、達する	542		☐ **arrange**	〜をきちんと並べる	29,448

339

☐ arrangement	整理、手配	29		☐ attractive	魅力的な	272
☐ arrive	到着する	137		☐ attribute	～の結果であると考えられる	364
☐ as far as …	…である限り(は)	384		☐ author	作者、著者	573
☐ as long as …	…である限り(は)	384		☐ authorities	当局	472,573
☐ as much as …	…もの、…と同程度に	339		☐ authority	権威(者)	573
☐ as soon as …	…するとすぐに	668		☐ authorization	許可、権限	472
☐ assemble	～を集める	31,276		☐ authorize	～に権限を与える	472,573
☐ assembly	組み立て	276		☐ authorized	公認の	472
☐ assess	～を評価する	189,414		☐ automated	自動化された	464
☐ assessment	評価	414		☐ automatic	自動的な	464
☐ assign	～を配属する	114		☐ automatically	自動的に	464
☐ assignment	任務、業務	114		☐ available	出られる、利用できる	85,401
☐ assist	～を助ける	699		☐ availability	利用できること	85
☐ assistance	援助	699		☐ average	平均	335
☐ associate	提携する、仲間	391		☐ avoid	～を避ける	477
☐ assort	～を取りそろえる	628		☐ award	賞、(賞など)を与える	239,497
☐ assorted	多彩な	628				
☐ assortment	詰め合わせ	628		**B**		
☐ assume	～を引き受ける	406		☐ back	後部	71
☐ assumption	引き受けること	406		☐ background	経歴	585
☐ assurance	保証、確信	415		☐ ban	～を禁止する	263
☐ assure	～を保証する	415		☐ banquet	祝宴	238
☐ assured	確実な	415		☐ basis	基準、基礎	469
☐ at present	現在(は)	167		☐ be eligible for …	…の資格がある	433
☐ at the moment	現在、ただ今	306		☐ be entitled to …	…を得る資格がある	433
☐ attach	～を添付する	425		☐ be held	開催される	281
☐ attached	添付の	425,674		☐ be satisfied with …	…に満足している	340
☐ attachment	添付ファイル、付属品	425		☐ be sold out	売り切れている	215
☐ attend	～に出席する	93,463		☐ be subject to …	…しがちである	333
☐ attendance	出席	93		☐ be supposed to *do*	～することになっている	77
☐ attendant	案内係	93				
☐ attendee	出席者	93				
☐ attention	注目、注意	327				
☐ attire	服装	647				
☐ attract	～を引きつける	272				
☐ attraction	魅力、アトラクション	272				

☐ be sure to *do*	必ず〜する	158		☐ candidate	候補者、志願者	428
☐ beforehand	あらかじめ	600		☐ carry	〜を持ち運ぶ	653
☐ behind	〜の後ろに	12		☐ carry out …	…を実行する	479,653
☐ belongings	持ち物	661		☐ cart	カート	65
☐ beneficial	有益な	435		☐ catalog	カタログ	199
☐ benefit	福利厚生、〜のためになる	435		☐ cater	（料理）を仕出しする	343
☐ beverage	飲料	605		☐ catering	仕出し、ケータリング	343
☐ bill	請求書	131		☐ cause	〜を引き起こす、原因	296
☐ blocked	閉鎖された	290		☐ caution	注意、警告する	370
☐ blueprint	設計図	69		☐ cautious	用心深い、注意深い	370
☐ board	〜に乗り込む	14,15		☐ cautiously	用心深く	370
☐ book	〜を予約する	143		☐ certificate	証明書	249
☐ booking	予約	143		☐ certification	証明（書）	249
☐ booklet	パンフレット	199		☐ certify	〜を証明する	249
☐ boost	〜を増加させる、後押し	503		☐ challenging	やりがいのある	590
☐ bound	〜行きの	256		☐ chance	機会	430
☐ boundary	境界線	256		☐ charge	料金、〜を請求する	92,210
☐ box office	チケット売り場	265		☐ chart	図、表	673
☐ branch office	支社、支店	99		☐ check	〜を調べる	3
☐ break	〜を破る、〜を壊す	659		☐ checkup	健康診断、検査	268
☐ broad	広い	180		☐ clarification	明確化、説明	358
☐ broadcast	〜を放送する、放送	634		☐ clarify	〜を明らかにする	358
☐ brochure	パンフレット、カタログ	199		☐ clarity	明確さ、明瞭さ	358
☐ browse	〜を閲覧する	576		☐ clear out …	…を空にする	126
☐ browser	ブラウザー	576		☐ clear up …	…を明らかにする	358
☐ budget	予算、予算を立てる	112		☐ clerk	受付係	147
☐ business	業務、会社、商売、仕事	304		☐ client	顧客	120
☐ buy	〜を買う	165		☐ close	〜を閉める、閉まる	290
☐ by oneself	ひとりで、独力で	420		☐ closed	（道などが）閉じた	290
☐ by the time …	…するときまでには	446		☐ clothes	衣服、服装	608,647
				☐ collaborate	協力する	390
	C			☐ collaboration	協力	390
☐ cabinet	戸棚	163		☐ colleague	同僚	187
☐ call	〜に電話する	145		☐ come into effect	実施される、効力を生じる	662
☐ call	（会議など）を招集する	240		☐ come to …	…になる	218

☐ commence	〜を開始する	**718**		☐ **compromise**	妥協(案)、妥協する	**386**
☐ commencement	始まり	718		☐ conceal	〜を隠す	760
☐ commit	〜に全力を傾ける	409		☐ **concern**	関心事、〜を心配させる	
☐ commitment	献身、約束	409,437				348,**686**
☐ **committed**	熱心に取り組む	**437**,409		☐ concerned	心配して	686
☐ committee	委員会	409,437		☐ **concerning**	〜に関して	299,**348**,686
☐ **commodity**	商品	**700**		☐ **conduct**	〜を行う	**427**
☐ comparable	比較できる	286		☐ **confidential**	秘密の	**648**
☐ **compare**	〜を比較する	**286**		☐ **confirm**	〜を確認する	**144**
☐ comparison	比較	286		☐ confirmation	確認	144
☐ **compensate**	(人)に補償する	**566**		☐ conform to ...	…に従う	456
☐ compensation	補償、給与	566		☐ **connect**	〜をつなぐ	**86**
☐ **compete**	競争する	**282**,506		☐ connection	接続	86
☐ competition	競争	282,506		☐ **consecutive**	連続した	**492**
☐ **competitive**	競争の、競争力のある	282,**506**		☐ consecutively	連続して	492
☐ competitor	ライバル会社	506		☐ **conservation**	保護、節約	523
☐ **compile**	〜を集める、〜を編集する	**679**		☐ **conserve**	〜を保護する	**523**
☐ complain	苦情を言う	569		☐ consider	〜と考える	319
☐ **complaint**	苦情、クレーム	**569**		☐ **considerable**	かなりの、重要な	319,355
☐ complement	〜を補足する	722		☐ **considerably**	かなり	**319**
☐ **complementary**				☐ consideration	考慮	319
	補足的な、補完的な	**722**		☐ **consist**	成る	**763**
☐ **complete**	〜を完成させる	**123**		☐ consistency	一貫性	713
☐ completely	完全に	123		☐ consistent	一貫性のある、一致した	713
☐ completion	完成	123		☐ **consistently**	一貫して	**713**
☐ **complex**	複合施設、複雑な	**530**		☐ constrain	(人に)〜を強いる	698
☐ compliance	順守、コンプライアンス			☐ **constraint**	制約	**698**
		467,509		☐ construction	建設(工事)	402
☐ **complimentary**				☐ **consult**	〜に相談する	**344**
	無料の	**211**		☐ consultant	コンサルタント、相談役	344
☐ **comply**	従う	**467**,509		☐ consultation	相談	344
☐ comply with ...	…に従う	456		☐ **consume**	〜を消費する	**524**
☐ **component**	部品	**757**		☐ consumer	消費者	524
☐ comprehend	〜を理解する	338		☐ **consumption**	消費	**524**
☐ comprehension	理解	338		☐ **contact**	〜に連絡する、連絡	**561**
☐ **comprehensive**	総合的な、包括的な	**338**		☐ contain	〜を含む	67

☐ container	箱	**67**	
☐ content	内容、中身	**582**	
☐ continue	続く、～を続ける	243	
☐ contract	契約(書)、～を契約する	**119**,178,385	
☐ contractor	請負業者	119,**178**	
☐ contribute	貢献する、～を寄付する	715,754	
☐ contribution	貢献、寄付	**715**	
☐ convene	～を招集する	240,**400**	
☐ convenience	好都合、便利	**155**	
☐ convenient	都合のよい	**155**	
☐ convention	会議、大会	**400**	
☐ conventional	従来の	400,**690**	
☐ convince	～を説得する	**194**	
☐ convinced	確信して	**194**	
☐ cooking	料理	214	
☐ cooperate	協力する	**390**	
☐ corporate	企業の	**753**	
☐ corporation	企業	**753**	
☐ cost	費用、経費	140,**513**	
☐ coupon	クーポン券	248,**259**	
☐ courier	宅配便(業者)	**134**	
☐ courtyard	中庭	**570**	
☐ cover	～を扱う、～を覆う	**353**,518	
☐ coverage	報道、範囲	**353**,518	
☐ coworker	同僚	**187**	
☐ craft	工芸(品)、～をつくる	**277**	
☐ craftspeople	職人	**277**	
☐ crate	木箱	**68**	
☐ criterion	基準	**375**	
☐ cross	～を横切る	**19**	
☐ crosswalk	横断歩道	**20**	
☐ crowd	群衆、～に群がる	198	
☐ crowded	込み合った	**198**	
☐ cuisine	料理	**214**	
☐ cupboard	戸棚、食器棚	37	
☐ curb	縁石、～を抑える	**55**	
☐ currency	通貨、流通	167	
☐ current	現在の	167	
☐ currently	現在(は)	**167**,306	
☐ customer	顧客	120	
☐ cut down on ...	…を減らす	505	

D

☐ deadline	期限	**117**
☐ deal	取引、扱う	**719**
☐ deal with ...	…に取り組む	241
☐ decade	10年(間)	**762**
☐ declaration	申告、宣言	665
☐ declare	～を申告する	**665**
☐ decline	減少、減少する	**323**
☐ dedicate	～をささげる	230
☐ dedicated	献身的な、打ち込んでいる	**230**
☐ dedication	献身、専念	230
☐ defect	欠陥、欠点	221
☐ defective	欠陥がある	**221**
☐ delay	～を遅らせる、遅れ	**136**
☐ deliver	～を配達する、～を述べる	**558**
☐ delivery	配達	558
☐ depart	出発する	**137**
☐ department	部[門]、売り場	**186**
☐ departmental	部門の	186
☐ departure	出発	137
☐ depend	頼る、～次第である	742
☐ dependable	信頼できる	351
☐ dependence	依存	**742**
☐ dependent	頼っている	742
☐ describe	～を説明する	599
☐ description	説明	**599**
☐ desert	砂漠、～を見捨てる	27

☐ deserted	人けのない	27			…しましょうか。	129
☐ designate	〜を指定する	663	☐ domestic	国内の	704
☐ designated	指定された	663	☐ dominant	支配的な、有力な	502
☐ desirable	望ましい	589	☐ dominate	〜を支配する	502
☐ desire	〜を強く望む	589	☐ donate	〜を寄付する	754
☐ destination	目的地	275	☐ donation	寄付(金)	754
☐ detour	迂回路	289	☐ downsizing	人員削減	727
☐ device	機器、装置	631	☐ downstairs	下の階に[で]	160
☐ digit	桁	551	☐ downturn	悪化、下降	480
☐ digital	デジタルの	551	☐ draw	〜を描く、〜を引く	83
☐ diligent	勤勉な	598	☐ draw up …	…を作成する	83
☐ direct	〜を向ける、直接の	52,635	☐ drawing	抽選(会)	638
☐ direct flight	直行便	204	☐ drop off …	…を降ろす	213
☐ direction	方向	52	☐ drugstore	薬局	225
☐ directly	直接に	635	☐ due	期限の来た、会費	76
☐ directory	名簿、住所録	579	☐ durability	耐久性	367
☐ disadvantage	不利、不都合	252	☐ durable	耐久性のある	367
☐ disappoint	〜を失望させる	366	☐ duty	職務、義務、税	597
☐ disappointing	期待はずれの	366				
☐ disappointment	失望	366		**E**		
☐ discard	〜を捨てる、〜を処分する	654	☐ each other	お互いに	11
☐ disconnect	〜を切断する	86	☐ earn	〜を得る、〜を稼ぐ	418
☐ discount	割引、〜を割り引く	246	☐ earnings	収入	418
☐ dispatch	〜を発送する、発送	557	☐ economic	経済の	318,482
☐ display	陳列、〜を陳列する	38	☐ economical	経済的な	318,482
☐ dispose of …	…を処分する	654	☐ economics	経済学	482
☐ distinguish	(〜を)区別する	229	☐ economy	経済	482
☐ distinguished	有名な、すぐれた	229,532	☐ effect	効果、影響	330,661
☐ distribute	〜を流通させる	380	☐ effective	効果的な、有効な	330
☐ distribution	流通、配布	380	☐ effectively	効果的に	330
☐ distributor	流通[販売]業者	380	☐ effectiveness	有効性	330
☐ diversity	多様性	735	☐ effects	所持品	661
☐ divide	〜を分ける	637	☐ efficiency	効率	746
☐ division	分割、部署	637	☐ efficient	効率的な、有能な	746
☐ do	〜をする	427	☐ efficiently	効率的に	746
☐ Do you want me to do …?						

D>>>E

☐ Either will be fine.	どちらでも結構です。	**130**
☐ **emphasis**	強調、重視	**487**
☐ emphasize	～を強調する	487,**680**
☐ employ	～を雇用する	287
☐ **employee**	従業員、社員	**287**,440
☐ employer	雇用主	287
☐ employment	雇用	287
☐ **empty**	～を空にする、空の	39,**126**
☐ **enclose**	～を同封する	**426**
☐ **encourage**	～を推奨する	**453**
☐ encouragement	推奨、励まし	453
☐ endanger	～を危険にさらす	744
☐ **endangered**	絶滅寸前の	**744**
☐ **enforce**	～を実施する	**514**
☐ enforcement	実施、施行	514
☐ engage	従事する	387
☐ **engage in ..**	…に従事する	**387**
☐ engagement	従事、約束	387
☐ **enhance**	～を高める、～を強める	**657**,759
☐ **enlarge**	～を拡大する	**669**
☐ enough	十分な、十分に	354
☐ enroll	～に登録する	616
☐ **enrollment**	登録、登録者数	**616**
☐ **ensure**	～を確実にする	563,**571**
☐ **entire**	全体の	**247**,493
☐ entirely	まったく、完全に	247
☐ **entitle**	～に資格を与える	**184**
☐ environment	環境	526
☐ **environmental**	環境の	**526**
☐ environmentally	環境に(関して)	526
☐ **equip**	～を備え付ける	**363**
☐ equipment	装備、機器	363,631
☐ essence	本質、性質	588
☐ **essential**	必要不可欠な	332,**588**
☐ **establish**	～を確立する	**284**,449
☐ establishment	設立、施設	284
☐ **estimate**	～を見積もる、見積もり	**325**
☐ estimation	見積もり	325
☐ **evaluate**	～を評価する	**189**,414
☐ evaluation	評価	189
☐ examination	試験、検査	3
☐ **examine**	～を検討する	**3**
☐ **exceed**	～を超える	**476**,684
☐ **except**	～を除いて	**471**
☐ exception	例外	471
☐ **exceptional**	例外的な、とても優れた	**471**
☐ exceptionally	例外的に、非常に	471
☐ excess	超過	476
☐ excessive	過度の	476
☐ **exchange**	～を交換する、交換	**220**
☐ exclude	～を排除する	200,504
☐ **exclusive**	独占的な、高級な	**504**
☐ exclusively	独占的に	504
☐ **execute**	～を実行する	479,**731**
☐ execution	実行	731
☐ **executive**	役員	**283**
☐ exhibit	～を展示する、展示(会)	689
☐ **exhibition**	展示(会)	**689**
☐ **existing**	既存の	**601**
☐ **expand**	～を拡大する	**113**,669
☐ expansion	拡大	113
☐ **expect**	～を予期する	125,**253**
☐ expectation	予期、期待	253
☐ expected	予期された	253,254
☐ **expedite**	～を早める	**541**
☐ **expense**	費用	**140**
☐ expensive	値段が高い	140
☐ experienced	熟達した	421
☐ expiration	期限切れ、終了	395
☐ **expire**	期限が切れる	**389**

☐ extend	～を伸ばす、伸びる	148
☐ **extension**	内線（番号）、延長	**148**,180
☐ **extensive**	幅広い、広い	148,**180**
☐ **extensively**	広く	180
☐ extreme	極端な	407
☐ **extremely**	極めて、とても	**407**

F

☐ **face**	～のほうを向く	**5**
☐ facilitate	～を促す	373
☐ **facility**	施設、設備	**373**
☐ **faculty**	教授陣	**633**
☐ **familiar**	精通している	**584**
☐ familiarity	精通、よく知っていること	584
☐ familiarize	～を慣れ親しませる	584
☐ **famous**	有名な	**532**
☐ **fare**	（乗車）料金、運賃	**141**
☐ **favorable**	好ましい	**491**
☐ **feature**	～を特集する、特徴	**328**
☐ **fee**	料金、手数料	**336**
☐ **field**	分野、野原	**632**
☐ **fierce**	激しい	**708**
☐ **figure**	数字、計算する	**106**
☐ **fill**	～を満たす	**39**
☐ fill in …	…に記入する	97,123
☐ **fill out …**	…に記入する	**97**
☐ **finance**	財務、金融	**706**
☐ **financial**	財政上の	**706**
☐ **financially**	財務的に	**706**
☐ **findings**	結果	**732**
☐ **fine**	～に罰金を科す、罰金	**475**
☐ **fire drill**	火災避難訓練	**267**
☐ **fiscal**	会計の、財政上の	**508**,706
☐ fix	～を修理する、～を固定する	172
☐ flawed	欠陥がある	221
☐ fluency	流ちょうさ	436
☐ **fluent**	流ちょうな	**436**
☐ **follow**	～に従う	**443**
☐ following	次の、～に続いて	443
☐ forbid	～を禁止する	263
☐ **forefront**	最前線	**683**
☐ **foreign**	外国の	**704**
☐ **form**	～を形作る、（記入）用紙	**723**
☐ formal	正式な	490
☐ **formally**	正式に	**490**
☐ formation	構成、成立	723
☐ **former**	前者、前の	308,**694**
☐ formerly	以前（は）	694
☐ forthcoming	来たるべき	201
☐ fortunately	幸いにも	208
☐ **forward**	～を転送する、前へ	**87**
☐ **found**	～を設立する	**449**
☐ foundation	設立、基礎、財団法人	449
☐ founder	創業者	449
☐ free	無料の	211
☐ frequency	頻発	396
☐ frequent	頻繁な	396
☐ **frequently**	頻繁に	**396**
☐ **fuel**	燃料	**749**
☐ **fulfill**	～を満たす、～を実行する	**434**
☐ full	完全な、いっぱいの	536
☐ **fully**	完全に、十分に	**536**
☐ **function**	機能する、機能	**626**
☐ functional	機能的な	626
☐ **fund-raising**	資金集めの	**515**

G

☐ **garment**	衣服	**608**
☐ **gather**	～を集める、集まる	**31**

346

☐ gathering	集会	**31**	
☐ generate	～を生み出す	**709**	
☐ get	～を得る	**748**	
☐ get … fixed	…を修理してもらう	**172**	
☐ get … to work	…を動かす	**171**	
☐ get done	片付ける	**81**	
☐ get rid of …	…を取り除く	**654**	
☐ get to …	…に取りかかる	**82**	
☐ give … a call	(人)に電話をする	**154**	
☐ give … a ride	(人)を車に乗せる	**139**	
☐ go on	起こる、～を続ける	**244**	
☐ go over …	…を見直す	**122**	
☐ goal	目標	**676**	
☐ goods	商品	**606**	
☐ grant	助成金、～を与える	**730**	
☐ grateful	感謝している	**767**	
☐ gratitude	感謝(の気持ち)	**236**	
☐ growth	成長	**696**	
☐ guarantee	～を保証する、保証(書)		
		251,341	
☐ guided tour	ガイド付きのツアー	**273**	

H

☐ halt	～を停止させる、停止	**262**	
☐ hand	～を手渡す	**6**	
☐ handle	～を扱う	**559**	
☐ handling	取り扱い	**559**	
☐ hang	(絵など)を掛ける	**46**	
☐ have … repaired	…を修理してもらう	**170**	
☐ have trouble with …	…が故障する	**174**	
☐ head	～を向ける、(集団の)長	**26**	
☐ headquarters	本社	**99,717**	
☐ hesitate	ためらう	**302**	
☐ hesitation	ためらい	**302**	

E>>>I

☐ highly	非常に	**438**	
☐ hire	～を雇う	**115**	
☐ hold	～を開催する	**121**	
☐ hold	電話を切らずに待つ	**150**	
☐ Hold on a second.			
	少々お待ちください。	**150**	
☐ How about *doing* …?			
	…してはどうですか。	**91**	
☐ How come …?	なぜ…？	**135**	
☐ How did … go?			
	…はどうでしたか。	**98**	
☐ How often …?	どれくらいの頻度で…ですか。		
		133	

I

☐ I expect you to *do* …			
	…してください。	**125**	
☐ I wonder if you could *do* …			
	…してくれませんか。	**116**	
☐ I'm calling to *do* …			
	…したくてお電話しました。	**145**	
☐ I'm honored to *do*…			
	…できて光栄に思う。	**235**	
☐ identification	身分証明	**733**	
☐ identify	～を特定する	**733**	
☐ I'm afraid …	残念ながら…。	**151**	
☐ immediate	即座の、直接の	**649**	
☐ immediately	すぐに	**649**	
☐ implement	～を実行する		
		479,514,653,731	
☐ implication	暗示、ほのめかし	**769**	
☐ imply	～を暗示する	**769**	
☐ impose	～を課す	**521**	
☐ imposition	課すこと、税金	**521**	
☐ improve	～を改善する	**371,657**	
☐ improvement	改善	**371**	
☐ in a row	一列に	**17**	

☐ **in accordance with …** …に従って		**454**
☐ **in addition to …** …に加えて		**529**
☐ **in advance**	前もって	**600**
☐ **in charge of …** …を担当して、…を任されて		**92**,**210**
☐ **in compliance with …** …に従って		454,**509**
☐ **in front of …**	…の前に	**12**
☐ **in person**	本人が直接に	**562**
☐ **in preparation for …** …に備えて		**485**
☐ **in the event of …** …の場合には		**474**
☐ **in time**	間に合って、やがて	**152**
☐ inaccurate	不正確な	322
☐ inappropriate	不適切な	331
☐ **incentive**	報奨金	**729**
☐ **inclement**	荒れ模様の	**295**
☐ include	～を含む	200
☐ including	～を含めて	200
☐ inclusive	すべてを含んだ	200
☐ increase	～を増やす、増加	503,505
☐ **incur**	～を負担する	**646**
☐ independence	自立	742
☐ **indicate**	～を示す	**768**
☐ indication	指示	768
☐ **indispensable**	不可欠の、必須の	332,**588**
☐ **individual**	個人、個人の	**691**
☐ individually	個別に	691
☐ **industrious**	勤勉な	**598**
☐ **inevitable**	避けられない	**494**
☐ **infer**	～を推察する	**770**
☐ inference	推測	770
☐ inferior	劣った	611
☐ **inform**	～に知らせる	**405**,621
☐ information	情報	405,621
☐ **informative**	有益な	405,**621**
☐ **ingredient**	材料	**609**
☐ inhabitant	居住者	712
☐ **initial**	最初の、頭文字	**747**
☐ initialize	～を初期化する	747
☐ initially	最初に	747
☐ **initiative**	新しい戦略、主導権	**728**
☐ innovate	～を革新する	510
☐ innovation	革新	510
☐ **innovative**	革新的な	**510**
☐ inquire	たずねる	347
☐ **inquiry**	問い合わせ、質問	**347**
☐ inspect	～を検査する	3,369
☐ **inspection**	検査	**369**
☐ inspector	検査官	369
☐ **install**	～を設置する	**2**,363
☐ installation	設置	2
☐ **instead of …**	…の代わりに	**458**
☐ institute	～を設ける、協会	374
☐ **institution**	(公共の)機関	**374**
☐ institutional	制度の	374
☐ instruct	～に指示する、～に教える	462
☐ **instructions**	説明書、指示	**462**
☐ instructive	有益な、役に立つ	621
☐ instructor	インストラクター、講師	462
☐ **instrument**	楽器	**50**
☐ **insurance**	保険	**645**
☐ insure	～に保険をかける	645
☐ **integrate**	～を統合する	**693**
☐ integration	統合	693
☐ **intend**	～を意図する	**771**
☐ intended	意図された	771
☐ intense	激しい	444
☐ **intensify**	～を強める	**444**
☐ intensity	激しさ	444

	intensive	集中的な	444
☐	intensive	集中的な	444
☐	intention	意図	771
☐	interpersonal	対人関係の	587
☐	interrupt	〜を中断する	362
☐	interruption	中断	362
☐	interview	〜を面接する、面接	96
☐	introduce	〜を導入する	441
☐	introduction	導入	441
☐	invalid	無効な	217
☐	inventory	在庫	108,166
☐	invest	投資する	724
☐	investigate	〜を調査する	565
☐	investigation	調査	565
☐	investment	投資	724
☐	invoice	請求書	109,131
☐	involve	〜を関係させる	416
☐	involved	関係している	416
☐	irrelevant	無関係の	548
☐	issue	〜を出す、問題、号	511
☐	It doesn't matter.	どちらでも構いません。	132
☐	It is my pleasure to do …	…できてうれしく思います。	227
☐	itinerary	旅程(表)	202

J

☐	jam	〜を詰め込む、込み合うこと	169

K

☐	keep	〜を保つ、〜を保持する	617
☐	keynote	基本、基調	233

L

☐	labor	労働	697
☐	laboratory	研究所	478
☐	lack	不足	740
☐	last	続く、最後の	243
☐	lately	最近	412
☐	latest	最新の	495,546
☐	latter	後者、後の	694
☐	launch	〜を開始する、〜を発売する	334
☐	lawn	芝生	57
☐	lay off …	…を解雇する	115
☐	layover	(乗り継ぎの)待ち時間	205
☐	lead	〜を率いる	484
☐	lead to …	(道などが)…に通じる	24
☐	leader	指導者	484
☐	leading	一流の、主要な	484
☐	lean	寄りかかる、傾く	63
☐	leave	休暇、去る、〜を残す	137,439
☐	likely	おそらく、ふさわしい	311,776,777
☐	limit	限度、制限、〜を制限する	260,473
☐	limited	限られた	260
☐	line	〜を一列に並べる、列	18
☐	load	〜を積み込む、積み荷	70
☐	locate	〜を設置する	43
☐	location	場所	43,271
☐	login	ログインする、ログイン	581
☐	look through	…を調べる	122
☐	loss	損失	314
☐	lots of …	たくさんの…	168
☐	lottery	くじ引き	638
☐	lower	〜を下げる	639

M

☐	make room for …	…のために場所を空ける	381

☐ make shipment	発送する	107
☐ **make sure**	～を確認する	**563**,571
☐ make use of …	…を使用する	629
☐ maker	メーカー	392
☐ **manage**	なんとかやり遂げる	**75**
☐ management	経営、経営陣	75
☐ manager	経営者、責任者	75
☐ mandate	～を命令する	397
☐ **mandatory**	義務的な	**397**,465
☐ manufacture	～を作る	392
☐ **manufacturer**	製造業者、メーカー	**392**
☐ manufacturing	製造（業）	392
☐ **market**	市場、～を市場で売り出す	**285**
☐ marketing	マーケティング	285
☐ **material**	材料、素材、資料	**361**
☐ materialize	～を具体化する	361
☐ matter	重要である、問題	132
☐ maximum	最大限の	586
☐ **measure**	対策、～を測る	**399**
☐ meet	～を満たす	434
☐ mend	～を修理する	172
☐ **mention**	～について述べる、言及	**772**
☐ **merchandise**	商品	**606**
☐ **merge**	合併する	**280**
☐ merger	合併	280
☐ mind	～を嫌がる	90
☐ minimize	～を最小限にする	586
☐ **minimum**	最小限の、最低限の	**586**
☐ **minutes**	議事録	**640**
☐ modification	変更、修正	320
☐ **modify**	～を変更する	124,**320**
☐ **monitor**	～を監視する、モニター	**411**
☐ motivate	～をやる気にさせる	431
☐ **motivated**	やる気のある	**431**
☐ motivation	動機（づけ）	431
☐ motive	動機	431

☐ move	～を移転させる	403
☐ **multiple**	複数の	**755**
☐ mutual	相互の	721
☐ **mutually**	相互に	**721**

N

☐ negotiable	交渉の余地がある	196
☐ negotiate	交渉する	196
☐ **negotiation**	交渉	**196**
☐ **next to …**	…の隣に	**9**,450
☐ **no later than …**	…までに	**377**
☐ nominate	～を任命する	101
☐ notable	注目すべき	305
☐ notably	特に、目立って	750
☐ **note**	～に注意する、メモ	**305**
☐ **notice**	通知、～に気がつく	**257**,460
☐ noticeable	目立った	257
☐ **notify**	～に通知する	257,405,**460**
☐ number	数、番号	106

O

☐ object	目的	676
☐ **objective**	目的、目標、客観的な	**676**
☐ obligation	義務	465
☐ obligatory	義務的な、強制的な	397,465
☐ **oblige**	～を義務付ける	**465**
☐ **obtain**	～を得る、～を入手する	**748**
☐ **occupation**	職業	**765**
☐ **occupied**	ふさがっている	**30**
☐ occupy	～を占有する	765
☐ **offer**	～を提供する、申し出	**342**
☐ offer … a ride	…に車に乗らないかと勧める	139
☐ **office**	オフィス、事務所	**73**

☐ officially	公式に、正式に	490
☐ on average	平均して	335
☐ on behalf of …	…を代表して	237
☐ on top of each other	重なり合って	42
☐ one-way	片道の	203
☐ ongoing	進行中の	711
☐ on-site	現地での、現場での	271, 636
☐ opening	空き、欠員、開店	429
☐ operate	～を操作する、～を経営する	62
☐ operation	操作、事業	62
☐ operator	オペレーター	62
☐ opportunity	機会	430
☐ order	注文、注文する、命令する	164
☐ organization	組織	448
☐ organize	～を準備する	448
☐ orientation	説明会	593
☐ otherwise	別の方法で、さもないと	666
☐ out of order	故障して	176
☐ outfit	～を装備する、用具、洋服	624
☐ outlet	直販店	324
☐ outline	概要	352
☐ outlook	見通し、展望	317
☐ output	生産(高)、～を産出する	360
☐ outstanding	未払いの、傑出した	560
☐ over the past … years	過去…年間にわたって	445
☐ overall	全体の、全体としては	672
☐ overlook	～を見下ろす	51, 368
☐ overqualified	必要以上の資格がある	183
☐ overseas	海外に、海外の	153
☐ oversee	～を監督する	368, 410
☐ overtime	時間外に、時間外の	461
☐ overview	概要、要旨	352
☐ overwhelm	～を圧倒する	707
☐ overwhelmingly	圧倒的に	707

P

☐ pack	～を梱包する	612
☐ package	荷物、パッケージ商品	78, 379
☐ packaging	パッケージ、梱包	612
☐ packet	包み、書類一式	625
☐ pamphlet	パンフレット	199
☐ parcel	小包	78
☐ park	～を駐車させる	16
☐ participant	参加者	463
☐ participate	参加する	463
☐ participation	参加	463
☐ passenger	乗客	206
☐ path	歩道、小道	53
☐ patio	中庭、テラス	570
☐ pay	～を支払う	346
☐ payment	支払い	346
☐ payroll	従業員名簿、給与	642
☐ pedestrian	歩行者	21
☐ peer	同僚	187
☐ pension	年金	644
☐ perform	～を行う、～を実行する	264, 479
☐ performance	上演	264
☐ permanent	永続する	499
☐ permission	許可	459
☐ permit	～を許可する、許可(証)	459
☐ personnel	社員、人事部	440
☐ perspective	見方、視点	736
☐ pharmaceutical	薬剤の、製薬の	225
☐ pharmacist	薬剤師	225
☐ pharmacy	薬局	225
☐ phase	段階	520

英語	日本語	ページ
☐ pick up …	…を車で迎えに行く	**138**,213
☐ **picturesque**	絵のように美しい	**613**
☐ **pier**	桟橋	**59**
☐ **pile**	～を積み重ねる	**40**,41,70
☐ place	～を置く、～を出す、場所	49
☐ plan	～を計画する	88
☐ plant	植物、～を植える	**48**
☐ **Please be advised that …**	…をお知らせいたします。	**255**
☐ **Please join me in welcoming …**	…をお迎えしましょう。	**234**
☐ plentiful	豊富な	354
☐ **plenty of …**	たくさんの…	**168**
☐ point	指さす、点	4
☐ policy	方針	547
☐ portfolio	ポートフォリオ、作品集	594
☐ position	～を置く、位置	47
☐ possible	可能な、起こりえる	156,311
☐ post	～を掲載する、郵便(物)、職	224,**552**
☐ postage	郵便料金	224
☐ postpone	～を延期する	157
☐ potential	見込みのある、潜在的な	656
☐ potentially	潜在的に	656
☐ pour	～を注ぐ	36
☐ praise	～をほめる、称賛	231
☐ precaution	予防策	278
☐ prefer	～を好む	350
☐ preferable	望ましい、好ましい	350
☐ **preference**	好み	**350**
☐ preferred	望ましい	350
☐ **preliminary**	予備の、準備の	**681**
☐ **premises**	敷地	**610**
☐ **premium**	高級な、割増しの	**604**
☐ preparation	用意、準備	485
☐ preparatory	予備の	681
☐ prepare	～を用意する	485
☐ prescribe	(薬)を処方する	226
☐ **prescription**	処方せん	**226**
☐ **present**	現在、現在の、～を贈る	**291**
☐ preservation	保護、保存	522
☐ preserve	～を保護する、～を保存する	522
☐ prevail	普及する、勝つ	685
☐ **prevalent**	普及している、流行している	**685**
☐ **previous**	前の、以前の	**308**,382,694
☐ previously	以前に[は]	308
☐ **price**	価格、値段	**544**
☐ prior	前の、事前の	308,**382**
☐ **priority**	優先(事項)、優先順位	382,**602**
☐ prize	賞	239,497
☐ probable	ありそうな	311
☐ probably	おそらく	311,777
☐ procedure	手順	207,**457**
☐ proceed	進む、収益、売上高	207,457
☐ process	～を処理する、処理	457,**555**
☐ produce	～を生産する、農産物	359,512,688,709
☐ product	製品	359
☐ production	生産、製造、生産(高)	**359**,512
☐ productive	生産的な	359,512
☐ **productivity**	生産性	**512**
☐ profession	職業	765
☐ **profit**	利益	**314**,501
☐ **profitable**	利益になる、もうかる	**314**,**501**
☐ progress	前進、進歩、進歩する	293
☐ prohibit	～を禁止する	263
☐ prominent	目立つ、有名な	750
☐ **prominently**	目立って	**750**
☐ promise	約束、～を約束する	422
☐ **promising**	有望な	**422**

☐ promote	～を昇進させる	**100**				
☐ promotion	昇進	100		**Q**		
☐ prompt	即座の	378	☐ qualification	資格、適性	183	
☐ **promptly**	すぐに	**378**,649	☐ **qualified**	資格のある、適任の	**183**	
☐ **prop**	～を立てかける、支柱	**28**	☐ qualify	～に資格を与える	183	
☐ proper	適切な	212,331	☐ quarter	四半期	190	
☐ **properly**	適切に	**212**	☐ **quarterly**	四半期の	**190**	
☐ **property**	不動産物件	**664**	☐ **questionnaire**	アンケート（用紙）	**349**	
☐ proposal	提案（書）	393	☐ quickly	速く	483	
☐ propose	～を提案する	393	☐ quota	ノルマ	321	
☐ prospective	見込みのある	656	☐ quotation	相場、見積もり	321	
☐ protect	～を保護する	455	☐ **quote**	～の値付けをする、相場、見積もり	**321**	
☐ protection	保護	455				
☐ **protective**	保護する	**455**				
☐ provide	～を提供する	442,468		**R**		
☐ **provided that …**	もし…ならば	**468**	☐ **railing**	手すり	**23**	
☐ public	一般人、公共の、上場した 517,756		☐ **raise**	～を上げる、昇給	**488**	
			☐ **range**	幅、範囲、及ぶ	**538**	
☐ publication	出版（物）、発行	716	☐ rapid	速い	483	
☐ publicity	公開、宣伝	756	☐ **rapidly**	急速に	**483**	
☐ **publicize**	～を公開する	**756**	☐ **rate**	料金、～を評価する	**209**	
☐ publish	～を出版する	716	☐ **reach**	手を伸ばす、～に到着する	**44**,82	
☐ publisher	出版社	716	☐ **readily**	すぐに	**595**	
☐ **punctual**	時間を守る	**658**	☐ ready	準備ができている	595	
☐ punctually	時間通りに	658	☐ rear	後部	71	
☐ **purchase**	～を購入する、購入(品)	**165**	☐ **reasonable**	手ごろな、妥当な	**383**,537	
☐ **pursue**	～を追求する	**720**	☐ receipt	受け取ること、領収書 131,764		
☐ pursuit	追求	720	☐ receive	～を受け取る	764	
☐ put	～を置く	47	☐ recent	最近の	412	
☐ **put A through to B**	AをBにつなぐ	**149**	☐ **recently**	最近（になって）	**412**	
☐ put off …	…を延期する	157	☐ reception	受付、歓迎会	147	
☐ put on …	…を身につける	8	☐ **receptionist**	受付係	**147**	
			☐ recession	不景気	480	
			☐ **recipient**	受取人	**764**	

☐ recognition	承認、認識	**745**		☐ relocation	移転	**403**
☐ **recognize**	～を認める	**745**		☐ rely	頼る	**351**
☐ **recommend**	～を推薦する	**102**		☐ **remain**	～のままである、残る	**316**
☐ recommendation	推薦	102		☐ remainder	残り、余り	**316**
☐ **recruit**	～を採用する、新入社員	**583**		☐ remark	(～と)述べる、発言、意見	232
☐ recruitment	採用	583		☐ **remarkable**	注目すべき	229,**232**
☐ **reduce**	～を減らす、減る	**505**		☐ **remind**	(人)に思い出させる	193,**298**
☐ reduction	減少	505		☐ **reminder**	注意、お知らせ	193,**298**
☐ **refer**	参照する、言及する	**578**		☐ removable	取り外し可能な	**7**
☐ refer to ...	…を参照する	432,772		☐ removal	除去	**7**
☐ **reference**	照会先、参照、紹介先	432,**578**		☐ **remove**	～を取り出す	**7**
☐ **reflect**	～を映す	**58**		☐ **renew**	～を更新する	**127**
☐ reflection	反映	58		☐ renewal	更新	127
☐ **refrain**	差し控える	**261**		☐ renovate	～を改装する	534
☐ **refreshments**	お菓子	**79**		☐ **renovation**	改装	**534**
☐ **refund**	返金、～を払い戻す	219,**452**		☐ renown	有名、名声	532
☐ regard	～を見なす	299		☐ **renowned**	有名な	**532**
☐ regard *A* as *B*	AをBと見なす	299		☐ repair	～を修理する、修理	170,172
☐ **regarding**	～に関して	299,348		☐ **replace**	～を取り換える	**74**
☐ **register**	(～を)登録する	**159**		☐ replacement	交換(品)、後任	74
☐ registration	登録	159,616		☐ represent	～を表す	179
☐ **regret**	～を残念に思う、後悔	**470**		☐ **representative**	担当者	**179**
☐ **regular**	通常の、定期的な	**245**		☐ **reputation**	評判	**531**
☐ regularly	定期的に	245		☐ **require**	～を必要とする、～を要求する	**533**
☐ regulate	～を規制する	466		☐ requirement	必要条件	533
☐ **regulations**	規則、規制	**466**		☐ **reschedule**	～の予定を変更する	**146**
☐ **reimburse**	～を払い戻す	**452**		☐ **reservation**	予約	**142**
☐ reimbursement	払い戻し	219,452		☐ reserve	～を予約する	142,143
☐ **related**	関連した	548,**596**		☐ reside	住む	712
☐ relative	比較の、親戚	687		☐ residence	住居	712
☐ **relatively**	比較的(に)	**687**		☐ **resident**	居住者	**712**
☐ **release**	～を発表する、発表	511,**752**		☐ residential	住居の	712
☐ **relevant**	関係のある	548,**596**		☐ **resource**	資源、資金	**739**
☐ reliability	信頼性	351		☐ **respectively**	それぞれ	**675**
☐ **reliable**	信頼できる	**351**		☐ respond	返答する	545
☐ relocate	～を移転させる、移転	**403**				

☐ respondent	回答者	545		☐ run out of …	…を切らす	162
☐ response	返答、反応	545				
☐ restoration	修復、回復	175		**S**		
☐ restore	〜を修復する、〜を回復させる	175		☐ sales	販売、売り上げ	105
☐ restrict	〜を制限する	473		☐ sales personnel	販売員	179
☐ restriction	制限	473,698		☐ satisfaction	満足	340
☐ restructuring	(組織)再編、改革	725		☐ satisfactory	満足な、十分な	340
☐ result	生じる、起こる、結果	751		☐ satisfy	〜を満足させる	340
☐ resume	(〜を)再開する	192		☐ saving	節約、貯金	738
☐ résumé	履歴書	192		☐ schedule	〜を予定に入れる、予定	88,146,667
☐ retail	小売り	250		☐ screen	〜を選考する、画面	182
☐ retailer	小売業者	250		☐ screening	選考	182
☐ retain	〜を保管する、〜を保持する	617		☐ search	〜を探す、〜を検索する	620
☐ retention	保存、保持	617		☐ searchable	検索可能な	620
☐ retire	退職する	404		☐ seat	〜を座らせる、座席	32
☐ retirement	退職	404		☐ secret	秘密の	648
☐ retrieve	〜を取り出す、〜を取り戻す	574		☐ secretary	秘書	408
☐ return	〜を返す、戻る、返却	297		☐ secure	〜を確保する、安全な	603
☐ reveal	〜を明らかにする	760		☐ security	安全、安心	603
☐ revenue	収入	481		☐ self-guided tour	ガイドなしのツアー	273
☐ reverse	裏の、逆の、〜を逆にする	766		☐ separate	別々の、〜を分ける	549
☐ review	〜を見直す、(再)検討	122,329		☐ separately	別々に	549
☐ revise	〜を修正する	124		☐ serious	重大な	527
☐ revision	修正	124		☐ serve	〜を出す、〜のために働く	35
☐ revitalize	〜を活性化する	705		☐ server	給仕係	35
☐ rich	豊かな	743		☐ set	〜を整える、ひと組	34
☐ right now	現在、今すぐに	306		☐ set up …	…を設置する	2
☐ round-trip	往復の	203		☐ severe	深刻な	527
☐ routine	いつもの、日常の	270		☐ shade	〜に陰をつくる、(日)陰	33
☐ routinely	いつものように	270		☐ share	シェア、〜を共有する、株	108,695
☐ row	(ボートなど)をこぐ、列	61		☐ shareholder	株主	417
☐ rule	規則、ルール	466		☐ sharp	鋭い	500
☐ run	延びる、〜を経営する	25		☐ sharpen	〜を鋭くする	500

☐ sharply	急激に		**500**
☐ **shelf**	棚		**37**
☐ **ship**	～を出荷する、～を発送する		**107**,557
☐ shipment	出荷、積み荷		107
☐ shipping	出荷、発送		107
☐ short	短い、不足した		486,740
☐ **shortage**	不足		**740**
☐ shorten	～を短くする		486
☐ **shortly**	まもなく、すぐに		**486**
☐ **side by side**	並んで		**10**
☐ **sign**	案内、(～に)署名する		94,**161**
☐ **sign up for …**	…に申し込む		94,159
☐ signature	署名、サイン		161
☐ significance	重要性		365
☐ significant	重要な、かなりの		355,365
☐ **significantly**	著しく、かなり		319,**365**
☐ signify	～を示す		365
☐ site	場所		271
☐ **Something is wrong with …**	…の調子がよくない。		**173**
☐ soon	すぐに		486
☐ **spacious**	広々とした		**614**
☐ special	特別な		424
☐ **specialize**	専門にする		**424**
☐ specific	特定の		540,580
☐ **specifications**	仕様(書)		**540**
☐ specify	～を明確に述べる		540,**580**
☐ stability	安定		737
☐ **stable**	安定した		**737**
☐ stack	～を積み重ねる		**41**,70
☐ staff	スタッフ、社員		440
☐ stage	段階、舞台		520
☐ stairs	階段		54
☐ **standard**	基準		**375**
☐ start	～を開始する、開始		334

☐ state	～について述べる		516,**773**
☐ **statement**	声明、発言、明細書		516,773
☐ **state-of-the-art**	最新式の		**495**
☐ **statistics**	統計		**682**
☐ status	状況、地位		550
☐ **stay on the line**	電話を切らずに待つ		**307**
☐ **steadily**	着実に		**309**
☐ steady	着実な、安定した		309,737
☐ **step down from …**			
	…から降りる		**15**
☐ steps	階段		54
☐ **stock**	在庫、株		108,166,**695**
☐ stockholder	株主		417
☐ storage	保管、倉庫		618
☐ **store**	～を保管する、～を保存する		**618**
☐ strategic	戦略の		111
☐ **strategy**	戦略		**111**
☐ strength	強さ、力		759
☐ **strengthen**	～を強化する		**759**
☐ stress	～を強調する、強調		487,**680**
☐ **strive**	努力する		**357**
☐ stroll	ぶらぶら歩く		**22**
☐ struggle	努力する		357
☐ subject	主題、メールの件名、対象		333
☐ **submission**	提出(物)		80,**651**
☐ submit	～を提出する		80,651
☐ subscribe	定期購読する		312
☐ **subscription**	定期購読		**312**
☐ **subsidiary**	子会社		**717**
☐ subsidy	助成金		717,730
☐ **substantial**	かなりの		**355**
☐ **suburb**	郊外		**535**
☐ **succeed**	～のあとを継ぐ、成功する		
			313,**413**
☐ succeeding	続いて起こる		413

☐ success	成功	313,413		☐ take over …	…を引き継ぐ	104
☐ **successful**	成功した	313,413		☐ **take place**	行われる	281
☐ **sufficient**	十分な	354		☐ **technical**	専門的な、技術的な	622
☐ sufficiently	十分に	354		☐ technician	技術者、専門家	622
☐ **suggest**	～を提案する、～を示唆する 774			☐ technique	技術	622
☐ suggestion	提案、忠告	393,774		☐ **temporarily**	一時的に	269
☐ suit	～に適合する	591		☐ **temporary**	一時の、臨時の	269,499
☐ **suitable**	適切な、ふさわしい	591		☐ **terms**	条件、観点、用語	539
☐ suitably	適切に	591		☐ thankful	感謝している	767
☐ **summarize**	～を要約する	677		☐ thanks	感謝	236
☐ summarized	要約された	671		☐ thorough	徹底的な	489
☐ summary	要旨	352,677		☐ **thoroughly**	徹底的に	489
☐ superb	素晴らしい	627		☐ **throughout**	～の至る所に、～の間中	372
☐ superior	優れた、上司	611		☐ tie	～をつなぐ、つながり	60
☐ **supervise**	～を監督する	188,368,410		☐ timeline	スケジュール、予定表	667
☐ supervision	監督、管理	188,410		☐ timely	タイムリーな	650
☐ **supervisor**	上司、監督者	188,410		☐ track	～を追跡する、跡、小道	556
☐ **supplementary**	追加の	710,722		☐ trade	商売、貿易、業界	568
☐ **supplier**	納入[供給]業者	177		☐ traditional	従来の、伝統的な	690
☐ **supply**	～を供給する、供給、備品 177,442			☐ traffic	交通(量)	288
☐ suppose	～だと思う	77		☐ transaction	取引	394
☐ **surpass**	～を超える	684		☐ transfer	転勤する、～を移す	103
☐ **survey**	調査、～を調査する	758		☐ transit	通過、輸送	258
☐ **suspend**	～を一時停止する	262		☐ transport	～を輸送する、交通機関	292
☐ suspension	停止	262		☐ **transportation**	交通機関	292
☐ sustain	～を持続する	525		☐ true	あてはまる	775
☐ **sustainable**	持続可能な	525		☐ try on …	…を試着する	45
☐ **sweep**	～を掃く	64		☐ tuition	授業料	554
☐ swiftly	早急に	378		☐ turnover	離職率[数]	447

T

☐ take effect	効力を生じる	662
☐ take on …	…を引き受ける	406

U

☐ **unattended**	ほったらかしの	660
☐ **under construction**	工事中で	402
☐ **undergo**	～を受ける、～を経験する	451

☐ **undertake**	～に着手する、～を引き受ける		**703**
☐ unemployment	失業(状態)		287
☐ **unexpected**	予想外の		**254**
☐ **unfavorable**	好ましくない		**491**
☐ unfortunate	残念な		208
☐ **unfortunately**	残念ながら		**208**
☐ union	提携		692
☐ unoccupied	空いている		30
☐ unveil	～を明らかにする		760
☐ **upcoming**	今度の		**201**
☐ update	～を更新する、最新情報		84
☐ **upgrade**	～をアップグレードする		**619**
☐ **upstairs**	上の階に［で］		**160**
☐ up-to-date	最新(式)の		495,546
☐ **urgent**	緊急の		**301**
☐ urgently	緊急に		301
☐ **utensil**	器具、用品		**630**
☐ **utilities**	［複数形で］公共料金		**345**
☐ **utilize**	～を利用する		**629**

V			
☐ **vacancy**	空き		**592**
☐ vacant	空いている		30,592
☐ **valid**	有効な		**217**
☐ validate	～を有効にする		217
☐ validity	有効性		217
☐ **valuable**	貴重な		**419**
☐ value	価値、～を評価する		419
☐ variety	多様性		315,735
☐ **various**	さまざまな		**315**
☐ vary	～を変える、変わる		315
☐ **vehicle**	乗り物		**13**
☐ **venue**	会場		**572**
☐ verification	確認、検証		577

☐ **verify**	～を確認する、～を検証する		**577**
☐ **view**	～を見る、意見、景色		**575**
☐ viewer	視聴者		575
☐ **violate**	～を破る		**659**
☐ violation	違反		659
☐ **vote**	投票する、投票		**395**
☐ **voucher**	割引券		**248**,259

W			
☐ **walkway**	歩道		**53**
☐ **warehouse**	倉庫		**72**
☐ warn	～に警告する		294
☐ **warning**	警報		**294**
☐ **warranty**	保証(書)		**251**,341
☐ **water**	～に水をかける、水(面)		**56**
☐ We are happy to *do* …			
	…できてうれしく思います。		**228**
☐ We are proud to announce …			
	…についてご案内申し上げます。		**242**
☐ **wear**	～を身につけている		**8**
☐ well-known	有名な		229
☐ **wheel**	～を押す、車輪		**66**
☐ wheelbarrow	手押し車		65
☐ **whole**	全体、全体の		**247**,493
☐ Why don't you do …?			
	…してはどうですか。		**91**
☐ **Why not?**	いいよ。		**128**
☐ **widespread**	普及した、広範囲に及ぶ		
			685,741
☐ **withdraw**	～を引き出す、～を回収する		
			223
☐ withdrawal	(預金の)引き出し		223
☐ **withstand**	～に耐える		**623**
☐ work	作品		359
☐ **workforce**	全従業員		**701**

☐ **workload**	仕事量	**181**
☐ **worth**	〜の価値がある、価値	**761**
☐ **Would it be possible to** *do* **...?**		
	…していただけますか。	**156**
☐ would rather *do*	〜するほうがいい	310
☐ **Would you mind** *doing* **...?**		
	…してくれませんか。	**90**

Y

☐ **yearly**	年1回の	191
☐ **yield**	〜を生む、収益	**688**
☐ **You have reached ...**		
	こちらは…です。	**303**

塚田幸光　つかだ・ゆきひろ
関西学院大学教授。TOEIC®テストについて独特の方法で研究を重ね、全パートの特徴を熟知。幅広い読者から支持を得ている。著書に、ベストセラー『はじめてのTOEIC® L&Rテスト　全パート総合対策』(アスク出版) をはじめ、『TOEIC®テスト UPDATES　即効完全対策』(宝島社)、『TOEIC®テスト　本番攻略模試』『TOEIC®テスト　頻出キーフレーズ600』(共著、学研) など多数。

TOEIC®テスト　全パート単語対策　NEW EDITION

2013年12月1日　初版　第1刷発行
2016年9月16日　第2版　第1刷発行
2021年4月3日　　　　　第4刷発行

著　　者　塚田　幸光
発　行　人　天谷　修身
発　　行　株式会社アスク出版
　　　　　〒162-8558　東京都新宿区下宮比町2-6
　　　　　TEL：03-3267-6864
　　　　　FAX：03-3267-6867
　　　　　URL：https://www.ask-books.com
カバーデザイン　株式会社アスク出版　デザイン部
本文デザイン・DTP　株式会社創樹
録　音・編　集　スタジオグラッド
印　刷　製　本　大日本印刷株式会社

ISBN 978-4-86639-001-7　　Printed in Japan
©2016 by Yukihiro Tsukada. All rights reserved.
乱丁・落丁の場合はお取り替えいたします。

弊社カスタマーサービス (電話：03-3267-6500　受付時間：土日祝祭日を除く平日10:00～12:00／13:00～17:00) までご相談ください。

「TOEIC®厳選フレーズ 1分間タイムトライアル!」の使い方

この別冊では、本体のフレーズの中から特に重要な552語を厳選し、アルファベット順に並べ替えています。本体では〈英語→日本語〉でしたが、ここでは〈日本語→英語〉のトレーニングを行います。双方向からアプローチすることで、単語の記憶がより強化します。外出時のスキマ時間や試験直前の総仕上げにお役立てください。

ルール
日本語訳を見たら「できるだけ素早く」答えて、24個のフレーズを1分以内に言ってみましょう。

1分で瞬間英訳
日本語訳とはじめの1字をヒントに、英語のフレーズを言ってみましょう。

学習記録
答えられたフレーズの合計数を書き入れます。

赤シート対応
付属のシートで、英語フレーズの赤字部分を隠すことができます。

Trial 1

赤シートでフレーズを隠し、日本語をヒントに英語を言ってみましょう。

001 ☐	規則に従う		abide by the rules
002 ☐	改革を促進する		accelerate reform
003 ☐	謝罪を受け入れる		accept an apology
004 ☐	…人の客を収容する		accommodate ... guests
005 ☐	熟練した専門家		accomplished expert
006 ☐	5%を占める		account for 5 percent
007 ☐	正確なデータ		accurate data
008 ☐	会社を買収する		acquire a company
009 ☐	追加料金		additional charge
010 ☐	荷物の宛先を書く		address a package
011 ☐	問題に取り組む		address a problem
012 ☐	規則を守る		adhere to the regulations

正解数 /24個

013 ☐	機器を調整する		a**djust** equipment
014 ☐	管理[事務]スタッフ		a**dministrative** assistant
015 ☐	入場料、入学金		a**dmission** fee
016 ☐	システムを採用する		a**dopt** a system
017 ☐	事前の通知		a**dvance** notice
018 ☐	手ごろな値段のホテル		a**ffordable** hotel
019 ☐	予定より早く		a**head** of schedule
020 ☐	予算を割り当てる		a**llocate** a budget
021 ☐	代替案		a**lternative** plan
022 ☐	100万ドルに達する		a**mount** to one million dollars
023 ☐	市場を分析する		a**nalyze** a market
024 ☐	年次報告書		a**nnual** report

Trial 2

赤シートでフレーズを隠し、日本語をヒントに英語を言ってみましょう。

025	匿名の調査	anonymous survey
026	予想される需要	anticipated demand
027	～の努力を称賛する	applaud one's efforts
028	職に応募する	apply for a position
029	AをBに任命する	appoint A (to be) B
030	提案を承認する	approve a proposal
031	全体として	as a whole
032	組立ライン	assembly line
033	業績を評価する	assess a performance
034	…についての責任を負う	assume responsibility for ...
035	割引価格で	at a discount
036	手ごろな価格で	at a reasonable price

正解数 /24個

037	手ごろな価格で	at an affordable price
038	無料で	at no cost
039	現在のところ	at present
040	…の最前線に	at the forefront of …
041	いくら遅くても	at the latest
042	添付の書類	attached document
043	セミナーに出席する	attend a seminar
044	注目を集める	attract attention
045	本格的なイタリア料理	authentic Italian cuisine
046	宴会場	banquet hall
047	…が同行する	be accompanied by …
048	一列に並べられている	be arranged in a row

Trial 3

赤シートでフレーズを隠し、日本語をヒントに英語を言ってみましょう。

049 ☐	…に配属される		be assigned to …
050 ☐	原因は…にある		be attributed to …
051 ☐	一時的に閉鎖される		be closed temporarily
052 ☐	〜することに熱心に取り組む		be committed to doing
053 ☐	現在、在庫を切らしている		be currently out of stock
054 ☐	〜することに専念する		be dedicated to doing
055 ☐	〜することが推奨される		be encouraged to do
056 ☐	…を得る資格[権利]がある		be entitled to …
057 ☐	〜する予定である		be expected to do
058 ☐	…に精通している		be familiar with …
059 ☐	予約でいっぱいである		be fully booked
060 ☐	テーブルの周りに集まっている		be gathered around a table

正解数 /24個

061	同じ方向を向いている	be headed in the same direction
062	進行中である	be in progress
063	在庫がある	be in stock
064	…に統合される	be integrated into …
065	棚に並べられている	be lined up on a shelf
066	〜することは許されない	be not allowed to do
067	〜することが義務付けられている	be obliged to do
068	海外出張中である	be on a business trip overseas
069	議題に予定されている	be on an agenda
070	陳列されている	be on display
071	一般公開される	be open to the public
072	縁石に止められている	be parked at the curb

Trial 4

赤シートでフレーズを隠し、日本語をヒントに英語を言ってみましょう。

073 ☐	棚の上に置かれている	be positioned on a shelf
074 ☐	目立って特集される	be prominently featured
075 ☐	…に立てかけてある	be propped up against ...
076 ☐	約束の時間を守る	be punctual for an appointment
077 ☐	水面に映っている	be reflected on water
078 ☐	…が予定されている	be scheduled for ...
079 ☐	…で検索可能である	be searchable by ...
080 ☐	テーブルの周りに座っている	be seated around a table
081 ☐	壁ぎわに積み重ねられている	be stacked against a wall
082 ☐	固く禁止されている	be strictly prohibited
083 ☐	変更される場合がある	be subject to change
084 ☐	港に停泊している	be tied up in a harbor

正解数 /24個

085	流行する	become prevalent
086	成功する	become successful
087	創刊する	begin publication
088	予定より遅れて	behind schedule
089	会社に利益をもたらす	benefit a firm
090	飲料メーカー	beverage maker
091	バスに乗り込む	board a bus
092	取締役	board member
093	前もってチケットを予約する	book tickets in advance
094	売り上げを伸ばす	boost sales
095	ボストン行きの	bound for Boston
096	支社、支店	branch office

Trial 5

赤シートでフレーズを隠し、日本語をヒントに英語を言ってみましょう。

097 ☐	イベントを放送する	broadcast an event
098 ☐	予算削減	budget cut
099 ☐	営業時間	business hours
100 ☐	商取引	business transaction
101 ☐	会議を招集する[開く]	call a meeting
102 ☐	資本提携	capital alliance
103 ☐	木箱を運ぶ	carry a crate
104 ☐	商品を扱っている	carry merchandise
105 ☐	仕出し業者	catering company
106 ☐	遅れを引き起こす	cause delays
107 ☐	記念日を祝う	celebrate an anniversary
108 ☐	やりがいのある任務	challenging assignment

正解数 /24個

109	旅程を変更する	change an itinerary
110	在庫を確認する	check inventory
111	詳細を明らかにする	clarify details
112	寄付を募る	collect contributions
113	合計で20ドルになる	come to 20 dollars
114	交渉を開始する	commence negotiations
115	商業複合施設	commercial complex
116	商品価格	commodity prices
117	会社概要	company brochure
118	社員名簿	company directory
119	…に損失を補償する	compensate ... for loss
120	低価格	competitive price

Trial 6

赤シートでフレーズを隠し、日本語をヒントに英語を言ってみましょう。

121 ☐	情報をまとめる	compile information
122 ☐	補完システム	complementary system
123 ☐	報告書を仕上げる	complete a report
124 ☐	複雑な作業	complex task
125 ☐	無料の朝食	complimentary breakfast
126 ☐	規則に従う	comply with rules and regulations
127 ☐	部品製造	component manufacturing
128 ☐	総合的なサービス	comprehensive service
129 ☐	〜の購入に関して	concerning one's purchase
130 ☐	コンサート会場	concert venue
131 ☐	面接を行う	conduct an interview
132 ☐	予約を確認する	confirm a reservation

正解数 /24個

133 ☐	森林を保護する		conserve forests
134 ☐	かなりのシェア		considerable share
135 ☐	建築資材		construction materials
136 ☐	説明書で調べる		consult a manual
137 ☐	消費者の好み		consumer preference
138 ☐	納入業者に連絡する		contact a supplier
139 ☐	従来のデザイン		conventional design
140 ☐	～するよう上司を説得する		convince one's boss to do
141 ☐	企業年金制度		corporate pension plan
142 ☐	宅配便		courier service
143 ☐	様々なテーマを扱う		cover a variety of topics
144 ☐	問題に取り組む		deal with issues

Trial 7

赤シートでフレーズを隠し、日本語をヒントに英語を言ってみましょう。

145	物品を申告する	declare an item
146	申し出を断る	decline an offer
147	欠陥品	defective products
148	スピーチする	deliver a speech
149	ニューヨークに出発する	depart for New York
150	指定の場所	designated area
151	期待はずれの結果	disappointing results
152	在庫を処分する	discard inventory
153	著名な作家	distinguished writer
154	流通システム	distribution system
155	国内市場	domestic market
156	圧倒的なシェア	dominant share

正解数 /24個

157	遠慮なく～してください	don't hesitate to do
158	AをBに寄付する	donate *A* to *B*
159	売り上げの下落	downturn in sales
160	報告書を作成する	draw up a report
161	あなたを(車で)送る	drop you off
162	(支払)期日	due date
163	免税、無税	duty free
164	評判を得る	earn a reputation
165	経済成長	economic growth
166	経済用語	economic terms
167	低コストの製品	economical product
168	効果的な広告	effective advertising

Trial 8

赤シートでフレーズを隠し、日本語をヒントに英語を言ってみましょう。

169 ☐	今日から、今日付で		effective today
170 ☐	効率的な使用		efficient use
171 ☐	社員の離職率		employee turnover
172 ☐	就職[雇用]の機会		employment opportunity
173 ☐	ごみ箱を空にする		empty a trash bin
174 ☐	絶滅危惧種		endangered species
175 ☐	エネルギーの節約、省エネ		energy saving
176 ☐	規制を実施する		enforce a regulation
177 ☐	話し合いをする		engage in discussions
178 ☐	関係を強化する		enhance a relationship
179 ☐	全商品		entire inventory
180 ☐	環境汚染		environmental pollution

正解数 /24個

181	会社を設立する	establish a company
182	仕事ぶりを評価する	evaluate one's job performance
183	書類を検討する	examine a document
184	重量制限を超える	exceed the weight limit
185	独占権	exclusive rights
186	計画を実行する	execute a plan
187	得意客	existing customers
188	市場シェアを拡大する	expand a market share
189	出荷日を早める	expedite delivery date
190	経験豊富な会計士	experienced accountant
191	感謝の意を表す	express one's gratitude
192	幅広い経験	extensive experience

Trial 9

赤シートでフレーズを隠し、日本語をヒントに英語を言ってみましょう。

193 ☐	追加料金	extra charge
194 ☐	(お互いに)向かい合う	face each other
195 ☐	教員	faculty member
196 ☐	激しい競争	fierce competition
197 ☐	…であるとわかる	figure out ...
198 ☐	アンケート用紙に記入する	fill out a questionnaire
199 ☐	財政援助	financial assistance
200 ☐	奨励金	financial incentive
201 ☐	2017(会計)年度	fiscal 2017
202 ☐	桟橋の近くに浮かぶ	float near a pier
203 ☐	方針に従う	follow a policy
204 ☐	2年連続で	for two consecutive years

正解数 /24個

205	会社を設立する	form a company
206	〜を正式に発表する	formally announce
207	メールを転送する	forward an e-mail
208	無料パンフレット	free brochure
209	燃料効率のいい車	fuel-efficient car
210	必要な条件を満たす	fulfill a requirement
211	正常に機能する	function properly
212	資金集めの運動	fund-raising campaign
213	製品を生み出す	generate a product
214	返金してもらう	get a refund
215	割引券をもらう	get a voucher
216	承認を得る	get approval

Trial 10

赤シートでフレーズを隠し、日本語をヒントに英語を言ってみましょう。

217	（紙が）詰まる	get jammed
218	昇進する	get promoted
219	商品券	gift certificate
220	上の階に行く	go upstairs
221	開店セール	grand opening sale
222	着実に伸びる	grow steadily
223	レポートを提出する	hand in a report
224	書類を配る	hand out papers
225	空きがある	have a vacancy
226	非常に経験豊富な弁護士	highly experienced lawyer
227	請負業者を雇う	hire a contractor
228	採用委員会	hiring committee

正解数 /24個

229	名所旧跡	historical site
230	会議を開く	hold a conference
231	家庭用電化製品	household appliances
232	住宅手当	housing allowance
233	人事部	Human Resources Department
234	自分でできます。	I can manage.
235	顧客ニーズを特定する	identify a customer need
236	直属の上司	immediate supervisor
237	政策を実行する	implement a policy
238	生産性を改善する	improve productivity
239	タイミングよく、直ちに	in a timely manner
240	…の分野で	in the field of …

Trial 11

赤シートでフレーズを隠し、日本語をヒントに英語を言ってみましょう。

241	…の郊外に	in the suburbs of …
242	荒れ模様の天気	inclement weather
243	かなり増加する	increase considerably
244	急増する	increase rapidly
245	経費を負担する	incur an expense
246	有益なガイド	informative guide
247	最初の一歩	initial step
248	革新的な技術	innovative technology
249	書類棚を設置する	install a filing cabinet
250	取扱説明書	instruction manual
251	保険料	insurance premiums
252	集中的な研修	intensive training

正解数 /24個

253	対人コミュニケーション	**interpersonal** communication
254	生産を中断する	**interrupt** production
255	応募者を面接する	**interview** an applicant
256	投資会社	**investment** firm
257	仕事の空き、求人	**job opening**
258	…を秘密にしておく	keep ... **confidential**
259	基調演説	**keynote** speech
260	台所用品	kitchen **utensils**
261	人件費	**labor** costs
262	約2時間続く	last **approximately** two hours
263	最新のカタログ	**latest** catalog
264	キャンペーンを開始する	**launch** a campaign

Trial 12

赤シートでフレーズを隠し、日本語をヒントに英語を言ってみましょう。

265 ☐	従業員を解雇する		lay off employees
266 ☐	設計図を広げる		lay out a blueprint
267 ☐	入り口に通じる		lead to an entrance
268 ☐	大手メーカー		leading manufacturer
269 ☐	壁に寄りかかる		lean against a wall
270 ☐	机の上に身を乗り出す		lean over a desk
271 ☐	法律の制約		legal constraints
272 ☐	収容数が限られていること		limited capacity
273 ☐	箱を積み込む		load some boxes
274 ☐	地元住民		local residents
275 ☐	地元で採れた食材		locally grown ingredient
276 ☐	値段を下げる		lower a price

正解数 /24個

277	主な目的	main objective
278	主な財源	main source of revenue
279	貢献する	make a contribution
280	取引する	make a deal
281	支払いをする	make a payment
282	妥当な変更を加える	make a reasonable change
283	予約する	make a reservation
284	必ず〜する	make sure to do
285	店を経営する	manage a store
286	市場シェア	market share
287	マーケティング戦略	marketing initiative
288	マーケティング戦略	marketing strategy

Trial 13

赤シートでフレーズを隠し、日本語をヒントに英語を言ってみましょう。

289 ☐	食事券		meal coupon
290 ☐	マスコミ報道		media coverage
291 ☐	健康診断		medical checkup
292 ☐	医療保険		medical insurance
293 ☐	期限に間に合う		meet a deadline
294 ☐	基準を満たす		meet a standard
295 ☐	会費		membership dues
296 ☐	会費		membership fee
297 ☐	…と合併する		merge with ...
298 ☐	最小限の必要条件		minimum requirements
299 ☐	価格を変更する		modify a price
300 ☐	社員の仕事ぶりを監視する		monitor employee performance

正解数 /24個

301	やる気のある志願者	motivated candidate
302	複数の国	multiple countries
303	相互に利益となる	mutually beneficial
304	天然資源	natural resources
305	新人研修	new employee orientation
306	最優先事項	number one priority
307	10%引きにする	offer a 10 percent discount
308	オフィスビル	office complex
309	オフィス案内	office directory
310	月単位で、毎月	on a monthly basis
311	プロジェクトチームを代表して	on behalf of our project team
312	勤務中に[で]	on duty

Trial 14

赤シートでフレーズを隠し、日本語をヒントに英語を言ってみましょう。

313 ☐	雇われて	on the payroll
314 ☐	敷地内で	on the premises
315 ☐	進行中のプロジェクト	ongoing project
316 ☐	検索サイト	online directory
317 ☐	現地での登録	on-site registration
318 ☐	銀行口座を開く	open a bank account
319 ☐	開店[開業]する	open a business
320 ☐	機械を操作する	operate machinery
321 ☐	注文書	order form
322 ☐	社員旅行を準備する	organize a company outing
323 ☐	アウトレット、直販店	outlet mall
324 ☐	未払い額[金]	outstanding balance

正解数 /24個

325	過去20年間にわたって	over the last two decades
326	過去5年間にわたって	over the past 5 years
327	運河を見下ろす	overlook a canal
328	海外の工場	overseas plant
329	生産ラインを監督する	oversee a product line
330	有休休暇	paid leave
331	駐車場	parking lot
332	講習会に参加する	participate in a workshop
333	注意を払う	pay attention
334	授業料を払う	pay one's tuition
335	支払条件	payment terms
336	上司の許可	permission from a supervisor

Trial 15

赤シートでフレーズを隠し、日本語をヒントに英語を言ってみましょう。

337 ☐	顧客を迎えに行く	pick up a client
338 ☐	絵のように美しいビーチ	picturesque beach
339 ☐	箱を積み重ねる	pile up boxes
340 ☐	注文する	place an order
341 ☐	木を植える	plant trees
342 ☐	楽器を演奏する	play a musical instrument
343 ☐	…にご注意ください。	Please note that ...
344 ☐	画面を指さす	point at a screen
345 ☐	…をネットで公開する	post ... online
346 ☐	会議を延期する	postpone a meeting
347 ☐	見込み客	potential customers
348 ☐	鉢植え	potted plant

正解数 /24個

349	水を注ぐ	pour water
350	予備調査	preliminary survey
351	環境を保護する	preserve the environment
352	前のメッセージ	previous message
353	事前の承認	prior approval
354	優先チケット	priority ticket
355	個人物件、私有地	private property
356	セミナーの手順	procedure for seminars
357	注文を処理する	process an order
358	製品仕様(書)	product specifications
359	生産設備	production facility
360	製造工程	production process

Trial 16

赤シートでフレーズを隠し、日本語をヒントに英語を言ってみましょう。

361 ☐	職歴		professional background
362 ☐	利益の高い市場		profitable market
363 ☐	ビジネスにふさわしい服装		proper business attire
364 ☐	防護服		protective clothing
365 ☐	概要を説明する		provide a brief overview
366 ☐	…である限り		provided that ...
367 ☐	広報活動		public relations
368 ☐	公共交通機関		public transportation
369 ☐	情報を公開する		publicize information
370 ☐	合併を推し進める		pursue a merger
371 ☐	どっさりと…を積み重ねる		put ... in a pile
372 ☐	…を重視する		put emphasis on ...

正解数 /24個

373	適任の候補者	qualified applicant
374	品質検査	quality inspection
375	四半期報告書	quarterly report
376	値を付ける	quote a price
377	資金を集める	raise money
378	AからBに及ぶ	range from A to B
379	妥協する	reach a compromise
380	…に関して合意に達する	reach an agreement on ...
381	ショッピングカートの中に手を入れる	reach into a shopping cart
382	すぐに入手できる	readily available
383	苦情を受ける	receive a complaint
384	良い評価を得る	receive a good review

Trial 17

赤シートでフレーズを隠し、日本語をヒントに英語を言ってみましょう。

385 ☐	見積もりをもらう	receive a quote
386 ☐	明細書を受け取る	receive a statement
387 ☐	賞を受賞する	receive an award
388 ☐	請求書を受け取る	receive an invoice
389 ☐	スタッフを募集する	recruit staff
390 ☐	仕事量を減らす	reduce a workload
391 ☐	消費を減らす	reduce consumption
392 ☐	生産を減らす	reduce output
393 ☐	…を参照する、…に言及する	refer to ...
394 ☐	〜するのを控える	refrain from doing
395 ☐	セミナーに登録する	register for a seminar
396 ☐	登録用紙	registration form

正解数 /24個

397	定価	regular price
398	経費を払い戻す	reimburse expenses
399	比較的新しい	relatively new
400	新製品を発売する	release a new product
401	声明を出す	release a statement
402	調査結果を発表する	release a survey
403	関連情報	relevant information
404	信頼できるシステム	reliable system
405	…に工場を移転させる	relocate a factory to …
406	変化していない	remain unchanged
407	残高、残りの金額	remaining balance
408	AにBのことを思い出させる	remind A of B

Trial 18

赤シートでフレーズを隠し、日本語をヒントに英語を言ってみましょう。

409 ☐	ファイルを取り出す	remove a file
410 ☐	自動更新する	renew automatically
411 ☐	有名なホテル	renowned hotel
412 ☐	トナーを取り換える	replace the toner
413 ☐	すぐに…を報告する	report ... immediately
414 ☐	必要書類	required documents
415 ☐	〜の予約を変更する	reschedule one's appointment
416 ☐	調査結果	research findings
417 ☐	研究助成金	research grant
418 ☐	研究機関	research institution
419 ☐	問い合わせに答える	respond to an inquiry
420 ☐	日陰で休む	rest in the shade

正解数 /24個

421	システムを修復する	restore a system
422	アクセスを制限する	restrict access
423	再建計画	restructuring plan
424	…という結果になる	result in …
425	会議を再開する	resume a conference
426	小売店	retail outlet
427	説明書を保管する	retain the instructions
428	退職記念パーティー	retirement party
429	情報を取り出す	retrieve information
430	返品規定	return policy
431	計画を明らかにする	reveal a plan
432	計画を見直す	review a project

Trial 19

赤シートでフレーズを隠し、日本語をヒントに英語を言ってみましょう。

433 ☐	報告書を修正する		revise a report
434 ☐	経済を活性化させる		revitalize the economy
435 ☐	増収		rise in revenue
436 ☐	急上昇[急増]する		rise sharply
437 ☐	著しく上昇する		rise significantly
438 ☐	宿泊料		room rate
439 ☐	往復チケット		round-trip ticket
440 ☐	定期メンテナンス		routine maintenance
441 ☐	ボートをこぐ		row a boat
442 ☐	会社を経営する		run a company
443 ☐	用紙が切れる		run out of paper
444 ☐	安全上の注意事項		safety precaution

正解数 /24個

445	安全基準	safety standards
446	売上高	sales figures
447	売上の見通し	sales outlook
448	販売員	sales personnel
449	売上利益	sales profit
450	営業担当者、販売員	sales representative
451	預金口座	savings account
452	会議を予定する	schedule a meeting
453	応募者を選考する	screen applicants
454	席を確保する	secure a seat
455	安全なデータ	secure data
456	防犯装置	security device

Trial 20

赤シートでフレーズを隠し、日本語をヒントに英語を言ってみましょう。

457	別々の発送	separate shipment
458	食事を出す	serve a meal
459	深刻な被害	severe damage
460	テーブルに陰をつくる	shade some tables
461	株主総会	shareholders' meeting
462	…をすぐに発送する	ship ... promptly
463	…の直後に	shortly after ...
464	契約書にサインする	sign a contract
465	セミナーに申し込む	sign up for a seminar
466	芝生の上に座る	sit on a lawn
467	並んで座る	sit side by side
468	社会的地位	social status

正解数 /24個

469	広々としたスイートルーム	spacious suites
470	専門科目[課程]	specialized course
471	フォルダを指定する	specify a folder
472	壮大な眺め[景色]	spectacular view
473	安定供給	stable supply
474	手すりの後ろに立つ	stand behind a railing
475	女性の隣に立つ	stand next to a woman
476	歩道に立つ	stand on a walkway
477	最新技術	state-of-the-art technology
478	売り上げの急激な減少	steep decline in sales
479	バスから降りる	step down from the bus
480	株主	stock holder

Trial 21

赤シートでフレーズを隠し、日本語をヒントに英語を言ってみましょう。

481	データを保管する	store data
482	ビジネスを強化する	strengthen a business
483	小道をぶらぶら歩く	stroll along a path
484	報告書を提出する	submit a report
485	かなりの経験	substantial experience
486	十分な予算	sufficient budget
487	スーツ売り場	suit department
488	適切な応募者	suitable applicant
489	特徴を要約する	summarize features
490	素晴らしい性能	superb performance
491	スタッフを監督する	supervise staff
492	補足説明	supplementary explanation

正解数 /24個

493	消耗品用の戸棚	supply cabinet
494	予想を超える	surpass expectations
495	調査の回答者	survey respondents
496	サービスを一時中断する	suspend service
497	持続可能なエネルギー	sustainable energy
498	床を掃く	sweep the floor
499	（本などの）もくじ	table of contents
500	…を当然のことと思う	take ... for granted
501	…を利用する	take advantage of ...
502	棚卸しをする	take inventory
503	対策を講じる	take measures
504	税収	tax revenue

Trial 22

赤シートでフレーズを隠し、日本語をヒントに英語を言ってみましょう。

505 ☐	タクシー料金		taxi fare
506 ☐	技術サポート		technical support
507 ☐	臨時社員		temporary worker
508 ☐	第1段階		the first phase
509 ☐	5月号		the May issue
510 ☐	統計は…を示している。		The statistics show that ...
511 ☐	…の総額[総量]		the total amount of ...
512 ☐	~を徹底的に見直す		thoroughly review
513 ☐	アメリカ全域に		throughout the United States
514 ☐	施設を見学する		tour the facilities
515 ☐	注文を追跡する		track an order
516 ☐	見本市		trade show

正解数 /24個

517	交通渋滞	traffic jam
518	…に異動する	transfer to ...
519	乗り継ぎ客	transit passengers
520	交通機関	transportation facilities
521	旅行代理店	travel agency
522	旅費、出張費	travel expenses
523	眼鏡を試着する	try on glasses
524	授業料	tuition fee
525	運転手のいない車	unattended vehicles
526	交渉中で	under negotiation
527	改装する	undergo renovations
528	見直しに着手する	undertake a review

Trial 23

赤シートでフレーズを隠し、日本語をヒントに英語を言ってみましょう。

529	不測の事故	unexpected accident
530	好ましくない状況	unfavorable conditions
531	独特な見方	unique perspective
532	別途告知がない限り	unless otherwise notified
533	追って知らせがあるまで	until further notice
534	今度の旅行	upcoming trip
535	緊急事態	urgent matter
536	公共料金(ガス、電気、水道代)	utility bill
537	パスワードを確認する	verify a password
538	規則を破る	violate a rule
539	(一列に)並んで待つ	wait in line
540	階段を下りる	walk down some steps

正解数 /24個

541 ☐	横断歩道を歩く	walk on a crosswalk
542 ☐	植物に水をやる	water plants
543 ☐	水不足	water shortage
544 ☐	申し訳ありませんが、…	We regret to inform you that ...
545 ☐	カートを押す	wheel a cart
546 ☐	卸売価格	wholesale price
547 ☐	幅広い注目	widespread attention
548 ☐	お金を引き出す	withdraw money
549 ☐	…の温度に耐える	withstand temperatures of ...
550 ☐	残業する	work overtime
551 ☐	正常に動く	work properly
552 ☐	利益を生む	yield profits

TOEIC®テスト 全パート単語対策
NEW EDITION

別冊付録
TOEIC®厳選フレーズ 「1分間」タイムトライアル!

著 者 　塚田 幸光
発行人 　天谷 修身
発 行 　株式会社アスク出版
　　　　〒162-8558　東京都新宿区下宮比町2-6
　　　　TEL:03-3267-6864
　　　　FAX:03-3267-6867
　　　　URL:http://www.ask-books.com

ISBN 978-4-86639-001-7　　20210403